東大教授的
日本史
圖鑑
監修
山
東京大
國家安康
君臣豐樂

目次

第1章 原始・古代

第2章　中世

第3章 近世

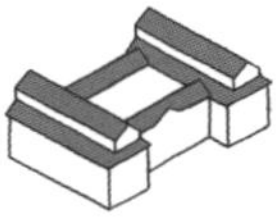

第4章 近代

第5章 現代

column　了解更多！關於日本史

導讀

開始學習日本史的時候，如果從人類誕生或舊石器時代起始的所有繁瑣事蹟去記憶的話，反而不太能理解全貌。而且不少人在繁複的資料中，反而也分不清楚什麼重要什麼不重要，最後變得討厭日本史。也有人就算讀過了從古至今的歷史，在腦裡留下了些許的片段知識，最後還是無法清楚的瞭解日本歷史。

要理解日本史，最重要的就是掌握日本歷史的大略全貌。筆者過去在《掌握歷史的技法》（新潮新書）裡也寫過這個掌握歷史的方法，本書則是加上插圖，更簡明地介紹其中訣竅。

關於舊石器時代及繩文時代，我們不以神話傳承而以考古發掘的成果來檢視日本列島的歷史。邪馬台國論爭會在思考日本的國家形成過程時成為關鍵字。接下來的古代史則是以文獻來描述。初期被稱為「大王」，也就是日後的天皇雖然會進行權力鬥爭，但到了藤原氏成為攝政、關白而取得政治權力時，皇族間的鬥爭逐漸消失，政治也開始趨於安定。但是在白河天皇為了延續自己的皇統而開始院政統治後，政治的型態又產生了變化，他們開始利用在當時誕生的武士力量。雖然此事造就了日後全新的武士時代，但在鎌倉時代，朝廷和武士依然是相互依存的關係。而這些歷史的演化，都請靠著本書來掌握精通吧！

大河連續劇最受歡迎的時代設定，是戰國時代和幕末維新的激烈時代。在戰國時代有上杉謙信、武田信玄、織田信長，幕末維新則有坂本龍馬和西鄉隆盛等眾多受歡迎的人物登場。了解這些人物的人生和思想，也是讓人喜歡上日本史的契機，所以從自己喜歡的時代切入閱讀也很重要。為什麼戰國時代各地的戰國大名會不斷爭鬥？戰國大名是怎麼誕生的？這樣的思考對理解日本史的全貌更是重要。

為此，就必須先理解室町時代「守護」的存在，也必須瞭解應仁・文明之亂發生的原因。這些細微部分便是讀通日本史的基礎，而本書也會以插圖方式來加強理解。

看了本書之後，至今無法清楚的日本史，應該就會自然地進入您的腦海。也希望讀者可以不要過度在意細節，概略地多多翻讀幾次。

二〇二〇年二月　山本博文

時代區分

「時代」是怎麼被區分的？

●「大時代區分」與「小時代區分」

要學習從人類誕生至今的漫長歷史，教科書等會以時代的特徵來作時代區分。那到底是以什麼做為基準來區分時代的呢？時代的區分法大致分為以下兩種。

第一種是把日本史全體大致分為古代、中世、近代。這是將歐洲自古以來的區分法直接套在於日本史上的方法。但是歐洲和日本的社會構造大不相同，全盤套用在日本上還是有點勉強，所以還會再加上歐洲歷史學沒有的「近世」這個時代。然而，學者之間對於各個時代還是存在著一定程度上的共通認識，將這個方法說成是完全沒有意義的時代區分方式是不妥當的。

第二種是將平安時代、江戶時代等以政治中心地的移動作為時代的區分方式。雖然不能說是完美的區分方式，但從表現時代的特徵上這點來說算是有效的區分方法。

時代區分一覽

大時代區分	小時代區分	起始年代	特徵
原始	後期舊石器	約3萬7000年前～	・打製食器的使用 ・狩獵、採集生活
	繩文	約1萬6000年前～	・居住在豎穴住居 ・開始定居生活
	彌生	約2500年前～	・水稻農耕的發展 ・開始使用金屬器
古代	古墳	3世紀中葉～	・大規模古墳的出現 ・大和政權統一國土
	飛鳥	592年～	・制定冠位制度、憲法 ・整頓律令國家的體制
	奈良	710年～	・建都於奈良盆地 ・藤原氏進入政界
	平安	794年～	・設都於京 ・開始攝關政治 ・武士於中央政界崛起
中世	鎌倉	12世紀後半～	・武家政權的樹立 ・確立執權政治
	室町／南北朝	1336年～	・朝廷分裂成南朝與北朝 ・足利尊氏就任征夷大將軍

文化史的時代區分

時代	文化	特徵
舊石器	舊石器文化	細石器文化在日本列島擴散
繩文	繩文文化	使用繩文土器
彌生	彌生文化	使用彌生土器
古墳	古墳文化	土師器普及全國
飛鳥	飛鳥文化	積極建造寺院或佛像
	白鳳文化	受到唐朝初期文化的影響
奈良	天平文化	受唐朝文化影響形成具豐富國際色彩的文化
平安	弘仁・貞觀文化	密教興盛、唐風文化
	國風文化	平假名、國文學興盛
	院政期的文化	流行淨土思想
鎌倉	鎌倉文化	發展出實質的武家文化
南北朝	南北朝文化	偏好喜歡富麗堂皇、奢侈的東西
室町	北山文化	公家文化與武家文化融合
	東山文化	以禪為基礎精神的簡樸文化
安土桃山	桃山文化	受南蠻文化影響所形成的豪華且宏大的文化
江戶	寬永文化	儒學普及於武士與庶民
	元祿文化	歌舞伎、浮世繪興起
	化政文化	以江戶庶民為中心的文化
明治	明治的文化	吸收了歐美文化的日本風西洋文化興起
大正	大眾文化	推展都市化、形成庶民文化
昭和	昭和時期的文化	享樂性質的大眾文化興盛

區分	時代	年	事件
中世	室町	1392年～	• 南北朝的合體 • 應仁文明之亂爆發
	戰國	約1467年～	• 戰國大名登場 • 室町幕府滅亡
近世	安土桃山	1573年～	• 莊園制度完全崩壞 • 豐臣秀吉統一天下
	江戶	1603年～	• 德川家康就任征夷大將軍並且開創江戶幕府 • 大政奉還
近代	明治	1868年～	• 樹立具備了國會與憲法的近代國家 • 成功撤廢不平等條約
	大正	1912年～	• 民眾運動的活性化（大正民主） • 制定普通選舉法
	昭和	1926年～	• 軍國主義崛起 • 從敗戰前往高度經濟成長
現代	平成	1989年～	• 55年體制的崩壞 • 約200年來首次的天皇讓位
	令和	2019年～	• 德仁天皇即位成為新天皇

歐洲確立將文藝復興時期區分成古代、中世、近代的三區分法。在十九世紀，馬克思主義史觀成立之後，以各時代的生產方式，將人類社會的發展階段區分成古代的奴隸制，中世的農奴制，近代的資本主義社會，與現代的社會主義社會四個階段。

現在的縣在以前被稱為什麼國名？

●愛知縣是「尾張國」與「三河國」

大寶元年（701）因大寶律令的制定，全國各地紛紛成立了「國」。雖然以前的「國」在明治時期被統合並組織成「府、縣」，但在統合之前，「國」一直身為一個行政區保持著自身的獨特性存續下來。

學習歷史時，了解現在的縣，以前是以什麼國名被稱呼是一個重要的部分。例如愛知縣，是以尾張與三河這兩個國構成的。說到尾張就會想到織田信長，而三河這地方則因德川家康的治理而廣為人知。從這件事情，應該很容易想像出這兩國在以前是不同的行政區劃。但是如果將尾張表示成愛知縣西部，將三河表示成愛知縣東部，這兩國的獨特性就變得難以理解了。

另外，在江戶時代擁有一國以上的藩也經常使用舊國名來稱呼。例如肥後藩或土佐藩。而像加賀藩或薩摩藩擁有兩國以上的藩，則是以城堡所在地的國之國名來作稱呼。

國名		廢藩置縣	都府縣名	地方
陸奥	陸奥	青森	青森	東北地方
	陸中	秋田	秋田	
		盛岡	岩手	
	陸前	水沢	宮城	
		仙台		
	磐城	磐前	福島	
		福島		
	岩代	若松		
出羽	羽後	秋田	秋田	
	羽前	酒田	山形	
		山形		
		置賜		
安房		木更津	千葉	關東地方
上總				
下總		新治		
		印旛		
常陸		新治	茨城	
		茨城		
下野		宇都宮	栃木	
		栃木		
上野		群馬	群馬	

國名	廢藩置縣	都府縣名	地方
武藏	埼玉	埼玉	關東地方
	入間		
	東京	東京	
相模	神奈川	神奈川	
伊豆	足柄	靜岡	中部地方
駿河	靜岡		
遠江	濱松		
三河	額田	愛知	
尾張	名古屋		
美濃	岐阜	岐阜	
飛驒	筑摩		
信濃	長野	長野	
甲斐	山梨	山梨	
越後	新潟	新潟	
	柏崎		
佐渡	相川		
越中	新川	富山	
能登	七尾	石川	
加賀	金澤		
越前	足羽	福井	
若狹	敦賀		
近江	長濱	滋賀	近畿地方
	大津		

國名	廢藩置縣	都府縣名	地方
山城	京都	京都	近畿地方
丹波	豐岡	兵庫	
丹後		京都	
但馬		兵庫	
播磨	飾磨		
攝津	兵庫		
	大阪	大阪	
和泉	堺		
河內			
大和	奈良	奈良	
紀伊	和歌山	和歌山	
	度會	三重	
伊勢			
伊賀	安濃津		
志摩	度會		
淡路	名東	兵庫	
阿波		德島	四國地方
土佐	高知	高知	
伊予	宇和島	愛媛	
	松山		
讚岐	香川	香川	
備前	岡山	岡山	中國地方
美作	北條		

國名	廢藩置縣	都府縣名	地方
備中	深津	廣島	中國地方
備後	廣島		
安藝			
周防	山口	山口	
長門			
石見	濱田	島根	
出雲	島根		
隱岐			
伯耆	島根	鳥取	
因幡			
筑前	福岡	福岡	九州地方
筑後	三豬		
豐前	小倉		
豐後	大分	大分	
日向	美美津	宮崎	
大隅	都城	鹿兒島	
薩摩	鹿兒島		
肥後	八代	熊本	
	熊本		
肥前	伊萬里	佐賀	
	長崎	長崎	
壹岐			
對馬	伊萬里		

豆知識　在奈良時代，各國的名稱因為好字令的關係只能使用兩個文字。也存在如和泉國，透過使用雅字（裝飾性文字）使國名變成兩個文字的國家。

【舊國名與現在的縣之對照圖】

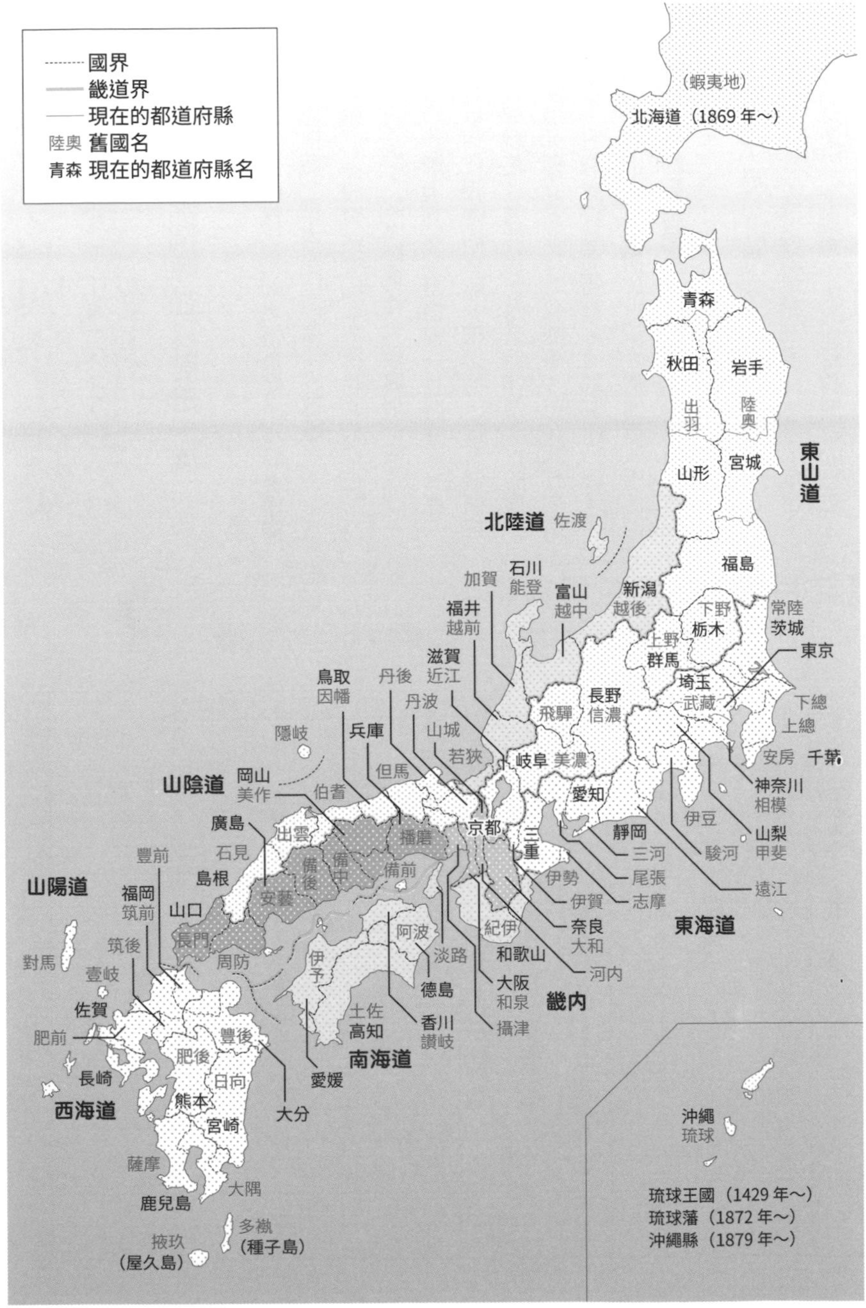
國界
畿道界
現在的都道府縣
陸奧 舊國名
青森 現在的都道府縣名
（蝦夷地）
北海道（1869年～）
青森
秋田
岩手
出羽
陸奧
宮城
山形
東山道
北陸道
佐渡
福島
加賀
石川
能登
富山
越中
新潟
越後
常陸
茨城
下野
栃木
福井
越前
上野
群馬
東京
滋賀
近江
鳥取
因幡
丹後
丹波
埼玉
武藏
下總
上總
長野
信濃
飛驒
安房
千葉
兵庫
山城
隱岐
若狹
岐阜
美濃
神奈川
相模
山陰道
岡山
美作
但馬
伯耆
愛知
伊豆
山梨
甲斐
廣島
出雲
播磨
京都
三重
靜岡
三河
駿河
豐前
石見
備後
備中
備前
尾張
伊勢
遠江
山陽道
島根
福岡
筑前
山口
安藝
伊賀
志摩
長門
紀伊
奈良
大和
東海道
對馬
筑後
周防
阿波
伊予
淡路
和歌山
河內
壹岐
德島
大阪
和泉
畿內
佐賀
土佐
高知
香川
讚岐
攝津
肥前
豐後
南海道
肥後
長崎
日向
愛媛
熊本
西海道
大分
宮崎
沖繩
琉球
薩摩
大隅
鹿兒島
琉球王國（1429年～）
琉球藩（1872年～）
沖繩縣（1879年～）
多褹
（種子島）
掖玖
（屋久島）

豆知識 含有「上、下」或「前、中、後」的國名，是按照離都（京都）遠近的順序去排列的。

官僚制度

為什麼大名與旗本是使用官職來做稱呼？

●使用眞實的名字來稱呼在以前是一件失禮的行爲！

在看時代劇時，會發現劇裡人物的名字是使用官職來做稱呼的。比如說《忠臣藏》裡大家所熟悉的赤穗藩主——淺野長矩在劇裡被稱為「淺野內匠頭」，吉良義央則被稱為「吉良上野介」。另外，薩摩藩島津家會自稱「薩摩守」或「大隅守」，長州藩毛利家則是自稱「長門守」。在大名家，一般也是以代代相傳的官職名來自稱。會有這種習慣，也是因為直呼實名在當時被認為是件非常失禮的事。

雖然日本官位制度的確立是奈良時代的事，但在朝廷被武家奪去實權之後，官職變得有名無實。而到了江戶時代，這個制度又為了對大名與旗本做出官位序列而被使用，但這個制度有別於公家的官位體系，是一個能表現出大名與旗本的級別之稱呼。

話雖如此，在形式上這些官位，名義上還是朝廷所給予的。也因如此在幕末尊王攘夷的情緒高漲時，各大名也萌生了名為「朝廷的家臣」之觀念，從而連接到倒幕的思想。

【江戶幕府的官位與官職】

在江戶時代，各大名是得到幕府的許可之後才從朝廷獲取了位階與官職。

位階	官職	大名・旗本
正一位	—	—
從一位	太政大臣	德川將軍
正二位	左右大臣	
從二位	—	—
正三位	大納言	將軍世子、尾張德川家、紀伊德川家
從三位	中納言	水戶德川家
正四位上	—	—
正四位下	參議	加賀藩前田家
從四位上	中將	仙台藩伊達家、薩摩藩島津家
從四位下	少將	岡山藩池田家、津藩藤堂家等
	侍從	對馬藩宗家、老中、京都所司代等
正五位上	—	—
正五位下	—	—
從五位上	—	—
從五位	諸大夫	一般大名、寺社奉行、町奉行、勘定奉行等
六位相當	布衣役	小普請組支配、目付等

【律令制下的官位相當制】

在律令制度下，訂定了能夠表示出官人位階（等級）的序列，而官人會任命於與自己位階相符的官職。這個制度直到明治時期才被廢止。

長官　次官　判官　主典　赤字 令外官

位階／官職				神祇官	太政官	中務省	中務以外的7省	衛府	大宰府彈正台	國司	勳位
貴族（殿上人）	貴（公卿）	正一位			太政大臣				（有標底線的為大宰府管轄下的防人司）		
		從一位									
		正二位			左右大臣 內大臣						
		從二位									
		正三位			大納言						勳一等
		從三位			中納言			近衛大將	帥		勳二等
	通貴	正四位	上			卿					勳三等
			下		參議		卿				勳三等
		從四位	上		左右大弁				尹		勳四等
			下	伯				近衛中將			勳四等
		正五位	上		左右中弁	大輔		衛門督	大貳		勳五等
			下		左右少弁		大輔 大判事	近衛少將	弼		勳五等
		從五位	上			少輔		兵衛督		大國守	勳六等
			下	大副	少納言	侍從 大監物	少輔	衛門佐	少貳	上國守	勳六等
官人（地下）		正六位	上	少副	左右弁大史				大忠		勳七等
			下			大丞	大丞 中判事	兵衛佐	大監 少忠	大國介 中國守	勳七等
		從六位	上	大祐		少丞	少丞	將監	少監	上國介	勳八等
			下	少祐			少判事	衛門大尉	大判事	下國守	勳八等
		正七位	上		大外記 左右弁少史	大錄	大錄	衛門少尉	大典、防人正 大疏		勳九等
			下			少監物 大主鈴	判事大屬	兵衛大尉	主神	大國大掾	勳九等
		從七位	上		少外記			兵衛少尉		大國少掾 上國掾	勳十等
			下			大典鑰		將曹	博士		勳十等
		正八位	上			少錄 少主鈴	少錄		少典、醫師、 防人佑、少疏	中國掾	勳十一等
			下	大史			判事少屬	衛門大志			勳十一等
		從八位	上	少史		少典鑰		衛門少志 兵衛大志		大國大目	勳十二等
			下					兵衛少志		大國少目 上國目	勳十二等
		大初位	上						判事大令使		
			下						判事少令使 （防人令史）	中國目	
		少初位	上							下國目	
			下								

豆知識　關於律令制度，各官司（公務機關）裡會設置長官（kami）、次官（suke）、判官（jyou）、主典（sakan），合稱四等官。

第1章 原始・古代

舊石器
～約1萬6000年前

約3萬7000年前
日本列島上開始
有人類生活

繩文
約1萬6000年前～前5世紀左右

在西元前4000年左右
開始出現
巨大的集落

三內丸山遺跡
為日本最大的繩文集落遺跡。大規模的集團在這裡長期定居。

在西元前10世紀左右
開始水稻農耕
（存在多種說法）

彌生
前5世紀左右～後3世紀

在西元前4世紀左右
開始從大陸傳來
金屬器
（青銅器、鐵器）

岩宿遺跡

出土了黑曜石的碎片，證明日本確實經歷了舊石器時代。

高床倉庫

保管收成後的米。就此產生了貧富之差，「戰爭」也開始圍繞著耕地與財富發生。

荒神古遺跡

出土了大量銅劍、銅茅與銅鐸。在這之中存在著從近畿或北部九州製作的東西，但這些器物被埋藏的原因仍然不明。

東大寺盧舍那佛

為了建造這座大佛，前前後後招集了260萬人。現在的大佛是江戶元祿4年（1691）再建而成的。

歷經復原的平城京大極殿

平城京以唐朝的長安城為範本建設而成。過去在大極殿曾舉行過天皇即位等儀式。

佛教美術的興隆

因佛教傳入的關係，各地開始建立佛教寺院。佛像與佛畫等佛教美術也開始興盛起來。

2世紀後半
倭國爆發大亂。倭的諸國擁立了邪馬台國的卑彌呼為女王

古墳
3～6世紀左右

3世紀中葉
出現前方後圓墳，大和政權成立

538年
從百濟傳來佛教（也有552年說）

飛鳥
592～710年

645年
中大兄皇子毀滅了蘇我氏本宗家（乙巳之變）

743年
聖武天皇發布大佛造立之詔

710年
遷都於平城京

奈良
710～794年

794年
遷都於平安京

平安
794～12世紀後半

箸墓古墳

國內最古老等級的大型前方後圓墳。全長約273公尺。有一說認為這座墳墓可能不是邪馬台國女王卑彌呼的墳墓。

舊石器時代

日本人是在何時、從何地來？

移動路線不明。智人（Homo sapiens）在約 3 萬 7000 年前左右的後期舊石器時代，移動到日本列島並在此擴散。
樽岸遺跡（北海道）
白滝遺跡群（北海道）
北方路線
（約3萬8000～約2萬8000年前）
現在的陸地
約2萬年前的估計海岸線
日本人的估計移動路線
主要的舊石器時代遺跡
岩宿遺跡（群馬縣）
野尻湖立鼻遺跡（長野縣）

在舊石器時代到達日本列島

約二十萬年前，與現在的我們相同的智人（Homo sapiens）在非洲誕生。他們從非洲大陸擴散到了世界各地。約四萬年前移動到東亞，約三萬七千年前左右到達了日本列島。

這時候的人們使用著將石頭互相敲擊製成的打製石器。也因為這樣，這個時代被稱為舊石器時代。

其實直到戰前為止，一般都認為日本列島沒有經歷過舊石器時代。但是在昭和二十一年（一九四六），業餘的考古學家相澤忠洋於群馬縣笠懸村岩宿（現群馬縣綠市）的關東壤土層（冰河時代的赤土層）發現了黑曜石的石器，從而大大改寫了日本歷史的開端。也顛覆了繩文時代以前的日本列島並沒有人類居住這個在當時眾所皆知的常識。在這之後也在全國各地的遺跡發現了並沒有伴隨著土器出土的打製石器，定位了日本舊石器時代的歷史。

豆知識　後期舊石器時代是一個被稱為冰河期的寒冷時代。因為在陸地形成了巨大的冰床，海平面隨之下降。當時日本列島周邊的海平面被認為下降了100公尺以上。

Close up!

「遺跡捏造事件」是什麼？

一九八〇年代到九〇年代，宮城縣內發現了六十萬年前的遺跡。「日本的歷史是不是可以回溯到前、中期舊石器時代（約十三萬年前～約三萬七千年前）呢？」的話題也曾風靡一時。但在平成十二年（二〇〇〇）經查，遺跡是一名負責人捏造的。而這個負責人所經手過的遺跡全數被否定。也因如此，現在日本歷史的開端是從後期舊石器時代（約三萬七千年前～約一萬六千年前）開始。

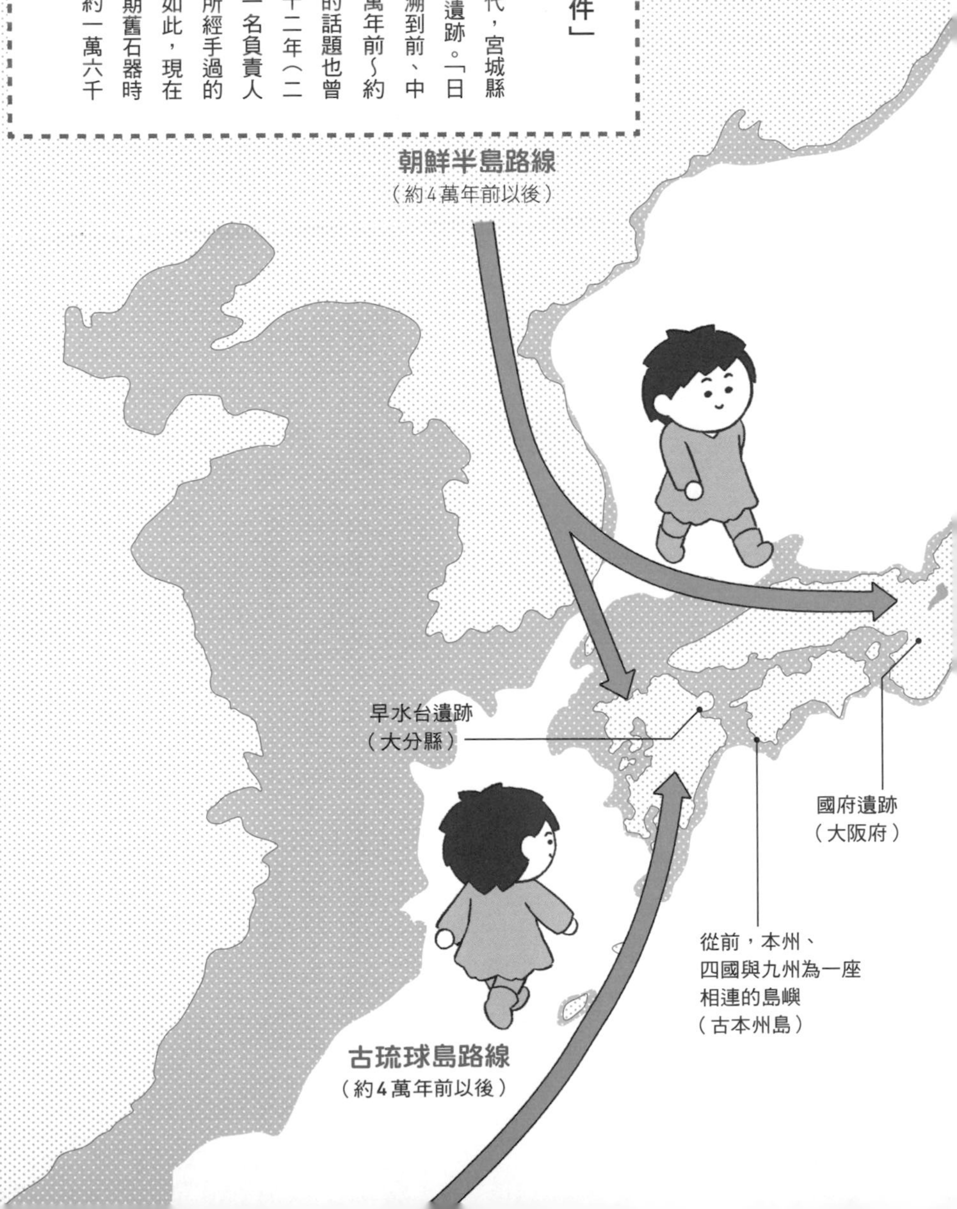
北海道從前是與大陸相連而成的半島（古北海道半島）。雖然沒有與本州相連，但有因結冰而形成橋樑的時期過。
朝鮮半島路線
（約4萬年前以後）
早水台遺跡
（大分縣）
國府遺跡
（大阪府）
從前，本州、四國與九州為一座相連的島嶼（古本州島）
古琉球島路線
（約4萬年前以後）

舊石器時代

舊石器時代的人們過著怎樣的生活？

以陷阱捕捉獵物

雖然無法確定有沒有以諾氏古菱齒象或大角鹿這類大型動物為狩獵對象，但可以確定他們有架設陷阱捕捉野兔或駝鹿之類的動物。

不會停留於一地的狩獵、採集生活

舊石器時代的日本人被認為不會持續在同一個地方定居，而是過著頻繁移動的生活。會過著這種生活是因為季節的關係，能採到果實的場所產生變動，動物也會跟著移動。實際上，舊石器時代的遺跡中並沒有發現豎穴住居。他們為了移動的方便，住處方面是製作一些簡單的帳篷型小屋來解決。集團的規模也很小，最多也就十幾個人的程度。爾後，這些小集團會相互結合，發展成規模更大的集團。

食物來源是動物或樹木的果實

雖然舊石器時代人類的食物來源無法確定，但可以推測他們食用的可能是鹿或兔子等動物，與堅果類或莓果類這種樹木的果實。

駝鹿

野兔

莓果類

堅果類

豆知識　從野尻湖遺跡群（長野縣）出土了世界最古等級的磨製石器（將石頭磨製而成的石器）。

非定居型的露營生活

住所方面被認為是使用木頭或動物的毛皮等組合而成的簡易小屋、洞窟或是岩壁。

蒸烤式的調理設施

從遺跡發現的石礫群（十幾個如拳頭差不多大的石頭堆集而成的東西），可以發現有蒸烤過魚或肉類的痕跡。

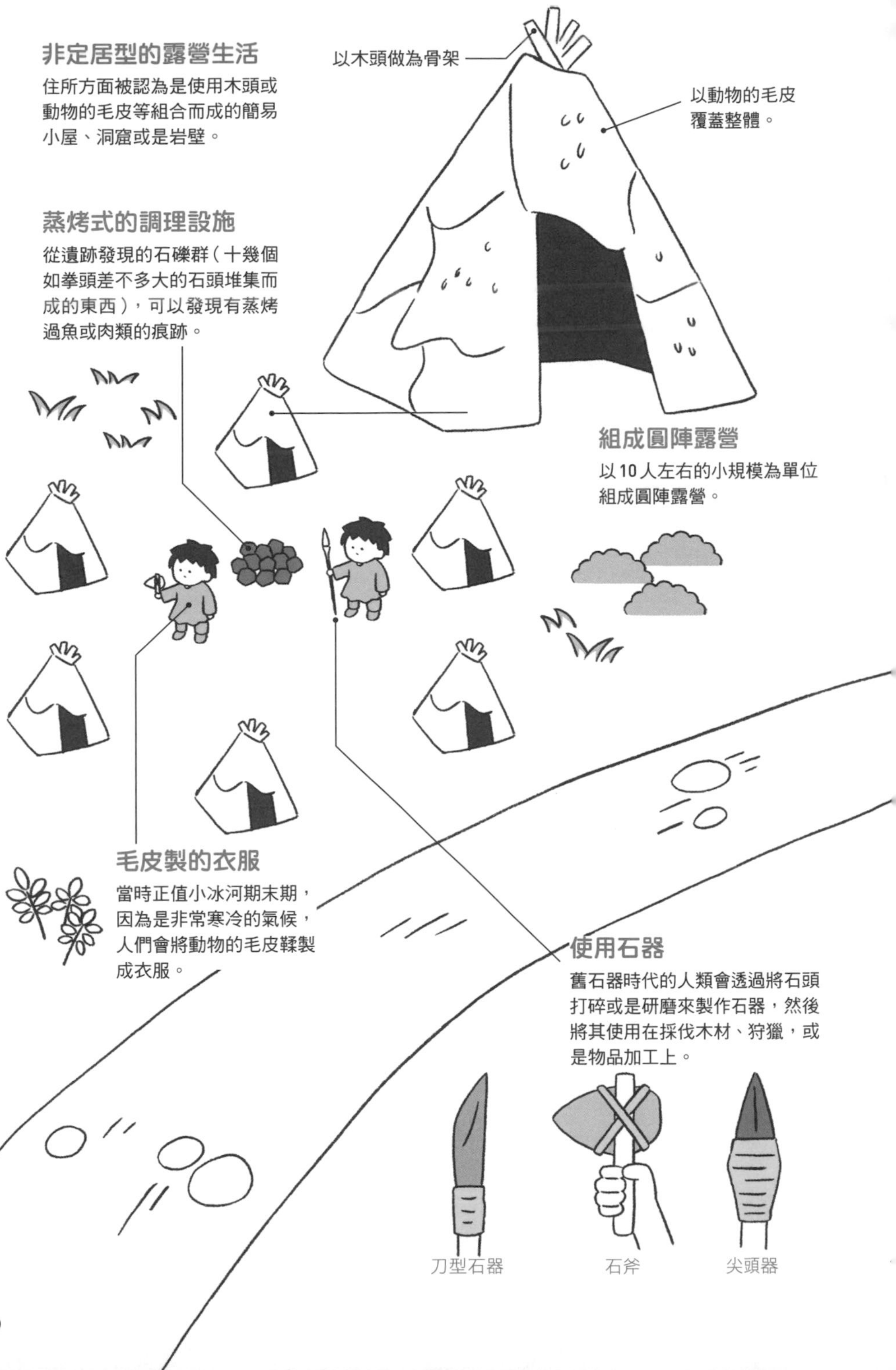
以木頭做為骨架
以動物的毛皮覆蓋整體。
刀型石器
石斧
尖頭器

組成圓陣露營

以10人左右的小規模為單位組成圓陣露營。

毛皮製的衣服

當時正值小冰河期末期，因為是非常寒冷的氣候，人們會將動物的毛皮鞣製成衣服。

使用石器

舊石器時代的人類會透過將石頭打碎或是研磨來製作石器，然後將其使用在採伐木材、狩獵，或是物品加工上。

繩文時代

繩文人過著怎樣的生活？

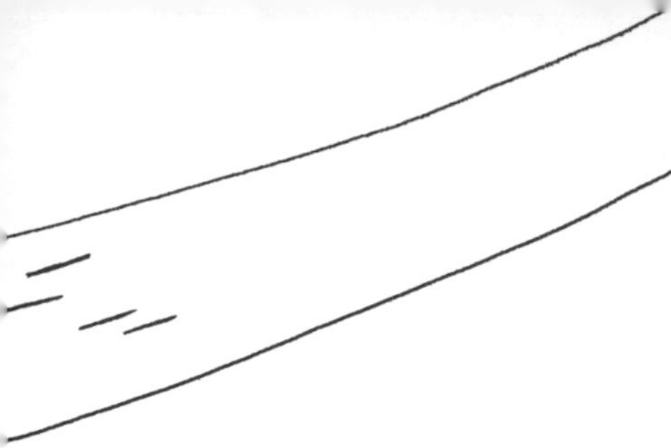

墳墓

挖掘地面埋葬死掉的人。也有在遺跡中找到犬隻的墳墓。

定居生活地開始

與舊石器時代的人們不同，繩文人會在特定的土地上展開生活據點，經營集落，過著長期的定居生活。而集落之間的交流也非常興盛。

貯藏穴

在洞穴底部鋪上木片與葉子，然後在洞裡放進樹果，再用木片與葉子蓋上，最後使用黏土將洞口覆蓋將其保存。

豎穴住居

向下挖掘地面並做出柱狀的洞，然後做出骨架將樹皮或茅草覆蓋製成屋頂。家的中央有一座爐子，能夠以此調理食物。

●組成集團，住在同個場所

在日本還處於冰河時期的約一萬六千年前左右，人們開始使用名為土器的新道具。從這裡開始，時代從「舊石器」轉變成「繩文」。

而到了一萬五千年前左右後，地球開始暖化。氣候漸漸變得溫暖，日本的自然環境也大大的產生了變化。河川的河口形成了內灣，魚類與貝類跟著豐富了起來。而落葉闊葉林與照葉林的生長也使人們開始能取得櫟、胡桃與橡果。能夠從自然中獲取足夠的糧食之後，原本採狩獵採集生活的人們開始一年四季都在同一個地方生活。

順帶一提，繩文人的定居生活是從九州的南端開始，到了繩文時代早期（約一萬兩千年前～七千年前左右）定居模式已經擴大到了北海道。

而從在青森縣三內丸山遺跡內發現，長野縣和田峠產的黑曜石製成的石鏃，還有在沖繩縣的遺跡發現新潟縣姬川產的翡翠來看，可以知道集落之間的交易是非常興盛的。

豆知識　繩文名稱的由來，是因來自這個時代的土器上有繩索的圖紋而來。

漁獵、交易

利用將一塊木材挖掘後製成的獨木舟進行漁獵或交易。據說，他們甚至利用水上交通與 1000 公里以外的地區進行交流。

繩文人的食生活

繩文時代基本也是採狩獵、採集生活。一年之中存在與季節相應能夠獲取的食物，有鹿或山豬等動物、栗子或胡桃等樹果、海瓜子或蛤蜊等貝類、鮭魚或鱒魚等魚類。也會為了因應過冬，將食物曬乾或蒸煮進行保存。

綠雉　鹿　狸　山豬

熊　鮭魚　鱒魚　鯨魚

垃圾場

村裡明確規範著丟棄垃圾的場所（爾後的貝塚）。

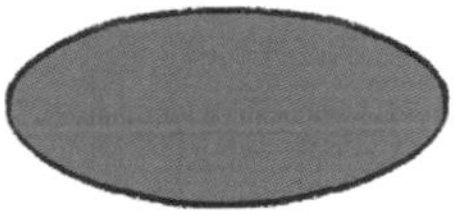

土器的製作

在繩文時代，會開始製作有著繩索紋樣的土器。因為土器，人們開始有辦法進行食物的貯藏與煮炊。

栽培、採取

除了自然生長的植物，也會栽培栗子等等的樹木來獲取糧食。

從植物製成的衣服

據說繩文人會在從植物纖維製成的布的中央穿洞，然後將頭從那個洞穿過去，形成一件類似洋裝的衣服（貫頭衣）。根據推斷，到了冬天，他們會將動物的毛皮做成羽織禦寒，也會穿上以動物的皮製成的雪靴。

狩獵

利用弓箭、落下陷阱或獵犬來進行狩獵。

豆知識　在青森縣的三丸內山遺跡有發現了 550 座以上的建築遺跡，從此可以知道在這裡曾經有過大規模的集落。

稻作的傳入如何影響生活？

●貧富差距的形成，導致了戰爭

西元前十世紀後半左右，水稻農耕經由大陸傳入九州北部。

因稻作的普及，比起原本的採集狩獵生活，人們開始能夠更安定並大量獲取糧食。也因如此，人們開始能夠蓄積財富，人與人之間也隨之產生貧富之差。

集落間也因水稻農耕中不可或缺的水源與土地而產生對立，開始採取透過戰爭解決事情的手段。實際上，在彌生時代的遺跡裡，發現了在繩文時代中看不到，被認為是戰爭犧牲者的大量人骨。

而在前四世紀左右，鐵器與青銅器開始從大陸傳入。鐵器因有著高強度而被使用在製作武具與農具上，青銅器則是使用在製作銅鏡或銅鐸等祭祀用道具。在當時，為鐵器原料的鐵資源是從朝鮮半島輸入的，而爭取該資源也成為集落間衝突的其中一個原因。

【繩文時代時其實就已經有稻作了！】

之前大家可能都認為水稻農耕是在彌生時代傳入的，但其實在繩文時代晚期，水稻農耕的技術就已經傳入日本了。雖然大家都認為水稻農耕是從朝鮮半島傳入的，但最近的研究顯示，有一說表示是從中國的江南地區傳入日本。

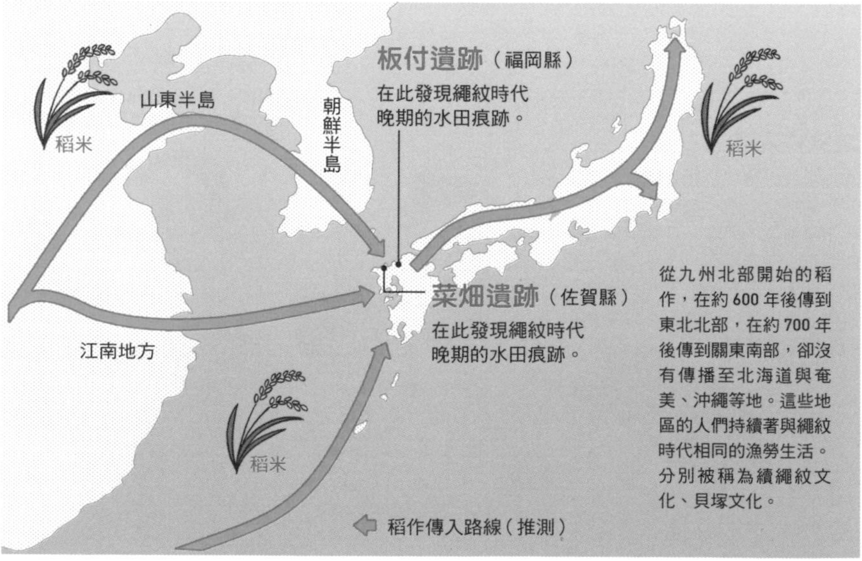
板付遺跡（福岡縣）
在此發現繩紋時代晚期的水田痕跡。
山東半島
朝鮮半島
稻米
稻米
稻米
菜畑遺跡（佐賀縣）
在此發現繩紋時代晚期的水田痕跡。
江南地方
從九州北部開始的稻作，在約600年後傳到東北北部，在約700年後傳到關東南部，卻沒有傳播至北海道與奄美、沖繩等地。這些地區的人們持續著與繩紋時代相同的漁勞生活。分別被稱為續繩紋文化、貝塚文化。
稻作傳入路線（推測）

豆知識　彌生時代的由來，是因為在明治17年（1884），從東京市本鄉區向岡彌生町（現文京區彌生2丁目）的貝塚發掘出來的土器被取名為「彌生土器」為由。

【彌生時代的村莊以「保管與防禦」為特徵】

因開始以水稻農耕為中心展開生活，村莊開始設置能夠保管米的高床倉庫，與能夠抵禦外敵的柵欄與壕溝。

高床倉庫

保管收穫的米的設施。為了從水害、溼氣與老鼠等動物中保護稻米，採用立起高柱，在上面鋪上地板的結構。

防禦設施

將村子圍繞起來的柵欄或壕溝是彌生時代獨有的設施之一，目的是為了讓稻米等產物不被別村的人們奪走。例如板付遺跡（福岡縣），據推測曾經存在深約 10 公尺、寬約 6 公尺的壕溝。

水稻農耕

日本水稻農耕的習慣被認為是從九州地方開始的。因稻作的關係開始能夠收成稻米，與之前的狩獵採集生活相比，更能夠解決糧食問題，所以漸漸從西日本擴散到東日本。

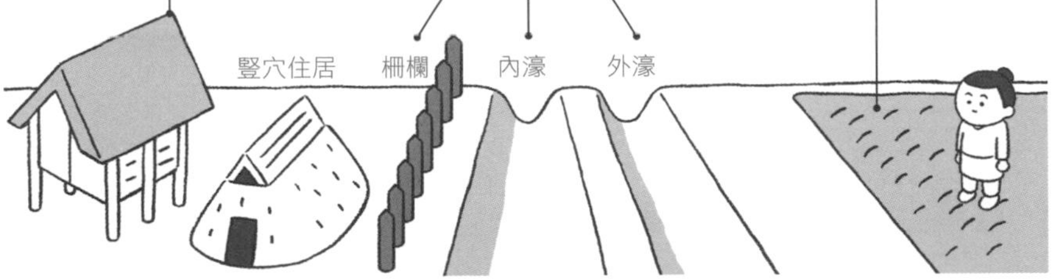

【金屬器的登場】

彌生時代，從朝鮮半島傳入了金屬器。銅鐸、銅劍被作為祭祀用的道具，鐵器則是作為生活道具或武器被使用著。彌生時代前期的銅鐸內部，有吊著被稱為「舌」的短棒狀物，是用來發出聲音的道具，但到了後期銅鐸開始巨大化，成為單純觀賞用的東西。

祈禱用道具

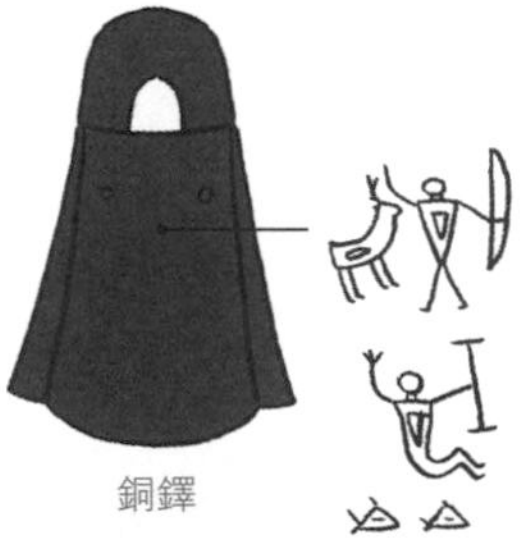
銅鐸

作為祈禱豐收用的道具而被使用。之所以會在銅鐸上鑄造出鹿與獵人、捕魚人的畫像，是因為與祭典有關係。

銅劍

最初雖然做為武器使用，但伴隨鐵器的普及，銅劍開始轉為祭祀用。

武器、生活用道具

鐵斧

因優越的鋒利度，取代了原本以石器製成斧頭，被使用在農具或武器等實用性道具上。

鐵鏃

出現在彌生時代末期左右。具有強大的殺傷力，取代了一直以來的石鏃。

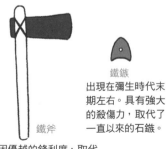

邪馬台國在哪裡？

●「九州」，還是「大和」

在彌生時代爆發的集落間戰爭產生了集落的重組與統合，最終，發展成具有政治凝聚力的小國。根據中國的史書《漢書》與《後漢書》，在一世紀左右的日本（倭國）已有一百餘個小國，其中的奴國在眾小國中有著強大的國力。但在這個時間點還尚未成立一個統一各國的政權，在二世紀後半時，國與國之間爆發了大規模的戰亂（倭國大亂）。在這之後，各國的王為了收束戰亂，擁立邪馬台國的卑彌呼為王。就這樣，大亂以此形式終結，並誕生了以邪馬台國為中心的約三十個聯合國。

關於邪馬台國的所在地，從江戶時代就產生了九州說與大和說的對立。以九州說的解釋，邪馬台國是以九州北部為據點的聯合體，爾後出現所謂的大和政權其實是另一組政治聯合體，或是邪馬台國東遷形成大和政權。而另一方大和說的說法表示，早在三世紀就已經有廣域性的政治聯合體存在，而這個政治體成為了大和政權的源流。但是，兩個說法都還尚未發現決定性的證據，所以還沒得出定論。

【在彌生時期開始發生戰爭】

到了前 4 世紀左右，九州北部的村落間圍繞著耕地與水展開了戰爭。彌生時代中期的近畿到中部地方，還有關東也都發生了戰事。

圍繞著新農地的爭鬥

這塊土地
是我們的！
遷入
遷入

伴隨著集落內人口的增加，想獲取新農地的村子之間發生了爭鬥。

灌溉用水的爭鬥

不要對
我們的水源
出手！

圍繞著水稻農耕中最重要的水資源爆發鬥爭。

圍繞著糧食的鬥爭

高床倉庫

雖因水稻農耕的關係，糧食的取得變得安定，但收穫量的差距產生了富裕的村子與貧困的村子。貧困的村子為了生存而變得開始會透過襲擊富裕的村子來獲取糧食。

把他們的米
搶過來！
柵欄

豆知識　根據《魏書》東夷傳倭人條，卑彌呼死後，被葬在全長約150公尺的大墳墓。

【從「倭國大亂」到「邪馬台國」的時代】

2 世紀後半，日本因眾小國間的抗爭爆發而陷入混亂（倭國大亂），而在 3 世紀，以邪馬台國的女王——卑彌呼成為王的形式收束了此事件。

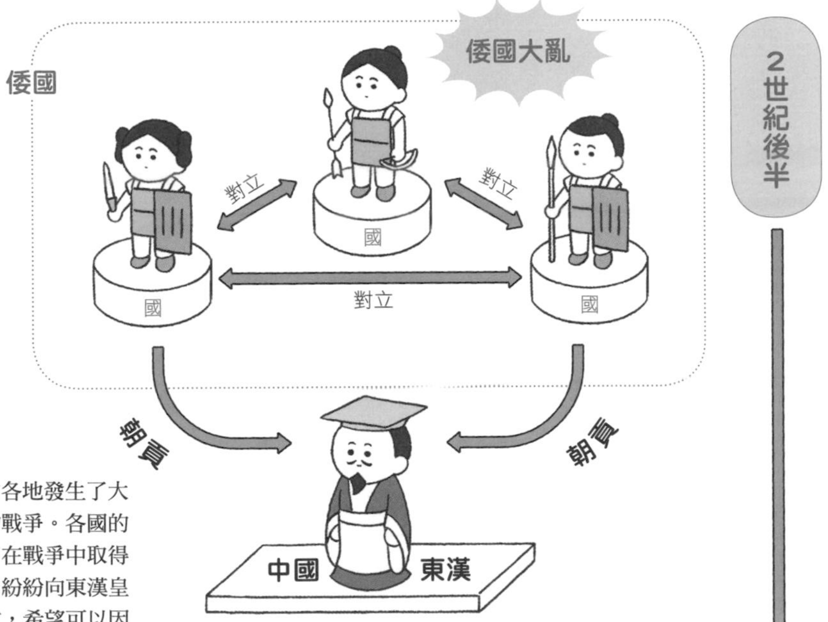

倭國內各地發生了大規模的戰爭。各國的王為了在戰爭中取得上風，紛紛向東漢皇帝進貢，希望可以因此獲得後盾。

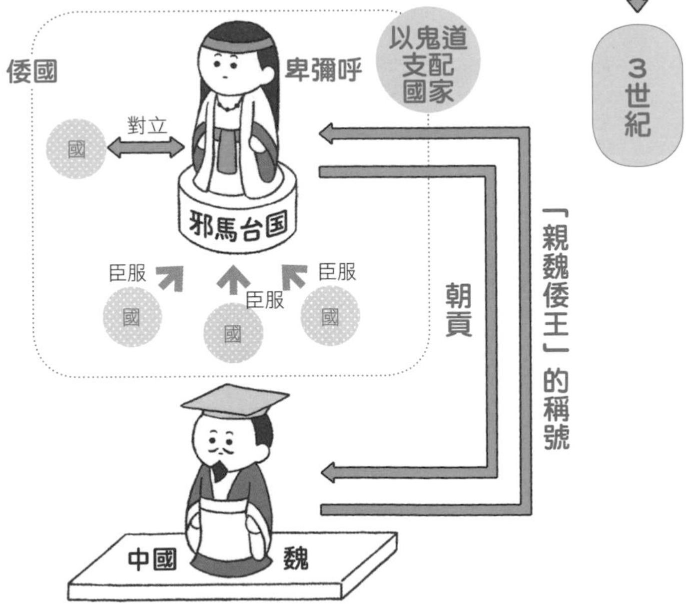

各國的首長們為了收束這次的大亂，擁立了邪馬台國的女王——卑彌呼為王。另一方面，也有不遵從邪馬台國的國家。卑彌呼為了鞏固支配體制向魏進貢，從魏皇帝接收了「親魏倭王」的稱號。

豆知識 據說當時一位叫做一大率的官人從邪馬台國被派遣到了伊都國，那位官人實行了對諸國的統治。

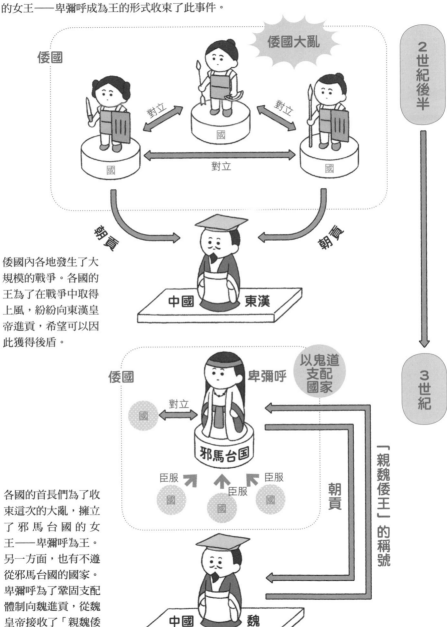

古墳是因為什麼需求而被建造的？

與倭王同盟的象徵

到了三世紀中葉左右，大規模的墳丘狀墳墓（古墳）以西日本為中心陸續出現。以這件事為由，三世紀中葉到六世紀末的這段時間被稱之為古墳時代。古墳的種類有前方後圓墳、前方後方墳、圓墳、方墳等。而在當時，地位或權力是決定古墳種類的基準。

而會在同個時期建造同樣的墳墓，是因為在日本各地崛起的王，將一個強力的王（倭王）作為代表，形成一個廣域性的政治聯合體的關係。也就是說，古墳是與倭王聯手的證明，透過建造與倭王相同的墳墓，各地的王才能以此互相圓滑的進行地域支配。

在這之中，大規模的前方後圓墳集中在大和地方，從此可以推斷出當時的政權是以大和地方的勢力為中心形成，而這個政權正是初代神武天皇所領導的大和政權。

【從古墳的分布看大和政權的範圍】

古墳時代前期，前方後圓墳的建設以大和地方為中心擴大到了全國。這表示了大和政權勢力圈的擴展。

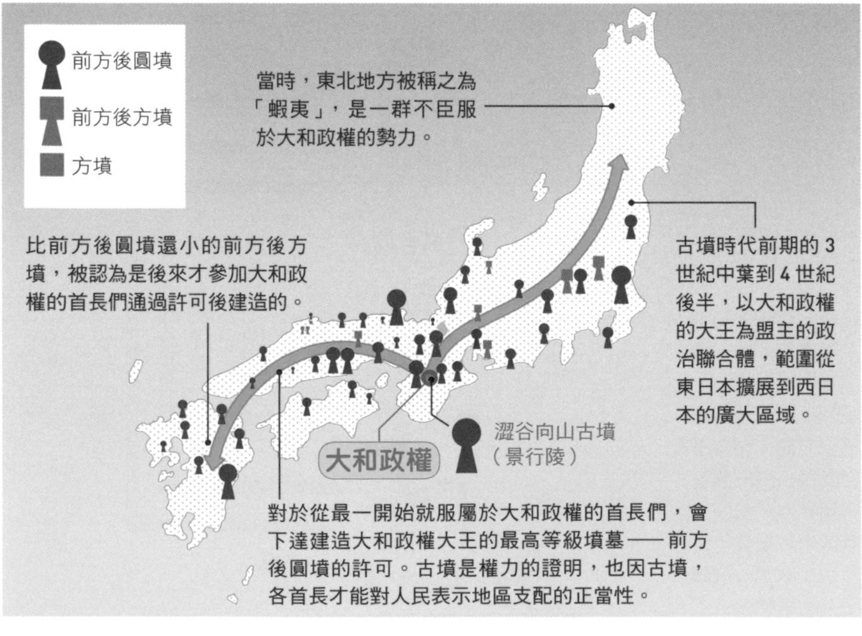
前方後圓墳
前方後方墳
方墳
當時，東北地方被稱之為「蝦夷」，是一群不臣服於大和政權的勢力。
比前方後圓墳還小的前方後方墳，被認為是後來才參加大和政權的首長們通過許可後建造的。
古墳時代前期的3世紀中葉到4世紀後半，以大和政權的大王為盟主的政治聯合體，範圍從東日本擴展到西日本的廣大區域。
大和政權
澀谷向山古墳
（景行陵）
對於從最一開始就服屬於大和政權的首長們，會下達建造大和政權大王的最高等級墳墓——前方後圓墳的許可。古墳是權力的證明，也因古墳，各首長才能對人民表示地區支配的正當性。

豆知識　大和政權是以大王為中心，並以各地有力者的豪族們去營運政治的聯合政權。而且，大和政權中實際存在的最初的大王，是第10代的崇神天皇。

【前方後圓墳的構造】

在古墳之中，前方後圓墳被認為是位格最高的墳墓。大王等當時頂級的權貴，主要都是被埋葬在墳墓的後圓部（墳丘部）。

葺石

為了防止墳丘崩塌，會在斜面鋪滿石頭與石礫。

儀式的場所

在埋葬時，可能有在墳丘上舉行過首長之位的繼承儀式。

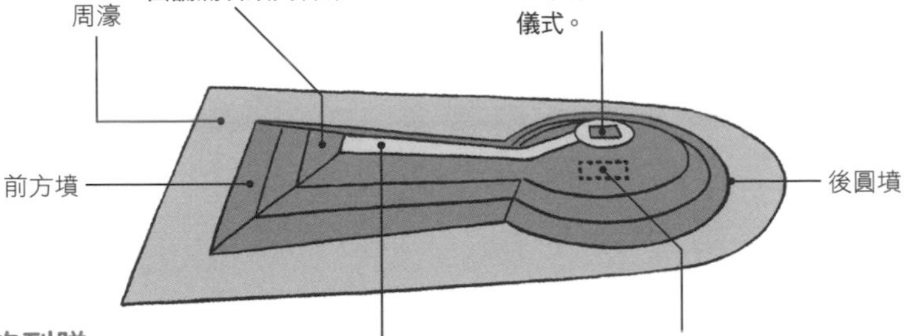
周濠
前方墳
後圓墳

埴輪的列隊

墳丘與堤上排列著大量的埴輪。圓筒埴輪是為了守護聖域而放置的。而居室、武人或馬匹等形象埴輪是為了將生前王者的豐功偉業深植於人們的心中而放置的。

石室

為埋葬設施的石室內部放有收納遺體的木棺，還有各式各樣的陪葬品。陪葬品以被葬者生前擁有的寶器、寶飾、武具與守護遺體的咒具為主。

【大陸文化透過渡來人傳入日本】

在 4 到 7 世紀這段時間，大量的渡來人從朝鮮半島來到日本，為日本帶來各式各樣的新技術與文化。

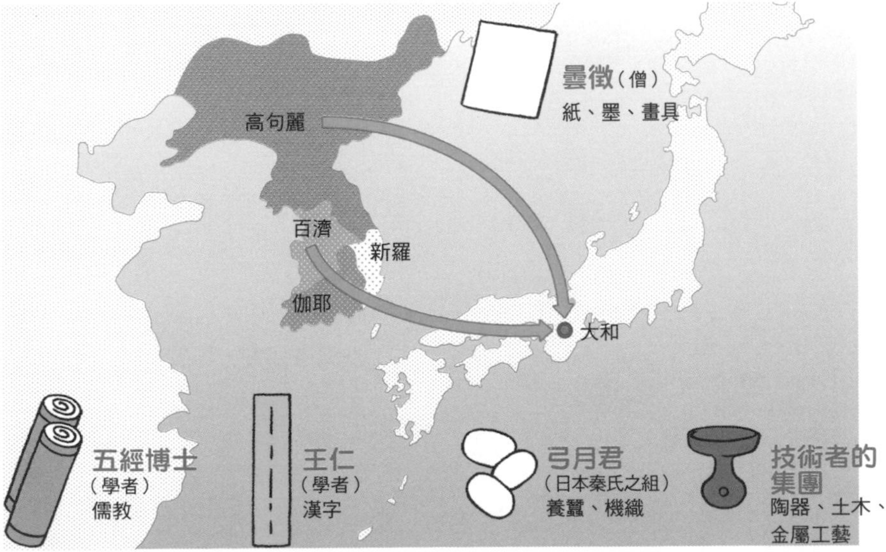
曇徵（僧）
紙、墨、畫具
高句麗
百濟
新羅
伽耶
大和
五經博士
（學者）
儒教
王仁
（學者）
漢字
弓月君
（日本秦氏之祖）
養蠶、機織
技術者的集團
陶器、土木、金屬工藝

豆知識 根據中國的史書，大和政權的讚、珍、濟、興、武的五人的王（倭之五王）在5世紀有向南朝宋進行朝貢，想讓其承認自己在國內的支配權。

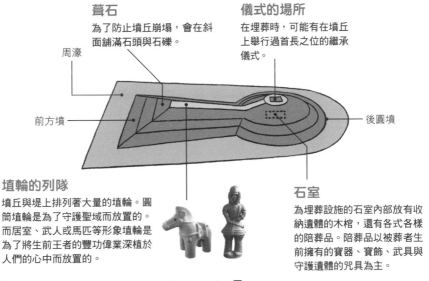

飛鳥時代

聖德太子實際上不存在？

● 擔任推古天皇攝政的廄戶皇子是實際存在的

五九二年，推古天皇作為大和政權最初的女帝即位。以輔佐其政務而廣為人知的人物，就是她的侄子廄戶皇子（聖德太子）。廄戶皇子與大臣蘇我馬子合力訂定了冠位十二階與憲法十七條的制度。目的是形成一個以天皇為中心的中央集權國家。

關於聖德太子，最近有一說表示其實這位人物實際上可能是不存在的。也就是說「身為蘇我氏系王族的廄戶皇子是實際存在的，但著手於推古天皇攝政的聖德太子是不存在的。」這個說法表示，《日本書記》的編者製作了聖德太子這個架空的聖人，然後把不久後被摧毀的蘇我氏的政治改革變成聖德太子的成就。但是，廄戶皇子在奈良時代因把佛教傳入日本而被崇拜，被尊稱為聖德太子。雖然關於聖德太子到底有沒有執行政治改革這件事目前還是謎團重重，但這號人物實際上是的確是存在的。

【傳入日本的佛教】

根據《上公聖德法王帝說》與《元興寺緣起》，538年，佛教經過朝鮮半島的百濟傳入日本。而在《日本書記》的記載上，佛教則是在552年傳入日本。

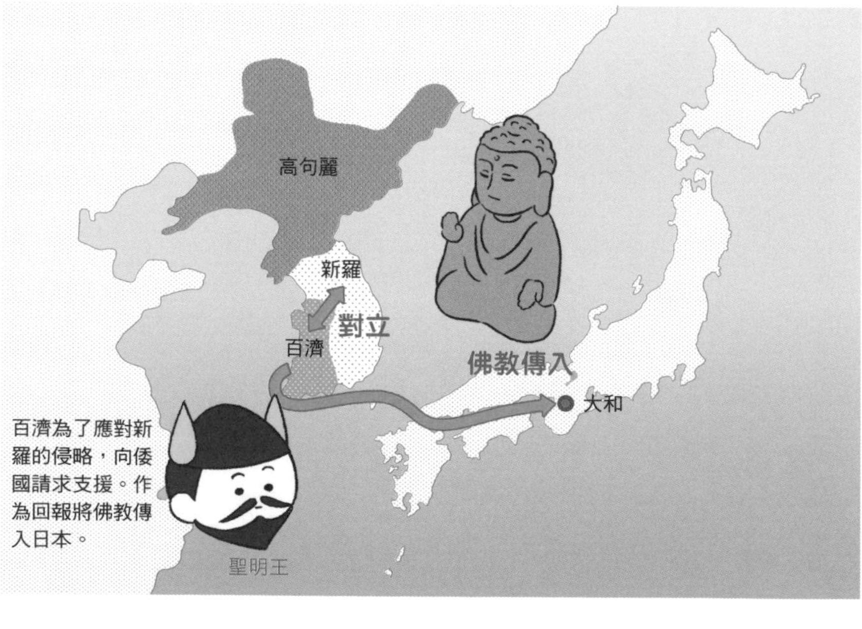
高句麗
新羅
對立
百濟
佛教傳入
大和
百濟為了應對新羅的侵略，向倭國請求支援。作為回報將佛教傳入日本。
聖明王

豆知識　以594年下達的佛教興隆之詔為契機，各氏族開始興建佛寺。到了624年已建立了法隆寺與廣隆寺等46座寺院。

【蘇我氏與物部氏之間爆發宗教戰爭】

圍繞著接納佛教的問題，崇佛派的蘇我氏與排佛派的物部氏產生對立。蘇我氏將物部氏消滅，掌握了實權。

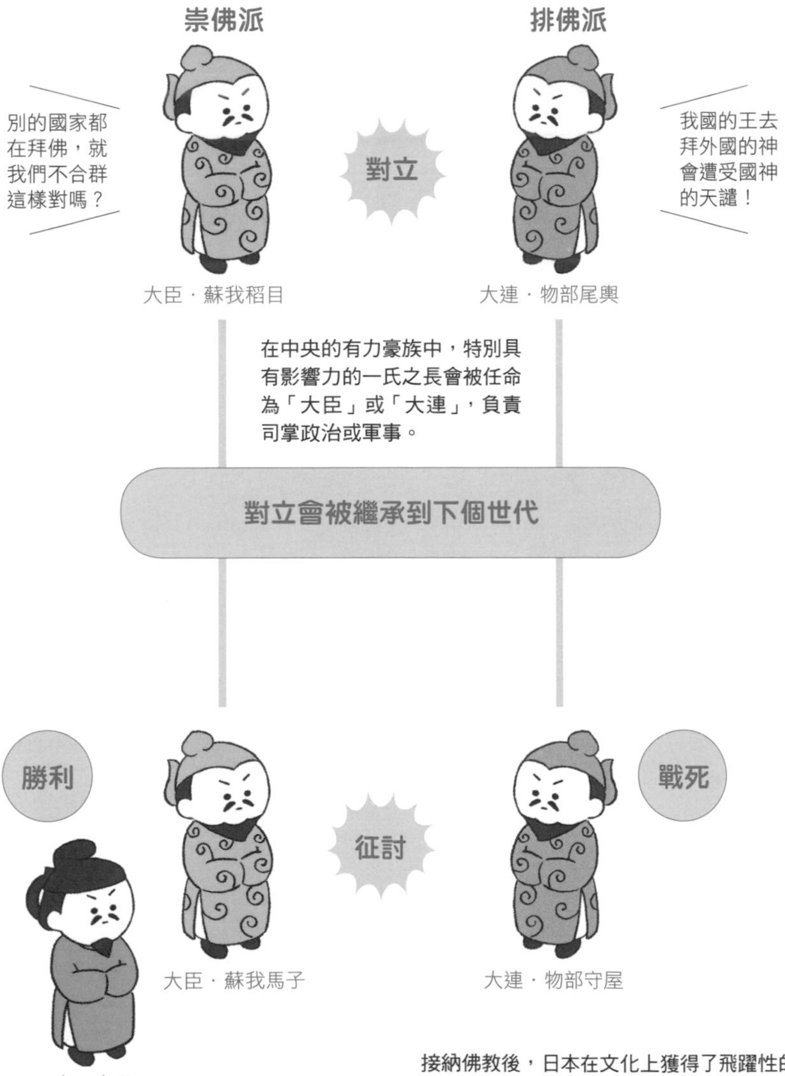
崇佛派
排佛派
別的國家都在拜佛，就我們不合群這樣對嗎？
對立
我國的王去拜外國的神會遭受國神的天譴！
大臣．蘇我稻目
大連．物部尾輿
在中央的有力豪族中，特別具有影響力的一氏之長會被任命為「大臣」或「大連」，負責司掌政治或軍事。
對立會被繼承到下個世代
勝利
征討
戰死
大臣．蘇我馬子
大連．物部守屋
廄戸皇子

接納佛教後，日本在文化上獲得了飛躍性的進步。不僅建立了飛鳥寺或四天王寺等大寺院，也產出了法隆寺的玉蟲廚子、中宮寺的天壽國繡帳等美術工藝品的製作等。佛教具國際性與普遍性的教義，帶來了日本的文明化。

豆知識　雖然相傳是因崇佛、排佛論的激化導致了蘇我物部的戰爭，但實際上是圍繞著皇位繼承的勢力鬥爭。

日本最初的憲法是在什麼背景下被制定出來的？

●以成為能在世界立足的國家為目標

西元六〇〇年，倭國派遣了第一回遣隋使。透過與隋的國際交流，倭國從中國輸入了優良的文物，甚至想順勢確立對朝鮮諸國的優位性。但日本卻被隋文帝告誡必須改變治政的方式，並表示現在倭國的政治還有儀禮制度在國際上是不能夠通用的。因此，日本為了走向國際，制定了冠位十二階與憲法十七條等制度。冠位十二階是決定官人位階序列的制度。冠位十二階將德、仁、禮、信、義、智這六個階級再各分成大、小兩個階級，總共十二個階級，每個階級都會被授予不同顏色的冠帽。本來是想以這個制度將豪族們的官位序列化，但因蘇我氏變成了超越這個制度存在，成為冠位制度的制定、授予方的人，冠位制度最終成為不完全的東西。

而憲法十七條制訂的目的是為了對侍奉天皇的豪族與官人們明示出工作中應遵循的態度與道德。這兩個制度都是為了與隋的外交交涉而導入的政治、儀禮制度。

【遣隋使的派遣】

雖然《日本書記》沒有記載，但在《隋書》的倭國條上，記載著600年時倭國派遣使者的紀錄。在那之後的607年，倭國第二次派遣使者至隋。

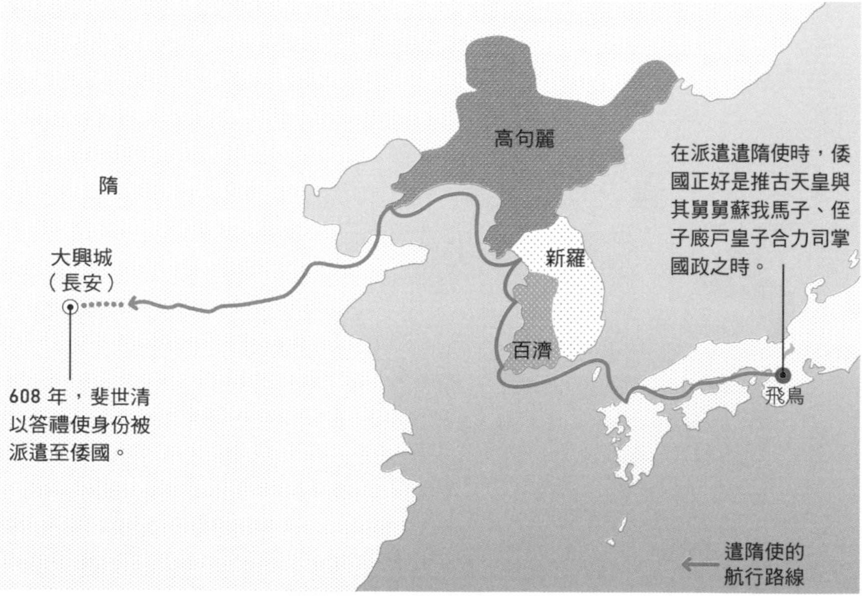
隋
高句麗
新羅
百濟
大興城
（長安）
飛鳥
在派遣遣隋使時，倭國正好是推古天皇與其舅舅蘇我馬子、侄子廐戸皇子合力司掌國政之時。
608年，裴世清以答禮使身份被派遣至倭國。
遣隋使的航行路線

豆知識　關於流傳至今的聖德太子肖像畫，因裝飾畫像的絹布部分寫有川原寺，並且人物握住的笏是奈良時代從中國傳入的東西，產生了一說表示那其實可能是藤原鎌足的肖像畫。

【將倭國改造成能在國際間立足的國家！】

關於對隋外交，還有冠位十二階與憲法十七條的制定，原本的看法是由廄戶皇子所發起的。但近年，是皇子與蘇我馬子合力推動的看法愈趨強烈。

600年 派遣第一回遣隋使

拒絕外交
改變掌握政治的方式吧

隋文帝

失敗
倭王以天為兄，以日為弟。天未明時出聽政，日出便停理務。

倭國使者

603年 建造小墾田宮

建造司掌政治的朝堂、與官人們常駐的朝庭等儀禮之場所。

制定冠位十二階

將官分成12個位階，序列豪族。

604年 制定憲法十七條

訂定官人應有的態度與道德性戒律。

607年 派遣第二回遣隋使

竟敢對我無禮！
雖然很生氣……

隋煬帝

雖然隋煬帝因倭國的國書大發雷霆，但因隋對倭國與高句麗的聯手一事感到害怕，最終成功開啟與隋的外交。

日出處天子致書日沒處天子……
成功

倭國使者・小野妹子

豆知識 第一次遣隋使沒有記錄在正史中的原因，存在因派遣過去的是私人的使者所以不體面等說法。

飛鳥時代

蘇我氏其實不是壞蛋？

● 其實是優秀的政治家！

在推古天皇駕崩後，舒明天皇、皇極天皇繼承了皇統，而掌握政權的則是蘇我馬子的後繼人蝦夷與其子——入鹿。

根據《日本書記》，這兩人舉行了只有天皇才能舉行的「八佾之舞」，將宅邸稱作「宮門」，還將自己的孩子稱作「皇子」，執行了專橫政治。因為如此，王族與豪族間也開始有人排斥蘇我氏的獨裁。

就這樣蘇我氏成了壞人，但近年有人主張必須對蘇我氏的革新性政治進行重新評價。特別是成為大和政權經濟基盤的屯倉管理、營運、設置戶籍，還有考慮到與唐的外交而進行的難波遷都計畫等，都與不久後進行的大化革新（詳請見34頁）有著共同之處。

也有一說表示：「從這些事情看來，蘇我氏的獨裁其實是被捏造的，是不是為了將不久後進行的大化革新正當化，所以才讓蘇我氏成為反派。」

【在朝廷內伸展勢力的蘇我氏】

古代最大的豪族——蘇我氏在宣化天皇（在位期間536～539年）的時代登上了歷史的舞台。積極與天皇家締結婚姻關係，以大王的外戚（母方的親戚）身分掌握了權力。

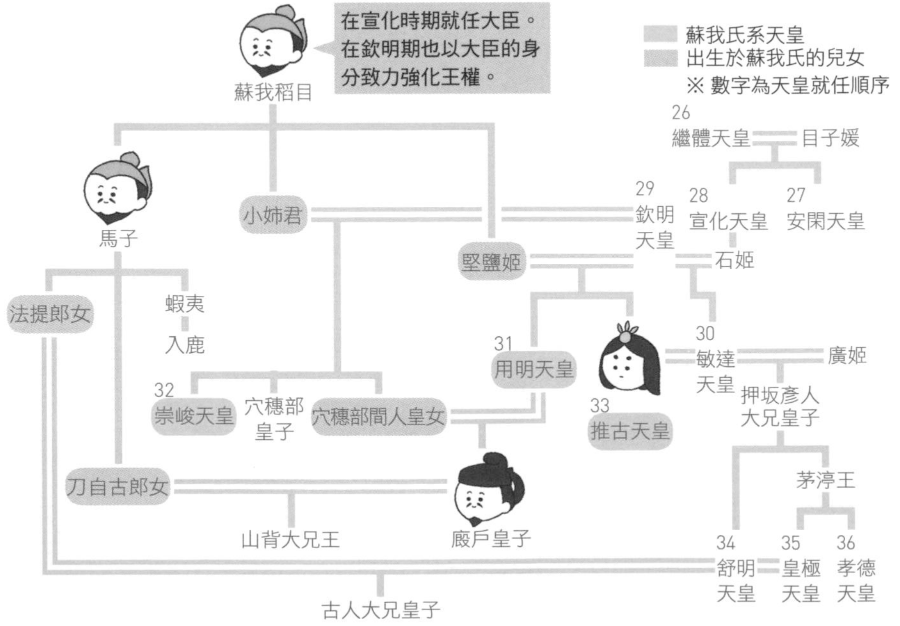

在宣化時期就任大臣。在欽明期也以大臣的身分致力強化王權。
蘇我氏系天皇
出生於蘇我氏的兒女
※數字為天皇就任順序
蘇我稻目
26 繼體天皇
目子媛
29 欽明天皇
28 宣化天皇
27 安閑天皇
馬子
小姉君
堅鹽姫
石姫
法提郎女
蝦夷
入鹿
31 用明天皇
30 敏達天皇
廣姫
32 崇峻天皇
穴穗部皇子
穴穗部間人皇女
33 推古天皇
押坂彥人大兄皇子
刀自古郎女
茅渟王
山背大兄王
廄戶皇子
34 舒明天皇
35 皇極天皇
36 孝德天皇
古人大兄皇子

豆知識　雖然關於蘇我氏的起源並不是很清楚，但可以知道，他們利用身為其下屬的渡來系氏族的先進技術在政壇中脫穎而出，壯大政權。

【蘇我氏的政策是非常創新的！】

近年來，有著必須對於蘇我氏的政策重新評價一說。其中最受關注的為以下兩點。

蘇我氏的政治其實很高明①屯倉的管理

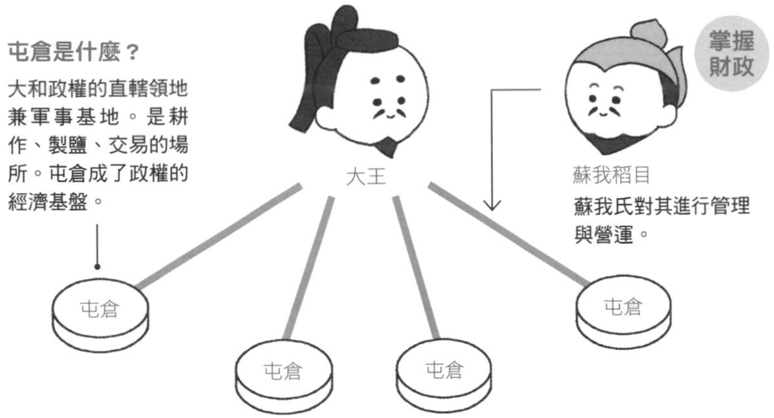

屯倉是什麼？
大和政權的直轄領地兼軍事基地。是耕作、製鹽、交易的場所。屯倉成了政權的經濟基盤。
大王
掌握財政
蘇我稻目
蘇我氏對其進行管理與營運。
屯倉
屯倉
屯倉
屯倉

蘇我稻目負責管理、營運屬於大和政權直轄領地的屯倉，並組織名為田部的耕作者制度。更以耕作者與其家庭為一個單位設置戶籍，藉此管理人民，堅固地區支配。因以上的政策，才得以實現在穩定財政基盤的同時，強化國家對於地區的支配。

蘇我氏的政治其實很高明②轉換外交政策

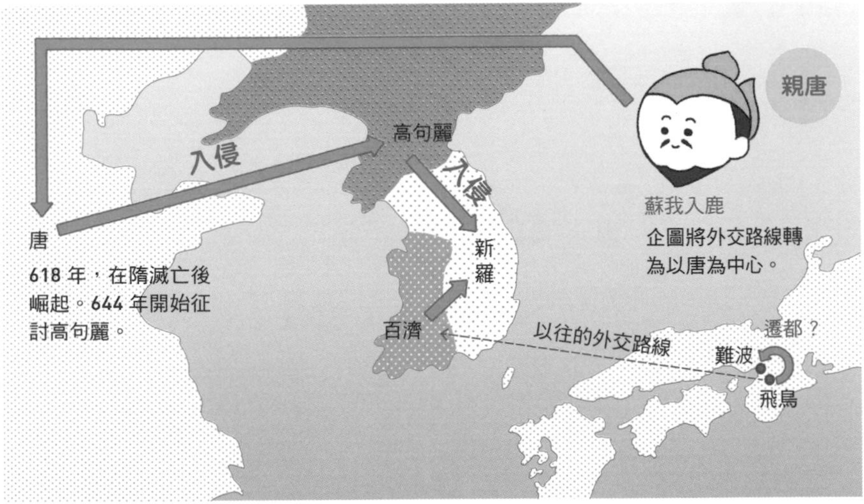

親唐
入侵
高句麗
入侵
新羅
唐
618 年，在隋滅亡後崛起。644 年開始征討高句麗。
百濟
以往的外交路線
遷都？
難波
飛鳥
蘇我入鹿
企圖將外交路線轉為以唐為中心。

在蘇我入鹿司掌政治之時，整個東亞世界呈緊張狀態。在這種時機下，入鹿將以往以百濟為中心的外交路線轉為以唐為中心，積極的將先進文物納入自國。也有一說表示，將都遷至難波也是為了配合這個路線轉換。

豆知識　蘇我稻目透過管理被稱為三藏的齋藏、內藏與大藏，掌握了政權的財政。

飛鳥時代

其實沒有「大化革新」這回事？

受到重新討論的國政改革

雖然蘇我氏的專橫政治愈發強烈，但在皇極四年（645），皇極天皇之子——中大兄皇子與中臣鎌足聯手將蘇我氏本宗家消滅（乙巳之變）。而這個事件的背景，其實與當時東亞的情勢有著密切關係。高句麗侵唐等事件使整個朝鮮半島都在一片軍事性緊張的氛圍當中，而在這急迫的國際情勢中，日本也感受到必須趕快確立中央集權制，使國內支配一元化。

乙巳之變後，樹立了以皇極天皇的親弟弟——孝德天皇為頂點的新政權。大化二年（646），新政權發布了改新之詔，實行了國政的改革（大化革新）。廢止了一直以來的豪族私有地（田莊）與私有民（部典）制度，政策朝向公地公民制前進。而有一說表示，詔書中的「郡」其實是因大寶律令而被加以潤飾的東西，實際上不存在稱為大化革新的改革。不過，由於出土的難波宮規模宏大，所以可以推測在這個時代無疑有過某種政治改革。

【中大兄皇子打倒了蘇我氏！】

645年6月12日，中大兄皇子與其勢力為了構築以大王家為中心的中央集權體制，消滅了蘇我氏本宗家（乙巳之變）。而另一方面，乙巳之變中也暗藏著大王家與蘇我氏家的內部領導權鬥爭。

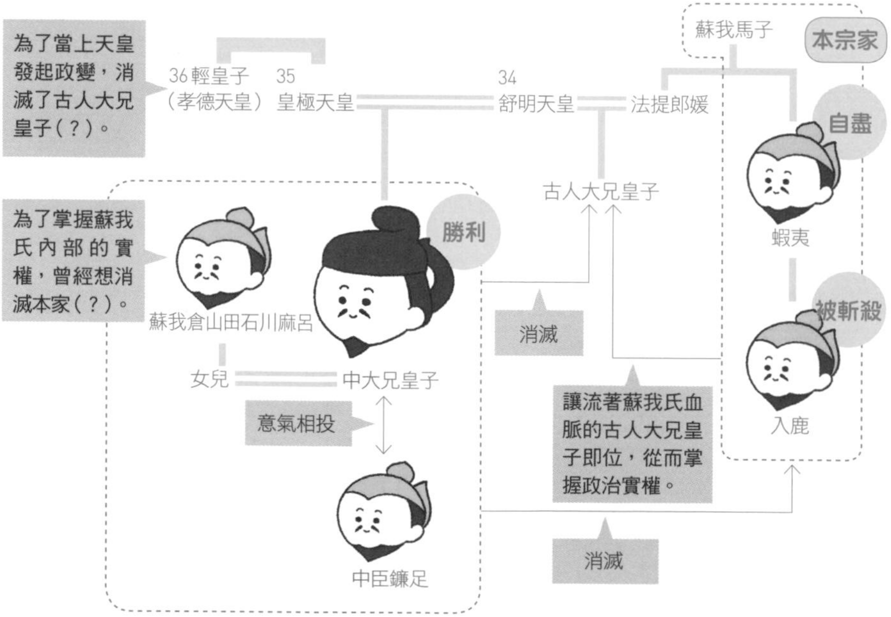

為了當上天皇發起政變，消滅了古人大兄皇子（？）。
36 輕皇子（孝德天皇）
35 皇極天皇
34 舒明天皇
法提郎媛
蘇我馬子
本宗家
自盡
蝦夷
被斬殺
入鹿
古人大兄皇子
勝利
為了掌握蘇我氏內部的實權，曾經想消滅本家（？）。
蘇我倉山田石川麻呂
女兒
中大兄皇子
意氣相投
中臣鎌足
消滅
讓流著蘇我氏血脈的古人大兄皇子即位，從而掌握政治實權。
消滅

豆知識　從藤原宮遺跡出土的木簡上可以看到，改新之詔中看到的「郡」在大寶律令施行之前被記載為「評」。

【乙巳之變後的新政治體制】

乙巳之變後，孝德天皇即位。中大兄皇子以皇太子之身掌握了政治的實權。

645 年，新政權將首都遷至難波長柄豐碕宮（652 年正式完工）。據出土調查結果，這裡曾座落長寬約 650 公尺的巨大宮殿，構造上則模仿了唐的長安城。

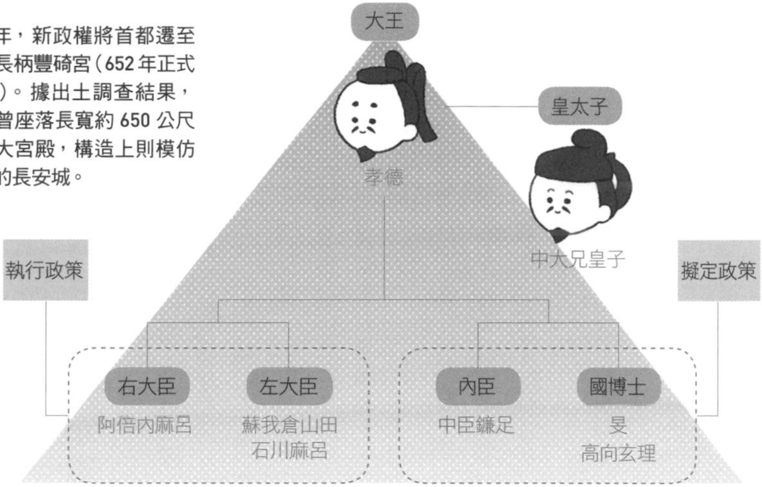
大王
孝德
皇太子
中大兄皇子
執行政策
擬定政策
右大臣
阿倍內麻呂
左大臣
蘇我倉山田石川麻呂
內臣
中臣鎌足
國博士
旻
高向玄理

【於新政權所實施的政治改革】

646 年，新政權發布了由四個項目所組成的改新之詔。但是，內容將被之後的大寶律令參考、取代。

改革①公地公民制

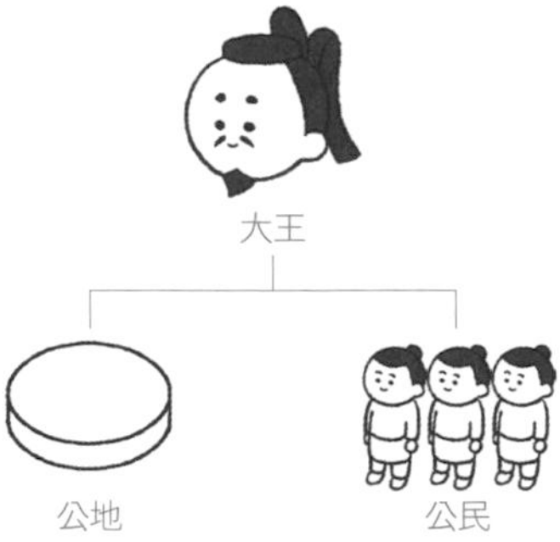
大王
公地
公民

廢除王族與豪族的土地、人民所有權，改為全部歸國家所有。

改革②整編地方的組織

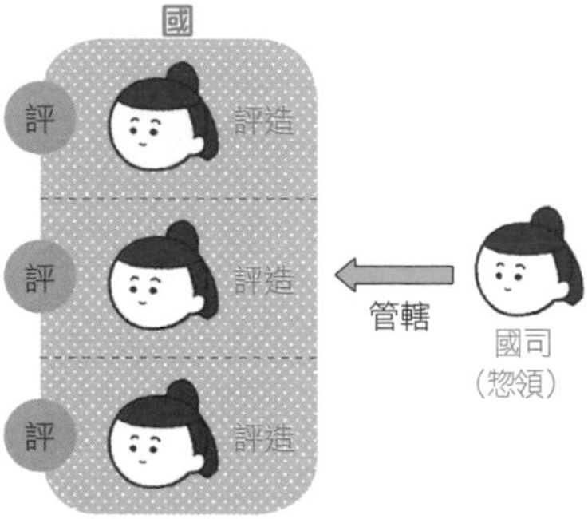
國
評
評造
評
評造
評
評造
管轄
國司
（惣領）

為了削弱負責地區支配的國造之權力，將國重新編成稱為評的小型行政組織。並設置國司（惣領）與評造之官位，企圖藉此強化中央極權體制。

改革③制訂班田收授法

製作戶籍，以此為基礎執行口分田的借貸。

改革④實行新的稅制

制定以田地面積多寡為徵收量基準的「田調（徵收布匹等物）」，與以戶數為徵收量基準的「戶別調」等制度。

豆知識　大化革新時還尚未存在稱為「皇太子」制度，有一說表示，是在編纂《日本書記》時，為了表示中大兄皇子擁有皇位繼承權才添上的。

了解更多！

關於日本史①

「元號」的誕生

在明治時期被改變的改元規則

大化革新後，啟用了日本第一個元號「大化」。在那之後，「白雉」與「朱鳥」之後各中斷過一次元號，而在大寶元年（701），伴隨著大寶律令的制定，被改元成「大寶」之後，元號就一直不間斷的延續至今。使用過的元號總共有248個。為什麼使用那麼多元號呢？那是因為，以前與現在的改元規則不同的關係。

在古代的日本，只要是天皇即位時、天地發生異變時、發生被認為是吉兆的事情時，就會進行改元。在當時，存在著一種想將目前為止的時代捨去，以新時代從零開始的想法。

但是因為頻繁改元的關係，民眾始終不能適應。江戶時代的庶民也比起元號，更常使用干支。之後，明治時代導入了一世一元制（天皇在位中不更動元號），元號才在日本人心中安定下來。

為什麼會頻繁的改元呢？

自古以來，在天皇或當代執政者逢喜事或災難之時，就會實施改元。目的是想藉此讓人民有種切換、煥然一新的感覺。但到了明治時代，開始啟用只有在皇位繼承的時後才會更改元號的制度。而這個制度持續到了現在。

明治時代
一世一元制

明治時代＝明治天皇
大正時代＝大正天皇
昭和時代＝昭和天皇

明治以前，為了使人民的心情煥然一新進行改元

在新天皇即位後進行當代初次的改元。

發生地震與火災等災害時進行災害的改元。

在被認為容易引起社會變革的「辛酉年、甲子年」，國家會為了避開災厄進行改元。

豆知識　漢武帝（在位期間為前141～前87年）時代所制定的「建元」年號，是身為日本元號基礎的古代中國元號之中最古老的元號。

制定新元號「令和」的流程

為了制定新元號，政府總共會審議六個案子。在有識者懇談會、全閣僚會議進行協議之後，最終決定以包含了「文化會在人心的集結之中成長茁壯」意義的「令和」為新元號。

①首相將新元號的考案委託給數名專家

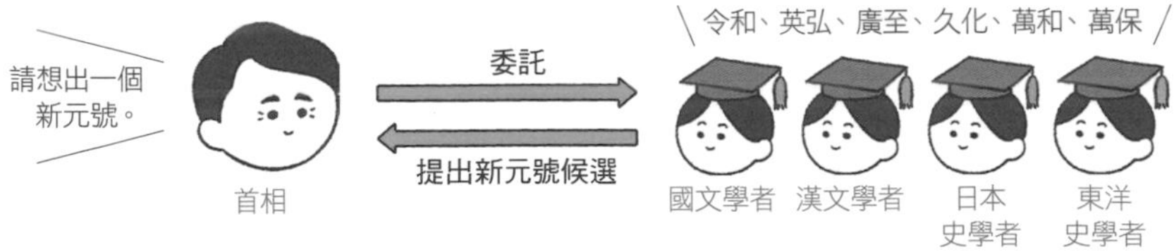
請想出一個
新元號。
首相
委託
提出新元號候選
令和、英弘、廣至、久化、萬和、萬保
國文學者
漢文學者
日本
史學者
東洋
史學者

②官房長官將候選名單縮小

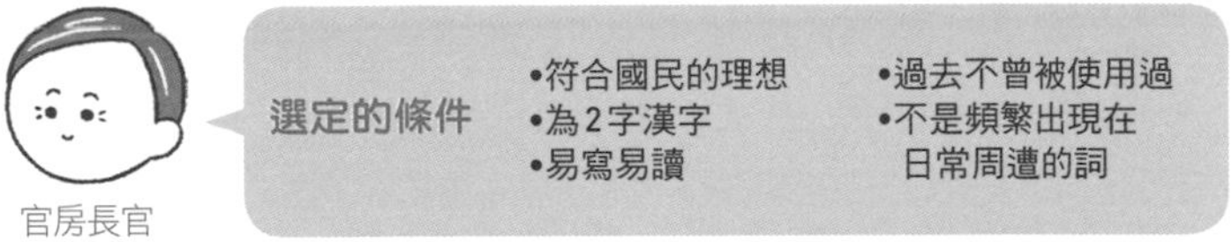
官房長官
選定的條件
•符合國民的理想
•為2字漢字
•易寫易讀
•過去不曾被使用過
•不是頻繁出現在
日常周遭的詞

③在有識者懇談會進行協議

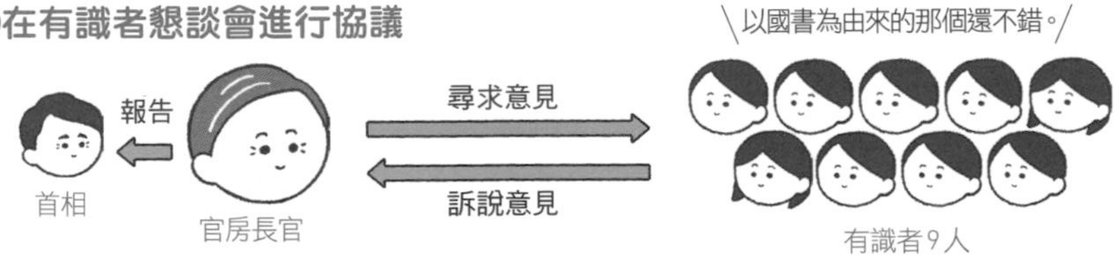
報告
首相
官房長官
尋求意見
訴說意見
以國書為由來的那個還不錯。
有識者9人

④首相聽取眾、參兩院的正、副議長之意見

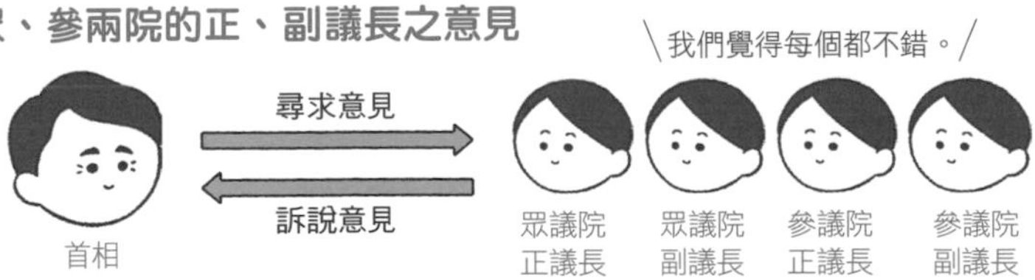
我們覺得每個都不錯。
尋求意見
訴說意見
首相
眾議院
正議長
眾議院
副議長
參議院
正議長
參議院
副議長

⑤在全閣僚會議進行協議

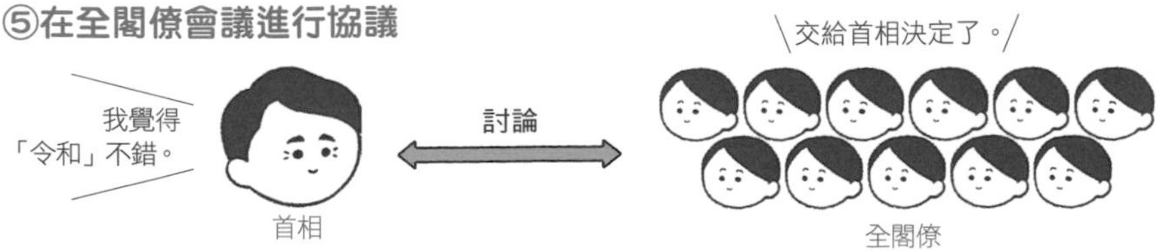
我覺得
「令和」不錯。
首相
討論
交給首相決定了。
全閣僚

⑥在閣議決定出新元號

豆知識　2019年4月1日，新元號發表的9天前，政府在委託前大阪大學校長的中西進制定新元號考案時，請他將新元號的主題限定在《萬葉集》裡。

為什麼古代朝廷會與唐朝開打？

● 想確保住在朝鮮半島上的據點

在孝德天皇駕崩，皇極天皇以齊明天皇進行重祚（再次即位的意思）的齊明元年（665）那段期間，朝鮮半島上的高句麗、新羅、百濟之間的對立開始激化。齊明六年（660），新羅與唐聯手消滅百濟。雖然唐採取將百濟人採用為政府官員的間接統治策略（羈縻政策），但百濟的遺臣們還是對唐的支配產生排斥，展開了激烈的抵抗運動。

對於這件事，齊明與中大兄皇子決定支援百濟的復興勢力。齊明在親自出征的同時，也將主要的重臣們移居至九州北部（但齊明在遠征途中的661年7月24日，於筑紫朝倉宮駕崩）。此舉完全就是將集結倭國總力的軍隊派遣到朝鮮半島。當時倭國通過百濟獲取鐵資源等文物，百濟等於是倭國獲取大陸文化的窗口，倭國無論如何都想在朝鮮半島上確保自己的據點。但在天智二年（663）的白村江之戰，倭國軍大敗於唐、新羅聯合軍，被迫從朝鮮半島撤出。

【革新政權的內部分裂與蝦夷的服屬】

大化革新後，掌握實權的中大兄皇子強行迫使孝德天皇再次遷都至飛鳥。並征服了至今以來不服從朝廷的蝦夷，穩固了支配體制。

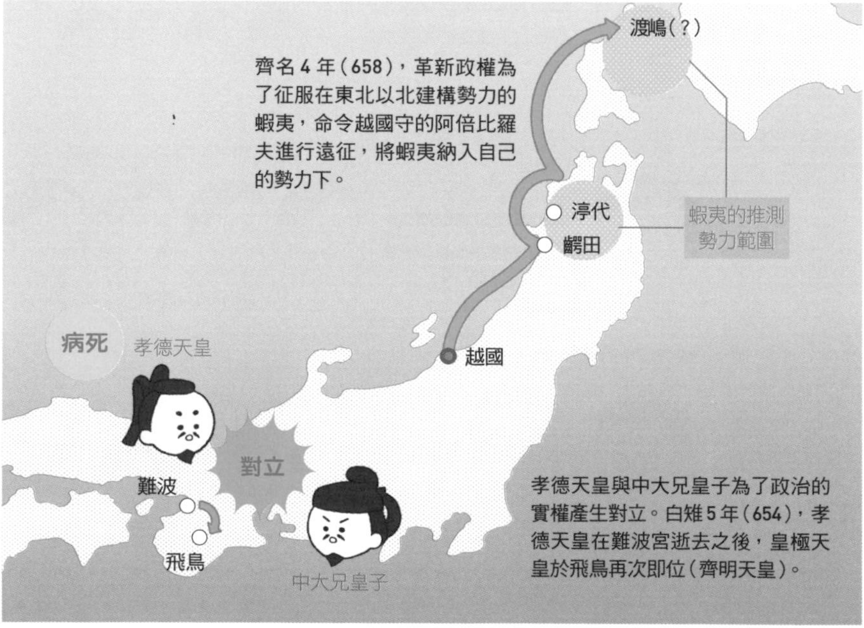
渡嶋（？）
齊名4年（658），革新政權為了征服在東北以北建構勢力的蝦夷，命令越國守的阿倍比羅夫進行遠征，將蝦夷納入自己的勢力下。
渟代
齶田
蝦夷的推測勢力範圍
越國
病死
孝德天皇
對立
難波
飛鳥
中大兄皇子
孝德天皇與中大兄皇子為了政治的實權產生對立。白雉5年（654），孝德天皇在難波宮逝去之後，皇極天皇於飛鳥再次即位（齊明天皇）。

豆知識　中大兄皇子為了掌握權力，將古人大兄皇子與有間皇子等政敵一一排除。

【7世紀後半的東亞局勢長什麼樣子呢？】

7世紀，朝鮮半島的高句麗、新羅、百濟間的對立愈發激烈。660年，新羅與唐聯手，消滅了百濟。在那之後，身為舊百濟王族的鬼室福信召集了遺臣們形成勢力，向倭國發出了余豐璋王子歸國（余豐璋在當時身為人質待在倭國）與援軍派遣的請求。

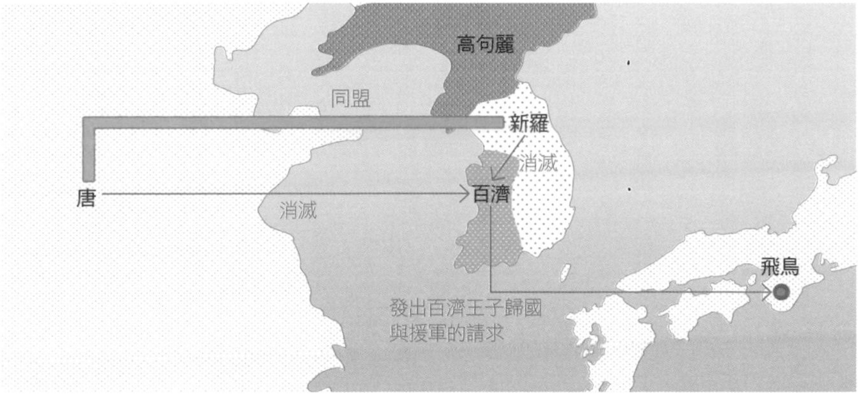
高句麗
同盟
新羅
消滅
唐
百濟
消滅
飛鳥
發出百濟王子歸國
與援軍的請求

【唐、新羅VS倭國的結果！？】

百濟滅亡後，倭國雖為了確保住他們在朝鮮半島的據點以及對大陸的通路而派遣了大軍，但於白村江大敗於唐、新羅聯合軍。

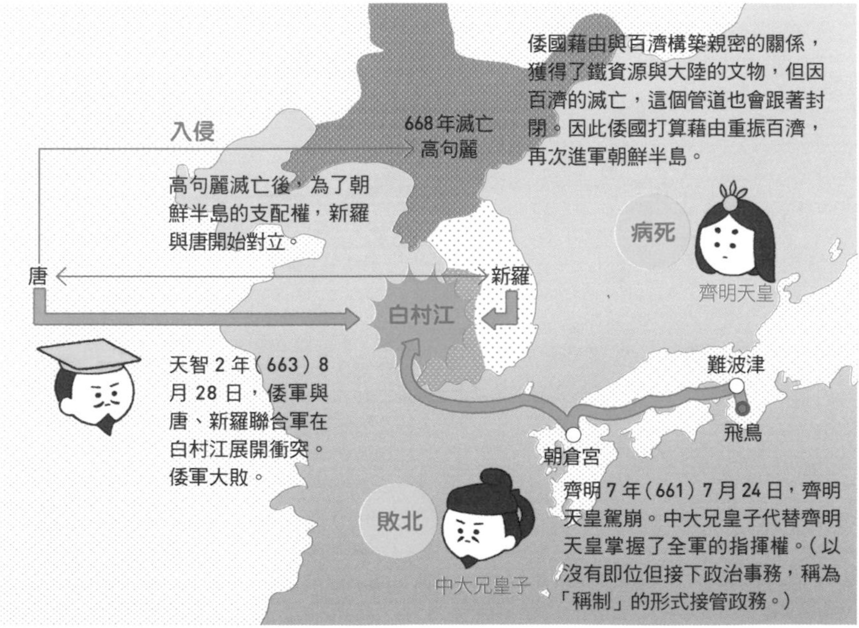
倭國藉由與百濟構築親密的關係，獲得了鐵資源與大陸的文物，但因百濟的滅亡，這個管道也會跟著封閉。因此倭國打算藉由重振百濟，再次進軍朝鮮半島。
入侵
668年滅亡
高句麗
高句麗滅亡後，為了朝鮮半島的支配權，新羅與唐開始對立。
病死
齊明天皇
唐
新羅
白村江
天智2年（663）8月28日，倭軍與唐、新羅聯合軍在白村江展開衝突。倭軍大敗。
難波津
飛鳥
朝倉宮
齊明7年（661）7月24日，齊明天皇駕崩。中大兄皇子代替齊明天皇掌握了全軍的指揮權。（以沒有即位但接下政治事務，稱為「稱制」的形式接管政務。）
敗北
中大兄皇子

豆知識 中國與韓國的資料上，並不稱「白村江」，而是記載為「白江」。因此關於此戰役發生的地區，也有在錦江河口或東津江河口等多種說法。

飛鳥時代

古代史規模最大的內戰壬申之亂的起因是？

● 因天智天皇將實權交給兒子

白村江之戰後，從飛鳥遷都至近江大津宮的中大兄皇子，在天智7年（668）以天智天皇之名即位。天智天皇雖將其弟大海人皇子作為皇太子，但到了晚年，卻轉念想將皇位交給自己的兒子大友皇子。在天智十年（671），大友皇子被任命為太政大臣，因而可以參與政權事務。那年冬天，病倒在床的天智天皇將大海人皇子叫到大津宮，表示要將之後的事託付於他，但感受到危險的大海人皇子趕緊表示自己想出家，並隱遁於吉野。但在天智死後，他卻決意舉兵。大海人皇子在天武元年（672）6月逃出吉野，封鎖從進江前往東國的要衝不破關（現關原）。在那之後，將美濃、甲斐、信濃、大和等豪族拉攏至自陣的大海人皇子，擊潰了近江朝廷軍。他將大友皇子逼迫至自殺，以天武天皇之名即位（壬申之亂）。因為戰亂站在大友皇子方的中央有力豪族勢力一落千丈，勝利的天武天皇，則獲得了極大的權威與權力。

【天智天皇的即位與國政改革】

白村江之戰後，中大兄皇子發布了「甲子之宣」實施政治改革的同時，也獨斷的將首都遷至近江大津宮。並以天智天皇之名即位。

①豪族支配的強化與協調 氏上的認定

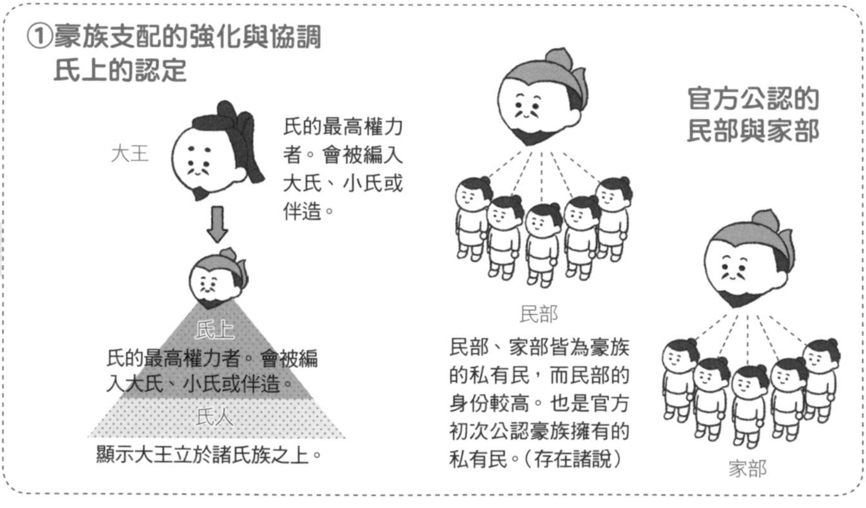
大王
氏的最高權力者。會被編入大氏、小氏或伴造。
氏上
氏的最高權力者。會被編入大氏、小氏或伴造。
氏人
顯示大王立於諸氏族之上。
官方公認的民部與家部
民部
民部、家部皆為豪族的私有民，而民部的身份較高。也是官方初次公認豪族擁有的私有民。（存在諸說）
家部

②將冠位改成二十六階

將冠位十九階改成二十六階。增加官人數量，重新整頓官僚制度。

③遷都至近江大津宮

於天智6年（667）從飛鳥遷都至近江，隔年，以天智天皇之名即位。

④實施庚午年籍

將全國的豪族到奴婢都登記至戶籍，增加徵稅與徵兵的效率。

豆知識 天智天皇會將首都遷至大津，是為了對應唐如果進攻至難波津，可以確保住經由琵琶湖逃往日本海的逃跑路線。

【為了皇位展開鬥爭的姪子和叔叔】

天智 10 年（671）12 月，沒有指名後繼者的天智天皇駕崩。在那之後，身為天智天皇的同母弟，也是皇太子的大海人皇子，與近江大津宮的朝廷首席且身為天智天皇長子的大友皇子，因皇位繼承展開鬥爭。

※ 數字為天皇就任順序

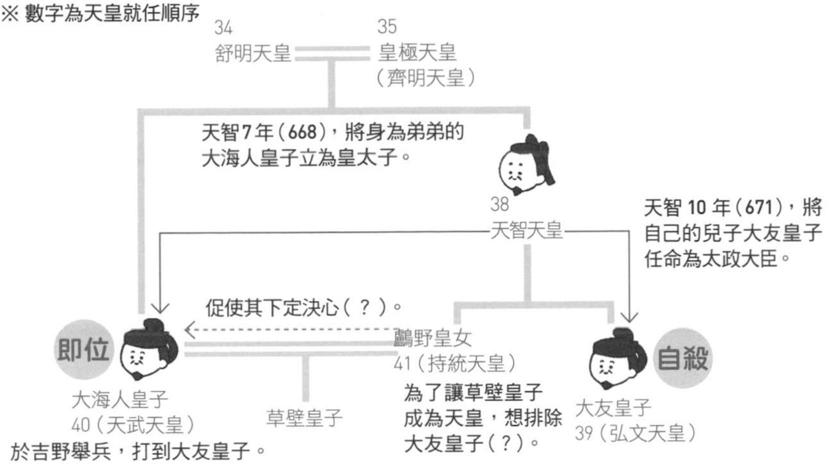
34
舒明天皇
35
皇極天皇
（齊明天皇）
天智7年（668），將身為弟弟的
大海人皇子立為皇太子。
38
天智天皇
天智 10 年（671），將
自己的兒子大友皇子
任命為太政大臣。
促使其下定決心（？）。
即位
鸕野皇女
41（持統天皇）
自殺
大海人皇子
40（天武天皇）
草壁皇子
為了讓草壁皇子
成為天皇，想排除
大友皇子（？）。
大友皇子
39（弘文天皇）
於吉野舉兵，打到大友皇子。

【成為絕對性的天皇權力】

在壬申之亂後即位的天武天皇實行了各式各樣的改革，並樹立了以天皇為中心的國家體制。

①廢除豪族的私有民制度

廢除豪族的私有民、部曲制度。所有人都成為了公民。

②編纂國史、律令

為了主張天皇統治的正當性，開始著手編纂國史與律令。

《日本書記》
《飛鳥淨御原令》

③制定八色之姓

將氏族的階級序列化，重新編成一個以天皇為頂點的身分秩序。

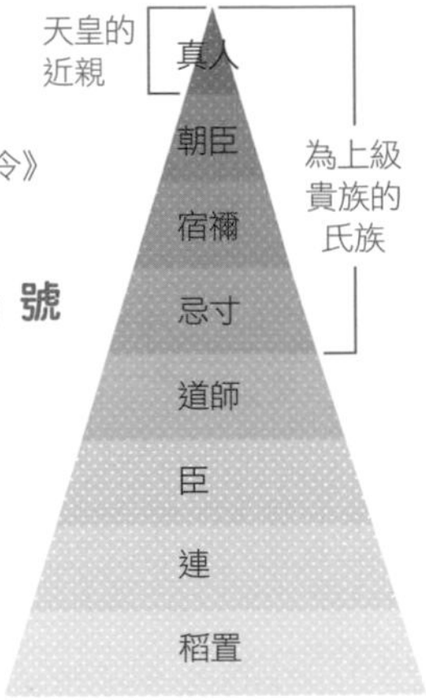
天皇的
近親
真人
朝臣
宿禰
忌寸
道師
臣
連
稻置
為上級
貴族的
氏族

④鑄造富本錢

日本首次開始鑄造銅錢。

富
本

⑤使用「日本」、「天皇」號

從這個時期開始使用了「日本」、「天皇」的稱呼。

倭國→日本國
大王→天皇

豆知識 天武天皇時代，開始了歌頌天皇為「神」等天皇的神格化。

了解更多！

關於日本史 ②

「天皇」名稱的誕生

從「大王」到「天皇」

在日本古代，第一個使用「天皇」號的人被認為是天武天皇。藉由從「大王」號，改成權威更高的「天皇」號，強化天皇的權力。當時的念法是「すめらみこと（sumeramikoto）」。而從何時開始被念作「てんのう（tennou）」尚未得知。

不過，「〇〇天皇」的稱呼其實是種諡號，在位中是不會被稱為「天武天皇」的。天皇在世時也身為人，所以當代的天皇會被稱作「主上」，不然就是單純的稱呼為「天皇（mikado）」。（「帝」在日文的發音也念作mikado。）

天皇的稱呼，有分為為了讚美生前的成績而取的「諡號」，還有以住居或陵墓的地名取的「追號」等幾個種類。另一方面，也有像弘文天皇（指大友皇子。《日本書紀》並沒有關於其即位之記述）或淳仁天皇到了明治時代才終於得到諡號的天皇。

關於「諡號」與「追號」的詳細

讚美天皇生前成績而取的稱作「諡號」。配合生前的住所或墳墓取的叫作「追號」。

生前會被稱呼為「mikado」、「主上」、「內裏樣」等。退位後會被稱呼為「太上天皇（上皇）」、「院」等。

天皇

諡號

讚美前代天皇生前的成績而獻上此號

例

- 推古　以學習歷史從而司掌政治為由來。
- 天武　此號以古代中國消滅商朝的周武王為由來。
- 持統　因繼承了體制並維持住系統，而以成語「繼體持統」為由來。

追號

以前代天皇的住居或陵墓的地名為主題，獻上此號

例

- 醍醐　以陵墓在醍醐為由來。
- 鳥羽　以讓位後住的御所的名字為由來。
- 後醍醐　為了效仿醍醐天皇，在生前給自已決定追號。

豆知識　淳仁天皇因受藤原仲麻呂（惠美押勝）的擁立而即位。但在藤原仲麻呂之亂後被廢位，並被流放至淡路島在當地去世，所以沒被贈予諡號，而被稱為「淡路廢帝」。

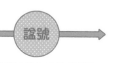

由男系繼承的天皇王位

從初代的神武天皇到第 126 代的今上天皇，歷代天皇全部都是由男系男子，或是男系女子繼承。現今的皇室典範記載著，只有「屬皇統的男系男子」擁有繼承皇位的權力。

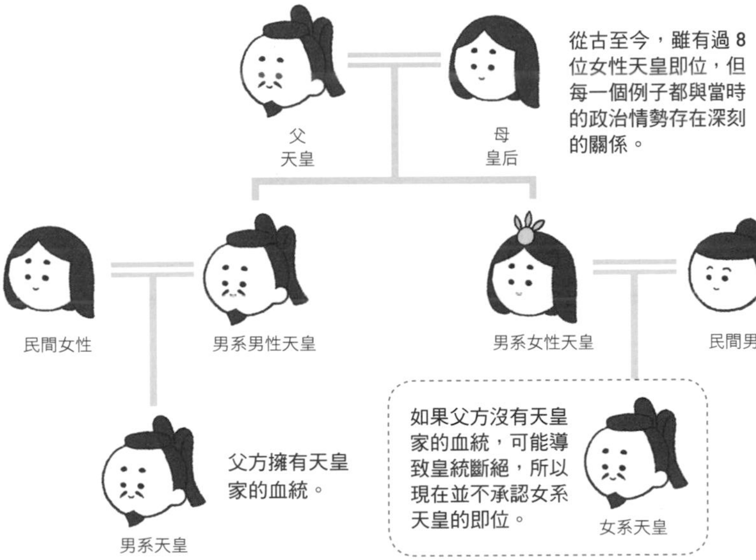
從古至今，雖有過 8 位女性天皇即位，但每一個例子都與當時的政治情勢存在深刻的關係。
父
天皇
母
皇后
民間女性
男系男性天皇
男系女性天皇
民間男性
父方擁有天皇家的血統。
男系天皇
如果父方沒有天皇家的血統，可能導致皇統斷絕，所以現在並不承認女系天皇的即位。
女系天皇

歷代的女性天皇

從古至今，雖有過 8 位女性天皇即位，但每一個例子都與當時的政治情勢存在深刻的關係。

名字	在位	即位的背景
推古	592～628 年	第 29 代欽明天皇之女。受蘇我氏推舉。
皇極（齊明）	642～645 年、655～661 年	第 30 代敏達天皇之孫，茅渟王之女。在皇位繼承的爭鬥中暫時性的即位。
持統	690～697 年	第 38 代天智天皇之女。充當文武天皇即位前的中繼點。
元明	707～715 年	第 38 代天智天皇之女。充當聖武天皇即位前的中繼點。
元正	715～724 年	第 40 代天武天皇之女、草壁皇子之女。充當聖武天皇即位前的中繼點。
孝謙（稱德）	749～758 年、764～770 年	第 45 代聖武天皇之女。在皇位繼承的爭鬥中暫時性的即位。
明正	1629～43 年	第 108 代後水尾天皇之女。男性皇嗣誕生前的中繼點。
後櫻町	1762～70 年	第 115 代櫻町天皇之女。充當後桃園天皇即位前的中繼點。

何謂律令國家？

● 法治國家的誕生

壬申之亂後，將都遷回飛鳥的天武天皇藉由強大的天皇權力，重新整編了國家機構。廢除豪族的私有民制度、訂定八色之姓，使身分秩序以天皇為中心，藉此構築出一個排除豪族影響的中央集權國家。更編纂了支配國家的骨架——飛鳥淨御原令，並著手建造了新的宮都（藤原京），但他卻在志氣凌雲中駕崩了。而持統天皇繼承了遺志，施行飛鳥淨御原令，實施往藤原京的遷都。

文武元年（697），持統天皇讓位給她的孫子輕皇子，文武天皇就此誕生。此時，持統天皇將藤原（中臣）鎌足之子——藤原不比等提拔為後見人。不比等在大寶元年（701）完成了具備律與令的日本首部法典——大寶律令。因此，以法律為基礎施行政治的律令國家就此誕生。也規畫了天皇到太政官、八省、地方的國、郡、里的情報傳達系統，完成以天皇為中心的中央集權體制。

【遷都至藤原京】

繼承天武天皇之位的持統天皇在朱鳥 8 年（694），遷都至藤原京（奈良縣橿原市）。藤原京為長寬約 5.3 公里的大規模都市，而從建造宮殿採用的基石和瓦頂系統，可以看出永久性定都的意圖。文武、元明天皇也將這裡作為都使用。

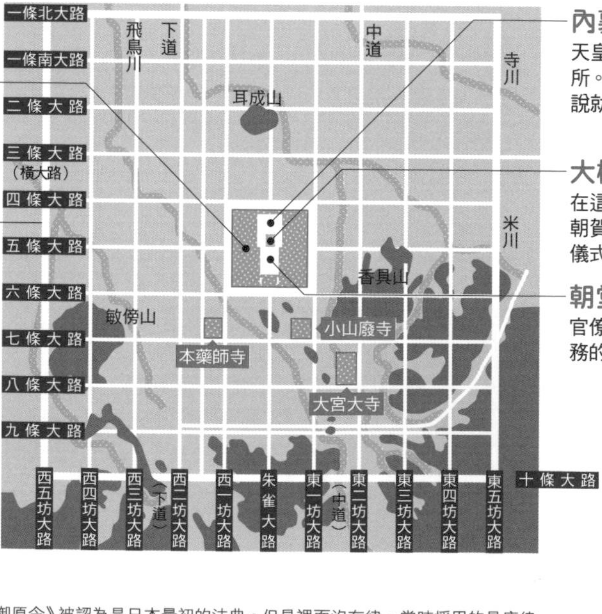
一條北大路
一條南大路
二條大路
三條大路
（橫大路）
四條大路
五條大路
六條大路
七條大路
八條大路
九條大路
十條大路
飛鳥川
下道
中道
寺川
米川
耳成山
香具山
畝傍山
小山廢寺
本藥師寺
大宮大寺
西五坊大路
西四坊大路
西三坊大路
（下道）
西二坊大路
西一坊大路
朱雀大路
東一坊大路
（中道）
東二坊大路
東三坊大路
東四坊大路
東五坊大路

藤原宮
這裡設置了天皇的府邸、官廳等。

藤原京
貴族、官僚與庶民的住居都在此中。以棋盤狀道路構成的條坊制為特徵，擁有 10 條 ×10 坊，即長寬約 5.3 公里的廣大面積。

古代的道路
藤原京的城市規畫，汲取了中道與橫大路等古代道路架構。

內裏
天皇居住的場所。以現代來說就是皇居。

大極殿
在這裡會舉行朝賀或即位等儀式。

朝堂院
官僚們處理政務的政廳。

豆知識　《飛鳥淨御原令》被認為是日本最初的法典。但是裡面沒有律，當時採用的是唐律。

【大寶律令如何改變了統治體制？】

制定了大寶律令之後，日本的古代國家開始實施了以法律為主的中央集權性政治。也確立了橫跨中央與地方的支配體制。

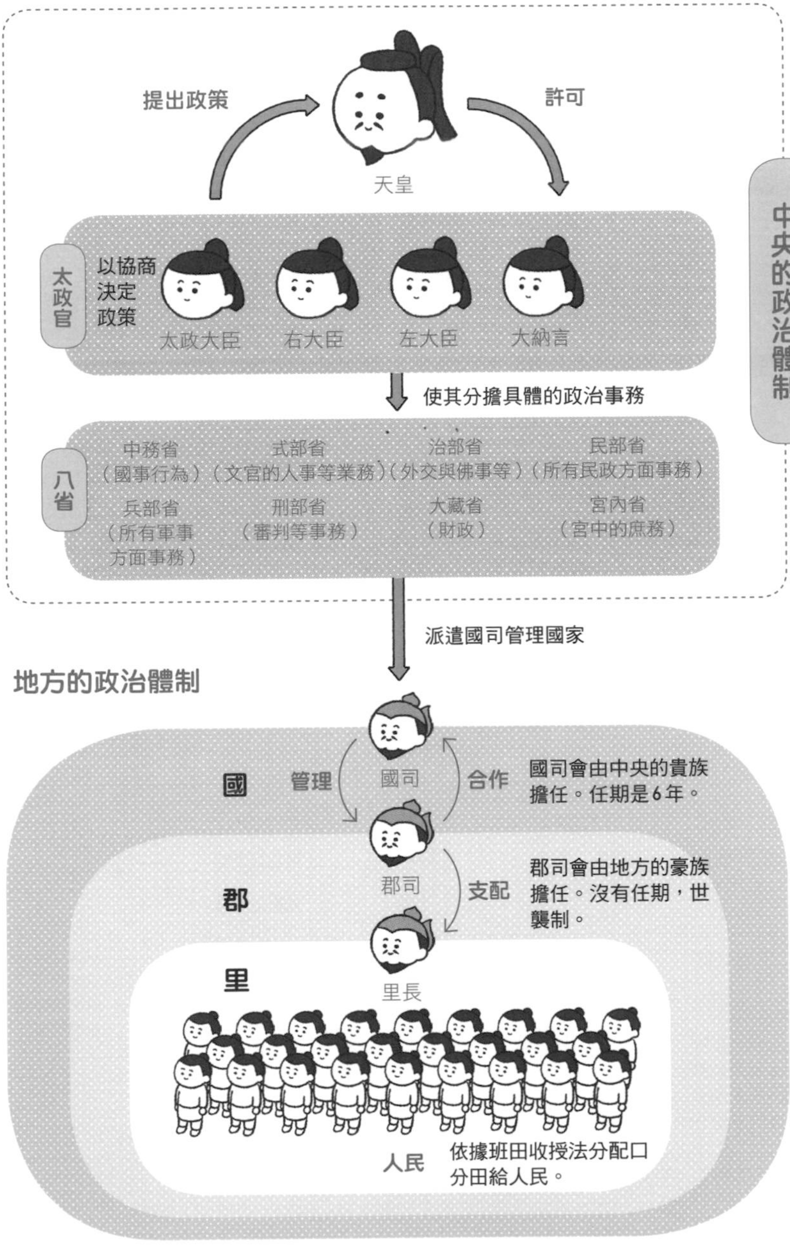
提出政策
許可
天皇
中央的政治體制
太政官
以協商決定政策
太政大臣
右大臣
左大臣
大納言
使其分擔具體的政治事務
八省
中務省（國事行為）
式部省（文官的人事等業務）
治部省（外交與佛事等）
民部省（所有民政方面事務）
兵部省（所有軍事方面事務）
刑部省（審判等事務）
大藏省（財政）
宮內省（宮中的庶務）
派遣國司管理國家
地方的政治體制
國
管理
國司
合作
國司會由中央的貴族擔任。任期是6年。
郡
郡司
支配
郡司會由地方的豪族擔任。沒有任期，世襲制。
里
里長
人民
依據班田收授法分配口分田給人民。

奈良時代

為什麼聖武天皇選擇信仰佛教？

● 為了國家安泰

文武天皇去世後，身為其母親的元明天皇（文武天皇之女，擔任其孫首皇子即位之前的中繼站）繼承了皇位，並在和銅三年（710）將首都從藤原京遷至平城京。而遷都的其中一個理由，是因為藤原京的構造與唐都——長安城的構造差異太大的關係。在這之後到遷至平安的約八十年間，被稱作奈良時代。

經過文武天皇的姊姊元正天皇的治世期後，聖武天皇在神龜元年（724）即位。但因為他的治理不周，導致各地開始流行天花，並頻頻發生饑荒。也相繼發生如長屋王之變（729）與藤原廣嗣之亂（740）等政爭和叛亂，社會動盪持續擴大。聖武天皇深深感受到自己的能力不足，所以開始嘗試藉由擁有鎮護國家之力的佛教，保佑國家的安泰。他下達在全國建造國分寺、國分尼寺，與打造大佛的命令也是因為這個原因。就這樣在聖武天皇的庇護下，佛教開始蓬勃發展，平城京內也有了許許多多的寺院。

【其實平城京比藤原京還要小】

平城京（奈良縣奈良市，大和郡山市）擁有東西 4.3 公里，南北 4.8 公里的規模。據挖掘調查的結果，長屋王邸遺址擁有約 6 萬平方公尺的規模。還有，分析了遺跡廁所土壤的結果，發現當時的人們已經有食用牛或豬等肉食習慣。

變更宮的位置

效仿唐的長安城，將平安宮的位置設定在京域的北側中央。

貴族的住居

關於住居地的分配，上級貴族被分配在五條以北，下級貴族則被分配至八條以南的地區。

官營市場

買賣各地的產物與製品。前半個月會開在東市，後半個月會開在西市。營業時間是中午到日落。

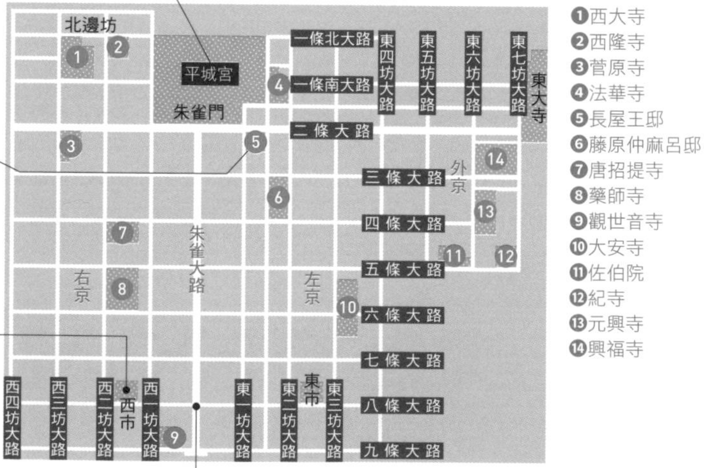

北邊坊
平城宮
朱雀門
一條北大路
一條南大路
二條大路
三條大路
四條大路
五條大路
六條大路
七條大路
八條大路
九條大路
東四坊大路
東五坊大路
東六坊大路
東七坊大路
東大寺
外京
朱雀大路
右京
左京
東市
西市
西四坊大路
西三坊大路
西二坊大路
西一坊大路
東一坊大路
東二坊大路
東三坊大路
❶西大寺
❷西隆寺
❸菅原寺
❹法華寺
❺長屋王邸
❻藤原仲麻呂邸
❼唐招提寺
❽藥師寺
❾觀世音寺
❿大安寺
⓫佐伯院
⓬紀寺
⓭元興寺
⓮興福寺

主要幹道

寬 74 公尺。道路兩側築起高高的築地塀（坊垣），並種植了柳或槐等行道樹。目的是為了增加外國使節對這裡的好印象。

豆知識　長屋王是天武天皇之孫。藤原不比等死後，雖然立足於政界的頂點，但因藤原四兄弟的陰謀，使他背負涉嫌謀反之名，最後以自殺告終。有另一說表示，其實是聖武天皇因為他被當成皇孫對待而感到礙眼，所以決定設計陷害。

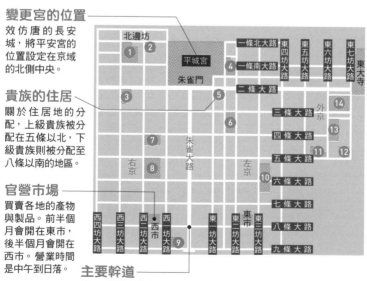

【就這樣東寺的大佛完成了！】

因為聖武天皇的治理不周導致天花與饑荒流行，叛亂頻發，局勢一直處於不穩定的狀態。所以天皇為了國家安泰，萌生出建造大佛（盧舍那佛）的想法。

天花流行

天平 7～9 年（735～737），從新羅傳來的天花肆虐日本。

爆發饑荒

發生全國性的旱災，導致嚴重的饑荒。

藤原廣嗣之亂

天平 12 年（740），對朝廷發起叛亂。

因為我的不成熟導致了社會的不安與政治的混亂。為了收拾這個局面，我想借用佛教的力量，為這個國家帶來和平與安定。

佛教信仰

聖武天皇

741 年 國分寺建立之詔

- 命令每個國家都要建立國分寺與國分尼寺
- 國分寺要配置 20 名僧人，國分尼寺要配置 10 名尼僧。

743 年 大佛造立之詔、宣布墾田永年私財法

為了籌措巨額費用與許多人力，尋求了地方豪族、僧人與行基的幫助。

委託其向各地進行勸進（募金）。

以允許開墾地的永代私有為條件請求援助。

752 年 在東大寺進行大佛開眼

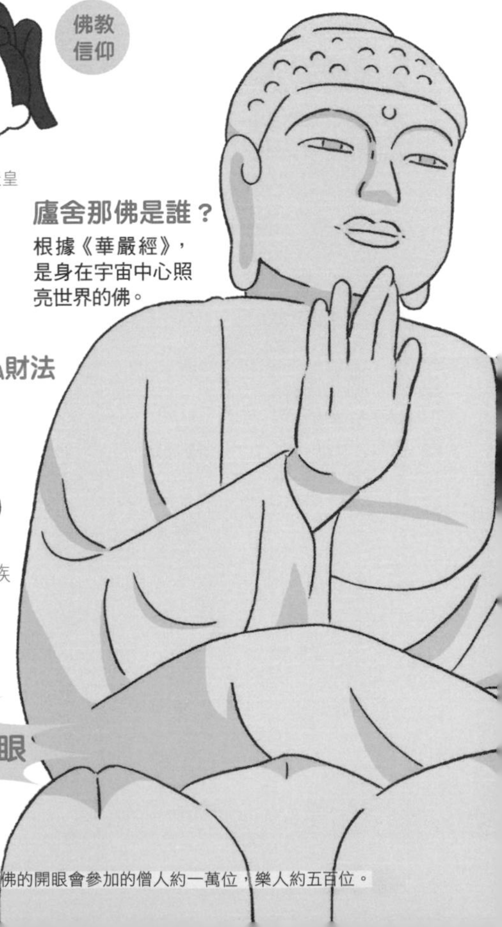

盧舍那佛是誰？

根據《華嚴經》，是身在宇宙中心照亮世界的佛。

豆知識 大佛的高約 14.98 公尺，重約 250 噸。相傳大佛的開眼會參加的僧人約一萬位，樂人約五百位。

奈良時代

為什麼桓武天皇實行了遷都？

● 分離豪族與國家基盤之地

聖武天皇去世後，皇位由孝謙、淳仁、稱德（孝謙的重祚）的天武系皇統繼承，但在寶龜原年（770），為天智之孫的光仁天皇即位，相隔約一世紀，天智系的皇統在此復活。繼承皇位的桓武天皇在延曆三年（784），大膽將平城京遷至長岡京。就這樣，首都從大和國變成了山背國。他廢除天武系皇統的首都平城京，將自古以來支持朝廷的諸豪族，從他們的基盤之地分離，企圖達到使人們感到煥然一新的效果。但是在延曆四年（785），發生了造長岡宮使藤原種繼被暗殺的事件。受到此事牽連的桓武的同母弟，同時也是皇太子的早良親王被逮捕，並在護送至淡路島的途中因憤慨而死。此後，瘟疫開始在畿內大流行。大家認為這是早良親王的怨靈造成，所以桓武決心再建造一個代替長岡京的新都。在延曆十三年（794）遷都平安京。之後，在明治二年（1869）天皇遷移至東京之前，平安京持續擔任著日本首都之地。

【因桓武天皇而進行的長岡京、平安京遷都】

在平城京即位的桓武天皇將首都從大和國遷至山背國的理由，存在除了向大家表示皇統從天武系變成了天智系的革新，亦是為了斷絕奈良佛教勢力等諸說。

因長岡京洪水頻發，還有為了逃離早良親王的怨靈，在延曆13年（794），毅然將長岡京遷至平安京。此時，山背國開始改稱「山城國」。

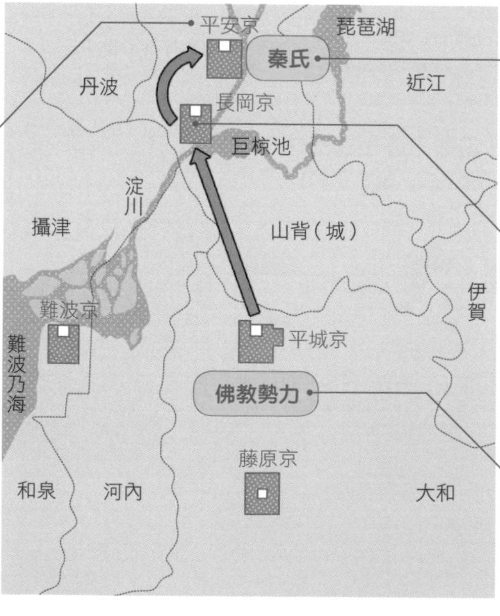

以山背（城）為勢力範圍的渡來系氏族。山背這塊土地與桓武母方的渡來系氏族有著深厚關係。

延曆3年（784），透過遷都至長岡京，企圖使人心一新。

奈良時代，受到國家保護的佛教在平城京蓬勃發展。特別是藥師寺、大安寺、元興寺、興福寺及東大寺、西大寺、法隆寺被稱為「南都七大寺」，擁有非常大的權勢，與當時的政權存在深刻的關係。

豆知識　造長岡宮史的藤原種繼暗殺事件，起因是被藤原氏從政權中排除的豪族一大伴氏與佐伯氏企圖恢復權力所導致的。

【持續了1000年的平安京是什麼樣的都城？】

延曆13年（794），桓武天皇將都遷至平安京。南北約5.3公里，東西約4.5公里的平安京比平城京大了一圈。之後，這個地方以日本首都之身存續了1000年。

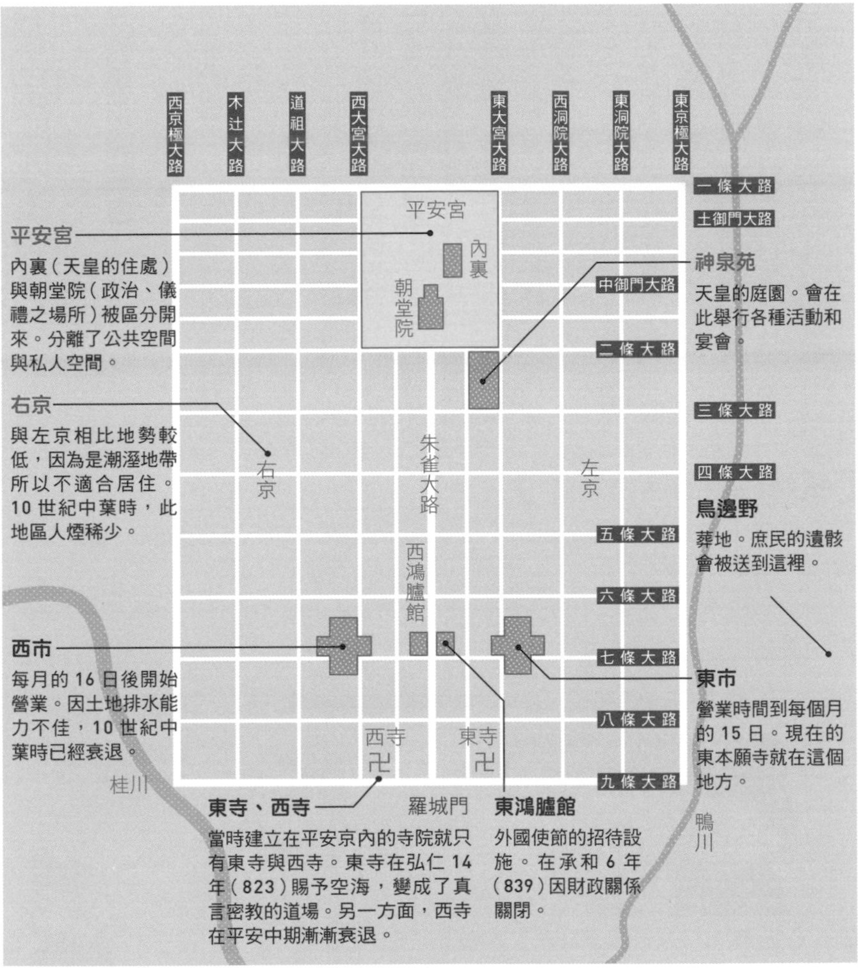
西京極大路
木辻大路
道祖大路
西大宮大路
東大宮大路
西洞院大路
東洞院大路
東京極大路
一條大路
土御門大路
中御門大路
二條大路
三條大路
四條大路
五條大路
六條大路
七條大路
八條大路
九條大路
平安宮
內裏
朝堂院
朱雀大路
右京
左京
西鴻臚館
西寺
東寺
羅城門
桂川
鴨川
平安宮
內裏（天皇的住處）與朝堂院（政治、儀禮之場所）被區分開來。分離了公共空間與私人空間。
右京
與左京相比地勢較低，因為是潮溼地帶所以不適合居住。10世紀中葉時，此地區人煙稀少。
西市
每月的16日後開始營業。因土地排水能力不佳，10世紀中葉時已經衰退。
神泉苑
天皇的庭園。會在此舉行各種活動和宴會。
鳥邊野
葬地。庶民的遺骸會被送到這裡。
東市
營業時間到每個月的15日。現在的東本願寺就在這個地方。
東寺、西寺
當時建立在平安京內的寺院就只有東寺與西寺。東寺在弘仁14年（823）賜予空海，變成了真言密教的道場。另一方面，西寺在平安中期漸漸衰退。
東鴻臚館
外國使節的招待設施。在承和6年（839）因財政關係關閉。

【為了強化權力而進行蝦夷征討的桓武天皇】

母方身分較低的桓武天皇，權力基盤原本非常脆弱。所以桓武天皇企圖透過征討東北地方的蝦夷來強化權力。延曆8年（789）的征討，雖大敗於蝦夷的族長——阿弖流為，但在延曆21年（802），派遣了坂上田村麻呂，成功使阿弖流為服屬於自己。從此國家的支配擴張到東北地方。但因平安京的建造與蝦夷的征討，使國庫狀況變得非常緊繃，結果桓武天皇決定停止進行這兩大事業。

豆知識　在當時，瘟疫等疾病的流行，被認為是含冤而死之人的怨靈所下的詛咒。這種思想稱為御靈信仰。

平安時代

何謂攝關政治？

主導國政的攝正與關白

九世紀前半的桓武，到其子嵯峨天皇的期間，天皇掌握強大的權力主導著國政。但之後藤原不比等的四個兒子中，以房前為祖先的藤原北家透過與天皇家建立姻親關係擴展了勢力。在天安二年（858），當清和天皇以九歲之身即位之後，其外祖父藤原良房已成為實質上的「攝政」掌握著政治的實權。

此外，繼承了良房地位的養子基經，被光孝天皇授予了極大的權力。這份權力就是之後發展成為「關白」的大權力。攝關政治的基盤也由這裡形成。這個系統代替了一直以來的天皇親政，貴族司掌國政的時代就此來臨。

這之後的延長八年（730），在八歲的朱雀天皇即位之際，身為外祖父的藤原忠平就任攝政，朱雀元服後更成為了關白。之後，在天皇幼少時設置攝政，元服後任命為關白的制度開始確立。而攝政、關白這兩個官職並沒有在律令的規定裡面，因為這是日本為了配合他們的政治實情而新設的官職。這種官職被稱為「令外官」。

【攝官政治的運作方式】

天安 2 年（858）9 歲的清和天皇即位後，天皇幼少時由攝政輔佐，元服後由關白輔佐政治的政治體制被建立起來。

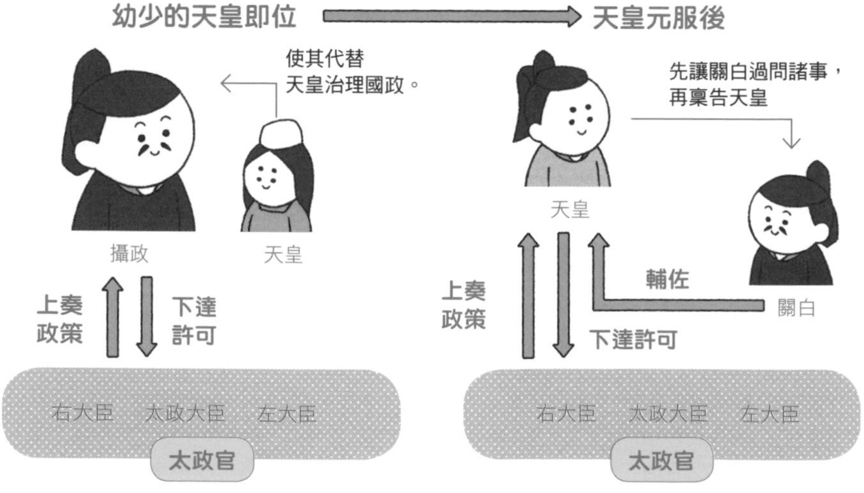

幼少的天皇即位
天皇元服後
使其代替
天皇治理國政。
攝政
天皇
上奏
政策
下達
許可
右大臣
太政大臣
左大臣
太政官
先讓關白過問諸事，
再稟告天皇
天皇
輔佐
關白
上奏
政策
下達許可
右大臣
太政大臣
左大臣
太政官

攝政會代替幼少的天皇司掌政治。

天皇元服後，攝政會進位為關白，以後見人之姿參與政治。

豆知識　關於攝關政治，被區分為 9 世紀後半的藤原良房、藤原基經期的前期攝關政治期，與 10～11 世紀中葉左右的後期攝關政治期。

【藤原北家的興起】

到了 9 世紀，藤原北家透過與天皇締結姻親關係在政界逐漸崛起，並引發政治鬥爭將政敵一一排除，進而鞏固權勢。

天皇　藤原北家

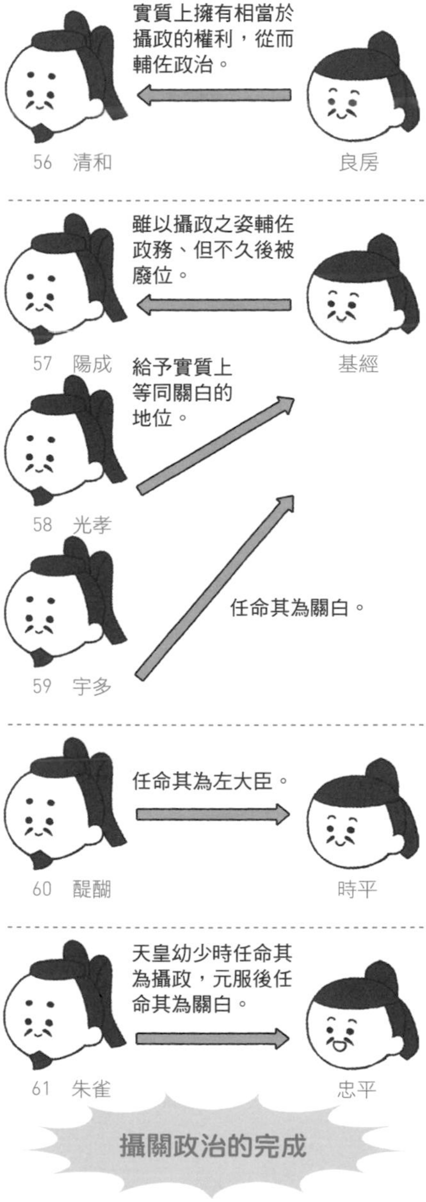

實質上擁有相當於攝政的權利，從而輔佐政治。
56 清和
良房
雖以攝政之姿輔佐政務、但不久後被廢位。
57 陽成
基經
給予實質上等同關白的地位。
58 光孝
任命其為關白。
59 宇多
任命其為左大臣。
60 醍醐
時平
天皇幼少時任命其為攝政，元服後任命其為關白。
61 朱雀
忠平
攝關政治的完成

主要的政治鬥爭

承和之變（842）

想擁立恒貞親王，並企圖謀反的伴健岑、橘逸勢與恒貞親王遭到流放。

應天門之變（866）

平安宮應天門被燒毀。任職大納言的伴善男與紀豐城受到處罰。

阿衡的紛議（887～888）

在宇多天皇任命基經為關白之際，關白任命的敕書上寫著稱為「阿衡」的官位名稱。而這個來自中國的官位名稱，在中國其實是一個沒有實權的官位，所以基經對此感到非常憤怒。宇多天皇因此將敕書撤回，並且開除了起草這篇敕書的橘廣相。

昌泰之變（901）

右大臣菅原道真，因為陰謀披上了企圖擁立齊世親王的嫌疑，並遭流放至大宰府。

平將門之亂（935～940）

以平一族的內部紛爭為契機，之後規模擴大，成了整個關東地區的叛亂。

藤原純友之亂（939～941）

藤原淳友與瀨戶內的豪族聯手引發的叛亂。曾占領大宰府一段時間。

※ 數字為天皇就任順序

藤原氏如何把權力納入手中？

●以外戚之姿確立地位

到了十世紀後半以後，藤原北家以壓倒性實力凌駕其他貴族，掌握權力，獨占了攝政、關白的地位。然後在十世紀末的藤原道長時代迎來了全盛黃金期。

在當時，母方的血脈人士對孩子非常具有影響力，他們開始可以以外戚之姿隨心所欲的掌握權力。也因為如此，道長將長女彰子嫁給了一條天皇；將次女妍子嫁給了三條天皇；將四女威子嫁給了後一條天皇；將六女嬉子嫁給了後朱雀天皇，從而掌握權力。並在長和五年（1016）成為攝政，以後一條天皇、後朱雀天皇、後冷泉天皇的外祖父之姿建構出了藤原氏的全盛期。但是道長卻不晉升至關白，始終堅守著左大臣的地位。因為以當時的太政官制度，左大臣為一上，換句話說就是事實上的最高首腦。假如左大臣就任了關白，右大人就會遞補上去變成一上，關白就不能從事一上的職務了。也因如此，道長選擇了以左大臣之位繼續擔任大臣首領的道路。

【讓女兒成為天皇的妃子！藤原氏的積極婚姻戰略】

藤原氏早已在不比等的時代就持續將女兒嫁入天皇家，與天皇建立私人性的關係，藉此在朝廷內確立出絕對性的地位。

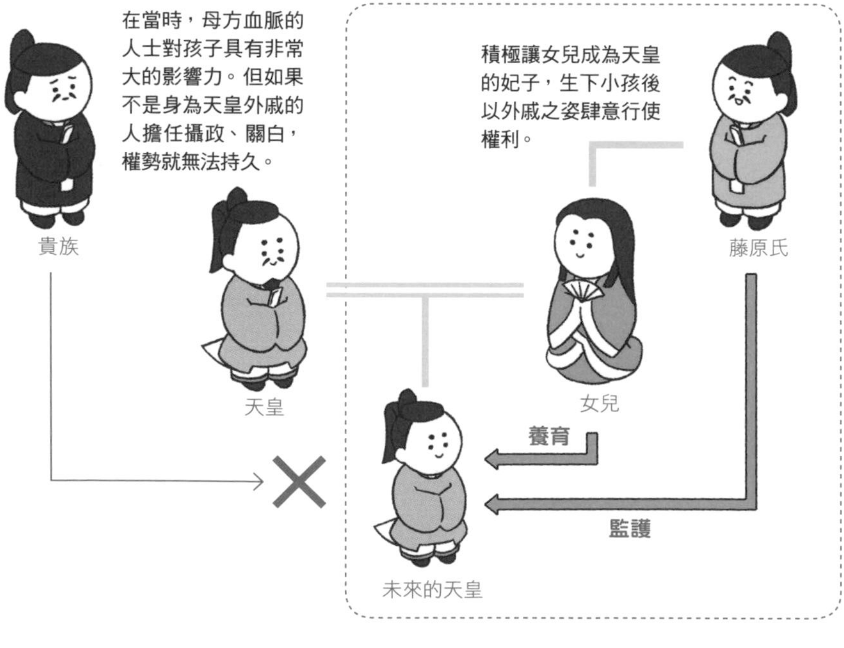
在當時，母方血脈的人士對孩子具有非常大的影響力。但如果不是身為天皇外戚的人擔任攝政、關白，權勢就無法持久。
積極讓女兒成為天皇的妃子，生下小孩後以外戚之姿肆意行使權利。
貴族
藤原氏
天皇
女兒
養育
監護
未來的天皇

豆知識　在寬仁元年（1017），藤原道長將攝政之位讓給其子賴通。因此，攝關職的地位就被道長的子孫（御堂流）所繼承，形成了所謂的「攝關家」。

【藤原氏與天皇家的關係圖】

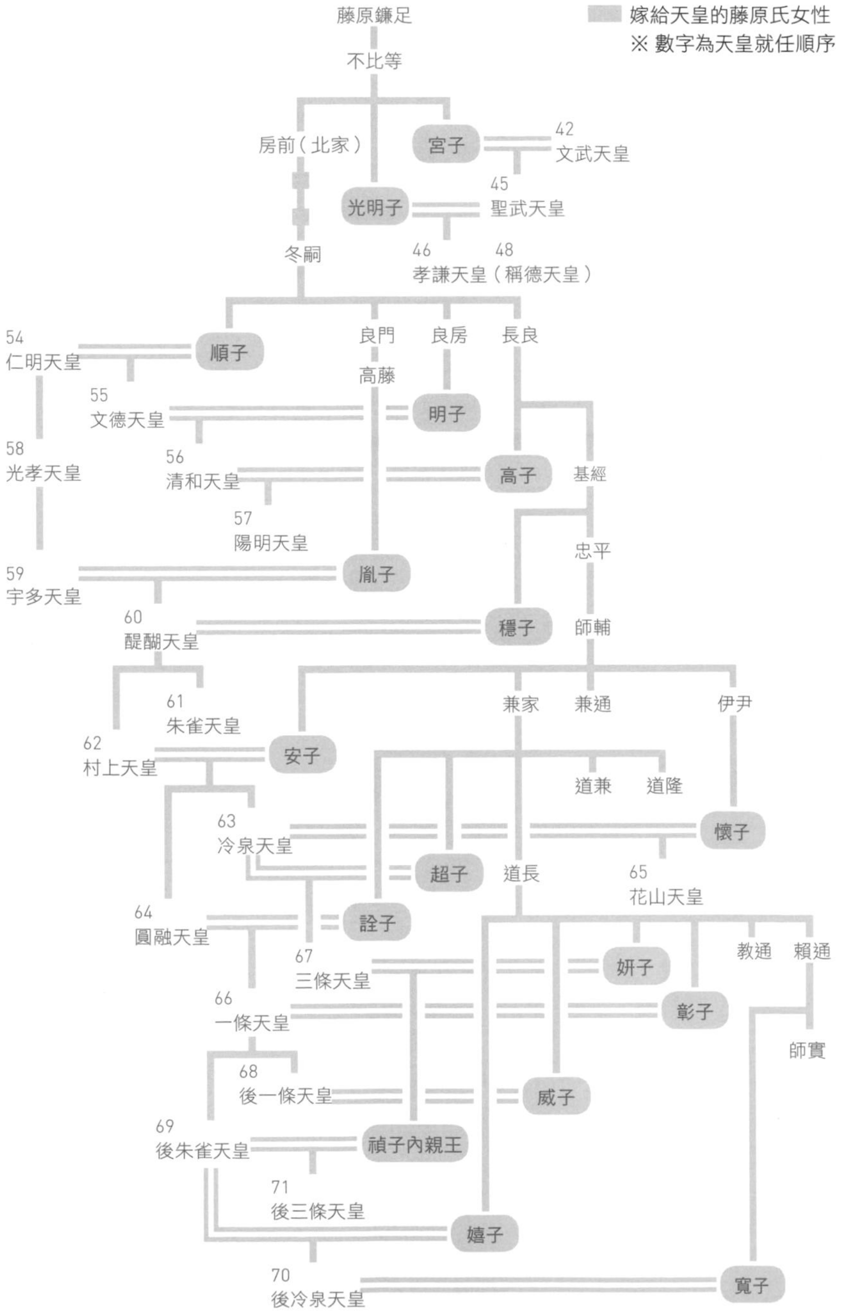

豆知識　藤原攝關期，是一個因女官而使王朝文學蓬勃發展的時代。服侍一條天皇的中宮——彰子的紫式部著有《源氏物語》；服侍於一條天皇的中宮——定子的清少納言著有《草枕子》。

平安時代

莊園是什麼？

● 權貴們將土地據為己有

根據律令制，所有的土地原本都是屬於國家的（公地公民制）。但是國家為了擴大耕地，增加稅收，在天平十五年（743）發布了墾田永年私財法。就這樣，政府認可了開墾土地的永久私有。而這個法條一發布，引起了貴族、大寺院、地方豪族們的注意。他們開始雇用農民與浮浪人，實施了大規模的開墾工程，將土地據為己有。因為這樣，權貴們開始擁有大片土地（初期莊園）。進入十一世紀後，開始有農民將自己的土地捐給中央的有權者。因為此舉不但可以免去土地的稅金，自己到時也會變成那片土地的莊官，從而繼續確保自身利益。而這種莊園的形成方式就叫作「寄進地系莊園」。莊園的增加代表著稅收降低，國家為了防止莊園的規模繼續擴大，於是發布了莊園整理令。但是執行得不夠徹底，此令就以莊園與公領之間產生明顯區別為結果落幕了（莊園公領制）。

【從「公地」到「私有地」】

一開始，所有的土地都是屬於天皇（國家）的。但為了增加農地，取得安定的稅收，漸漸的將條件放寬，到最後政府連開墾地的私有也允許了。

646年 公地公民制

所有的土地都歸天皇（國家）所有！

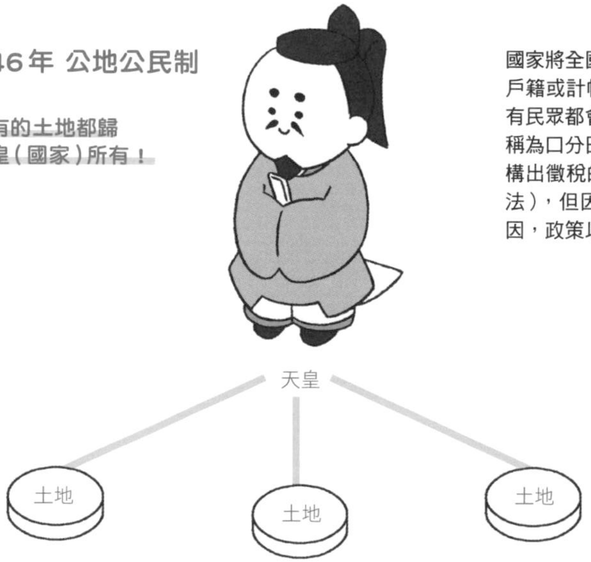

國家將全國的人民都登錄至戶籍或計帳。6歲以上的所有民眾都會被國家強制貸予稱為口分田的土地，重而建構出徵稅的系統（班田收授法），但因為民眾逃亡等原因，政策以失敗告終。

豆知識　「莊」是指在私有地裡的倉庫等建築物。而包含了建築物的私有地就被稱為「莊園」。

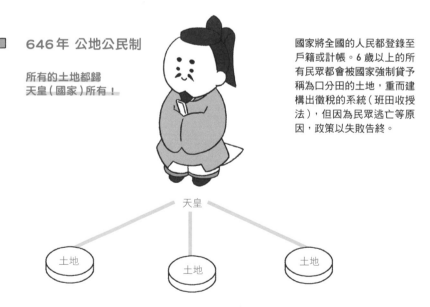

701年 班田收授法

出租土地！

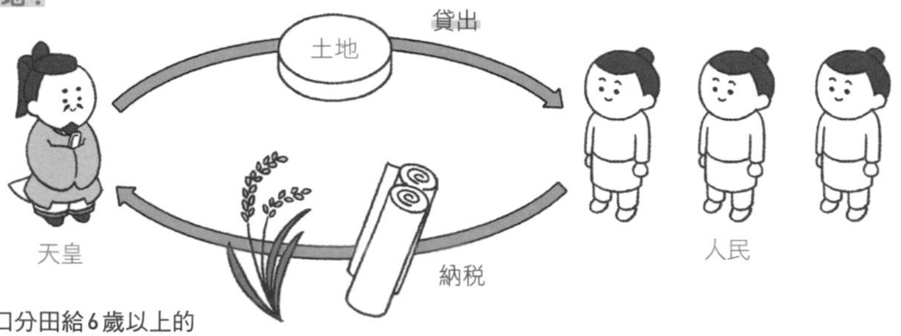
貸出
土地
天皇
人民
納稅

貸予口分田給6歲以上的男女，藉此課稅。

723年 三世一身法

如果某人建造新的灌溉設施從而開墾土地，政府允許此人的三代人擁有這片土地。

所有權只允許至三代！

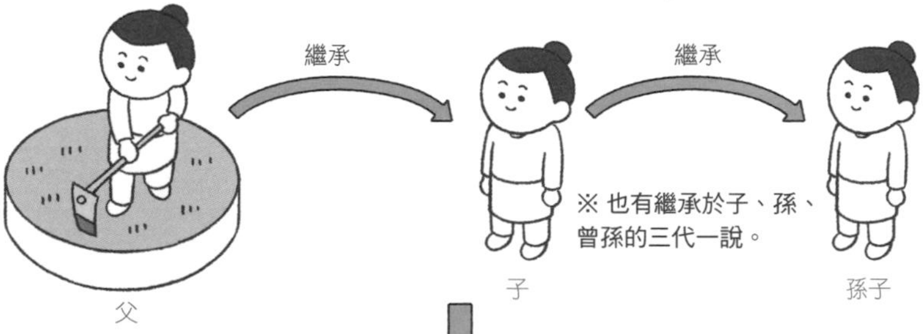
繼承
繼承
※ 也有繼承於子、孫、曾孫的三代一說。
父
子
孫子

743年 墾田永年私財法

初期莊園

允許開墾地的永久私有！

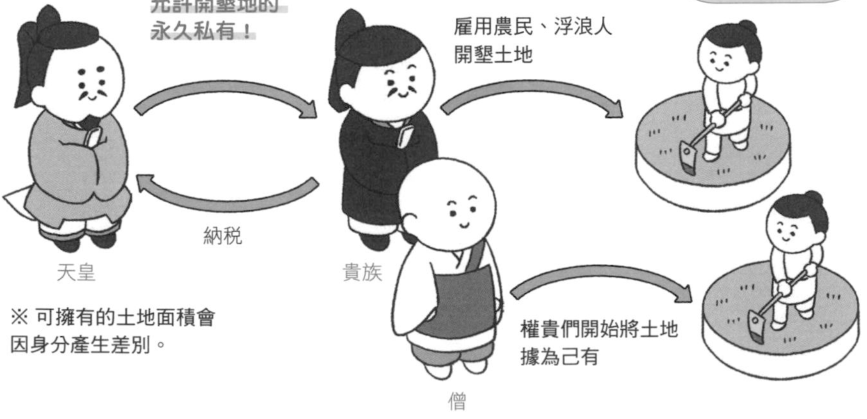
雇用農民、浮浪人開墾土地
納稅
天皇
貴族
權貴們開始將土地據為己有
僧

※ 可擁有的土地面積會因身分產生差別。

豆知識 公領也稱為國衙領。管理公領的國司（受領）之義務，只有需上繳一定的租稅一事，所以國司的收益其實非常龐大，實質上與莊園別無二致。

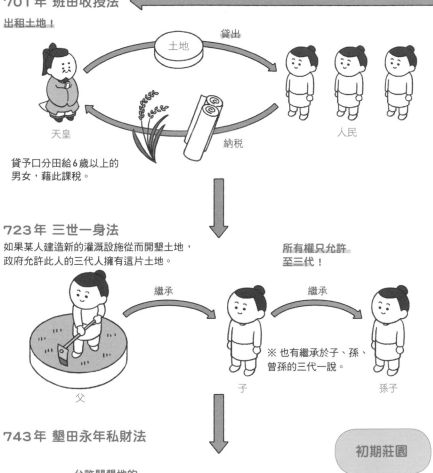

【寄進地系莊園的成立方式】

在因墾田永年私財法的發布，私有土地以全國規模逐漸擴大的情況中，到了 11 世紀，地方豪族為了守護自己的土地而將土地捐給有力的貴族與寺社，推動了莊園化。

10世紀 **課稅對象從「人民」轉變為「土地」**

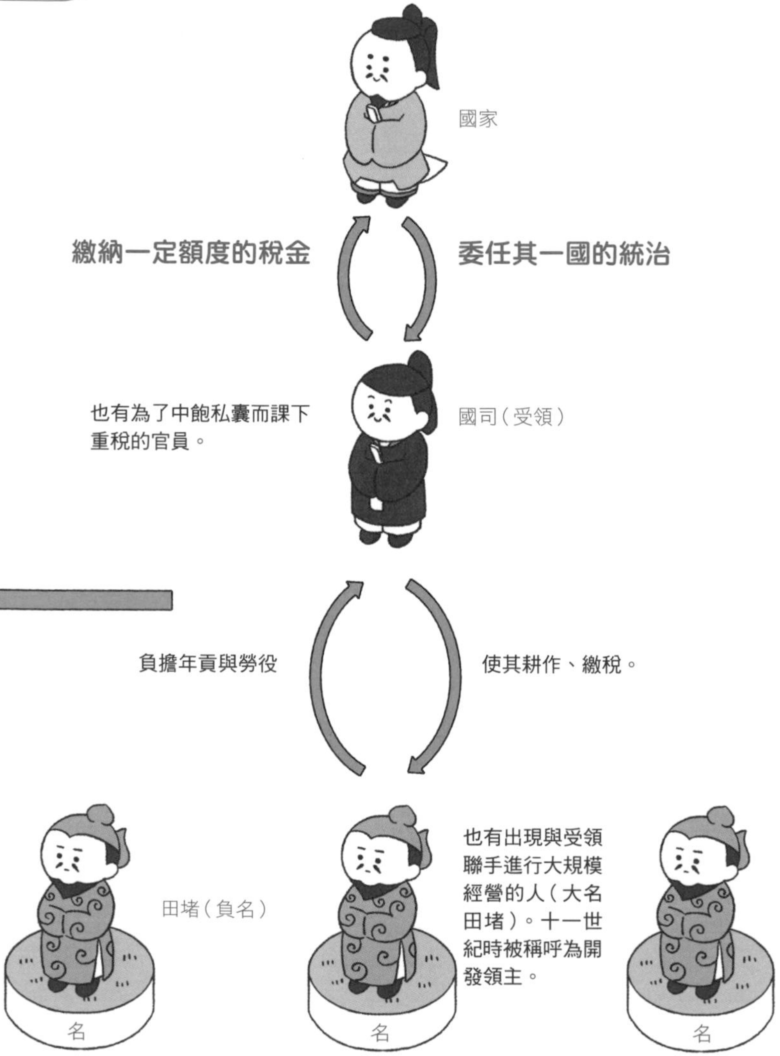
國家
繳納一定額度的稅金
委任其一國的統治
也有為了中飽私囊而課下重稅的官員。
國司（受領）
負擔年貢與勞役
使其耕作、繳稅。
田堵（負名）
也有出現與受領聯手進行大規模經營的人（大名田堵）。十一世紀時被稱呼為開發領主。
名
名
名

豆知識　構成莊園與公領的基本單位稱為「名」。而負責整理名的年貢的有聲望的農民則稱為「名主（myoushu）」，承包農田耕種工作的人則被稱為「田堵（tato）、負名（fumyou）」。

到後來田堵與受領因為稅收的問題而開始對立。田堵為了逃稅，將自己的土地捐給中央的權貴或寺社，成為他們的莊園。

接受土地捐獻的中央貴族或寺社被稱為領家，而從中央貴族或寺社接受領地的皇族與攝關家等被稱為本家。

11世紀 開始出現寄進地系莊園

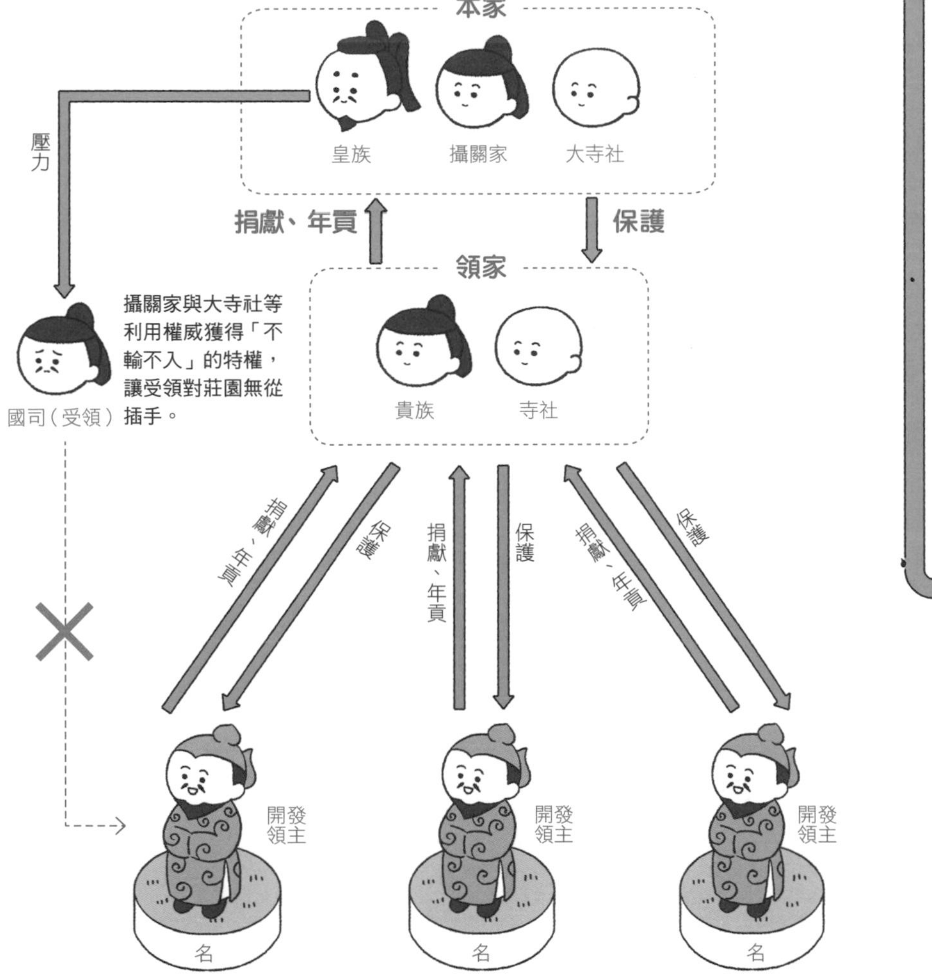

本家
皇族
攝關家
大寺社
壓力
捐獻、年貢
保護
領家
貴族
寺社
國司（受領）
攝關家與大寺社等利用權威獲得「不輸不入」的特權，讓受領對莊園無從插手。
捐獻、年貢
保護
捐獻、年貢
保護
捐獻、年貢
保護
開發領主
名
開發領主
名
開發領主
名

免除租稅的權力稱為不輸，而禁止國衙官員進入領地的權力稱為不入。

他們會獲得管理莊園的莊官、莊司等官職，實質上的支配原本所有地。

豆知識 在這段期間，成立了名為「知行國」的制度。國家給予上級貴族一國的國家支配權，然後將當國的公領所獲得的收益給予貴族。知行這個詞，在江戶時代代表武士的領地。

第2章 中世

平安後期 1086～1185年

1086年 白河上皇開始院政政治

1156年 爆發保元之亂

1159年 爆發平治之亂

1167年 平清盛就任太政大臣

1180年 爆發治承壽永之亂

鎌倉 1185（1192）～1333年

1185年 源賴朝在全國設置守護、地頭

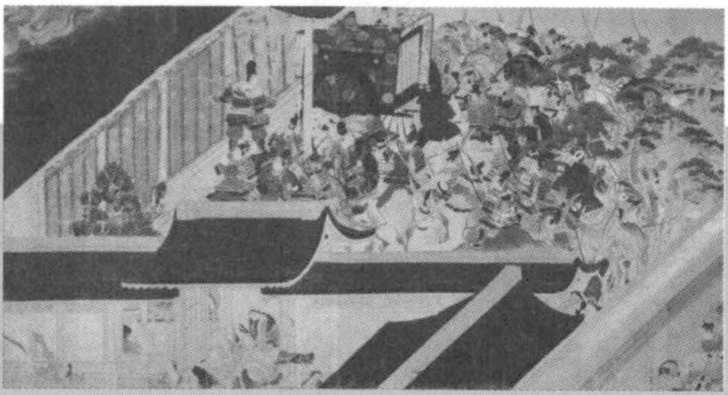

平治之亂

藤原信賴與源義朝為了打倒平清盛而舉兵，卻反被清盛鎮壓。

鳥羽離宮

白河天皇讓位後的御所。鳥羽上皇、後白河上皇也在這個地方進行院政政治。

屋島之戰

此戰因源氏方的那須與一用弓箭射中平家方船上的小扇而知名。

平清盛

頭一位以武士之身就任太政大臣之人。因整個平家都爬到有權有勢的位置，而出現了「不是平家之人就不算是人」這種豪語。

金閣

應永4年（1397），足利義滿將其建在北山殿的一角。雖然當初建造時就已經貼上了金箔，但是開始使用「金閣」這個稱呼，相傳是15世紀以後的事。

爲了應對元軍而築成的防壘

文永之役後，幕府在九州各地建築防壘，以應對元軍的再度侵略。

1192年
源賴朝就任征夷大將軍

1274年
元軍侵襲九州（文永之役）

1281年
元軍再次侵襲九州（弘安之役）

1333年
鐮倉幕府滅亡

1336年
足利尊氏擁立光明天皇

南北朝
1336～92年

1392年
足利義滿實現南北朝合一

室町
1336～1573年

1467年
應仁文明之亂爆發（～77年）

戰國
1467～1590年

鶴岡八幡宮

創建於康平6年（1063）。在治平4年（1108），源賴朝將其遷至現在地之後，鶴岡八幡宮成為了鐮倉幕府的鎮守社並吸引了許多善男信女。

平安時代

武士是如何誕生的？

● 派遣到地方的貴族開始擴大勢力

所謂武士，是指擁有稱為武藝的特殊技能，並以武藝為家業且代代相傳的人們。而武士的源頭，可以在中央的中、下級貴族中發現。平安時代，國家透過將中、下級貴族任命為受領（國司）支配著地方，並將他們派遣到各國來徵收稅金。而受領為了確實的從經營著「名」的人們手中收取稅金，會使用了武力支配自己的任國。他們不是自己想辦法武裝，就是將地方的有力豪族作為國衙的軍事力使用。

而受領的任期到了之後，這群軍事力量會開始在地化，承包幫新受領執行徵收稅金的工作。他們也成為國衙的一份子，負責調停地方紛爭與土地開發，然後漸漸擴大自己的領地。以領主之姿在地方建立起自己的勢力之後，終於成長為武士。

而另一方面，也有一些人回到首都後，利用自己的軍事力為攝關家或有力貴族服務。也就是私人的保鑣。

而以這種方式崛起的武士中，有與平清盛有關的伊勢平氏，還有與源賴朝有關的清和源氏等。

【武士是什麼樣的存在？】

武士是指以武藝為家業並且代代相傳的人們。就算武藝再高強，如果不是出生在武士之家，也無法稱為是一名武士。

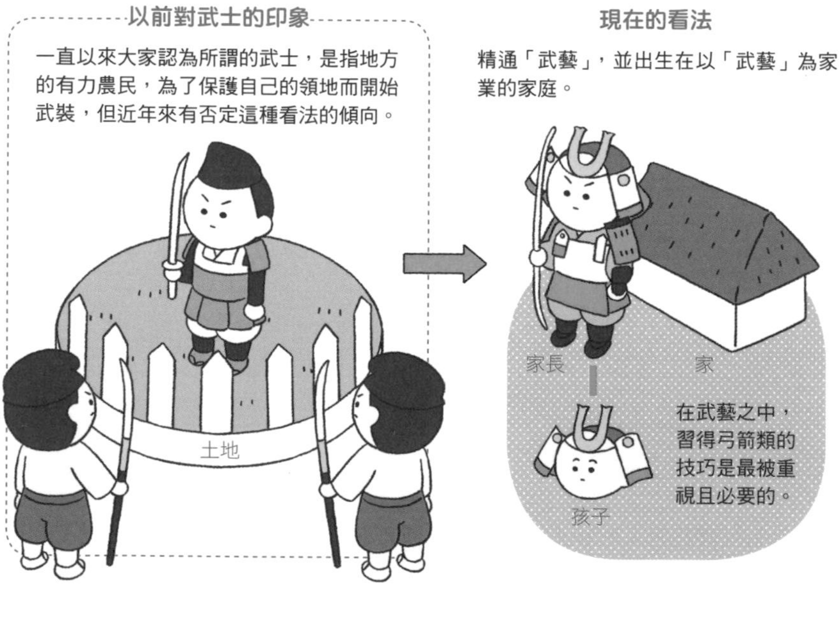
以前對武士的印象
一直以來大家認為所謂的武士，是指地方的有力農民，為了保護自己的領地而開始武裝，但近年來有否定這種看法的傾向。
土地
現在的看法
精通「武藝」，並出生在以「武藝」為家業的家庭。
家長
家
孩子
在武藝之中，習得弓箭類的技巧是最被重視且必要的。

【武士是如何誕生的？】

關於武士如何誕生，還沒有一個定論。有一說表示，國司到了地方之後開始在地化並擴大勢力。也有另一說表示，成為地方領主的人回到首都服侍於有力貴族，擴大勢力造成了武士的誕生。

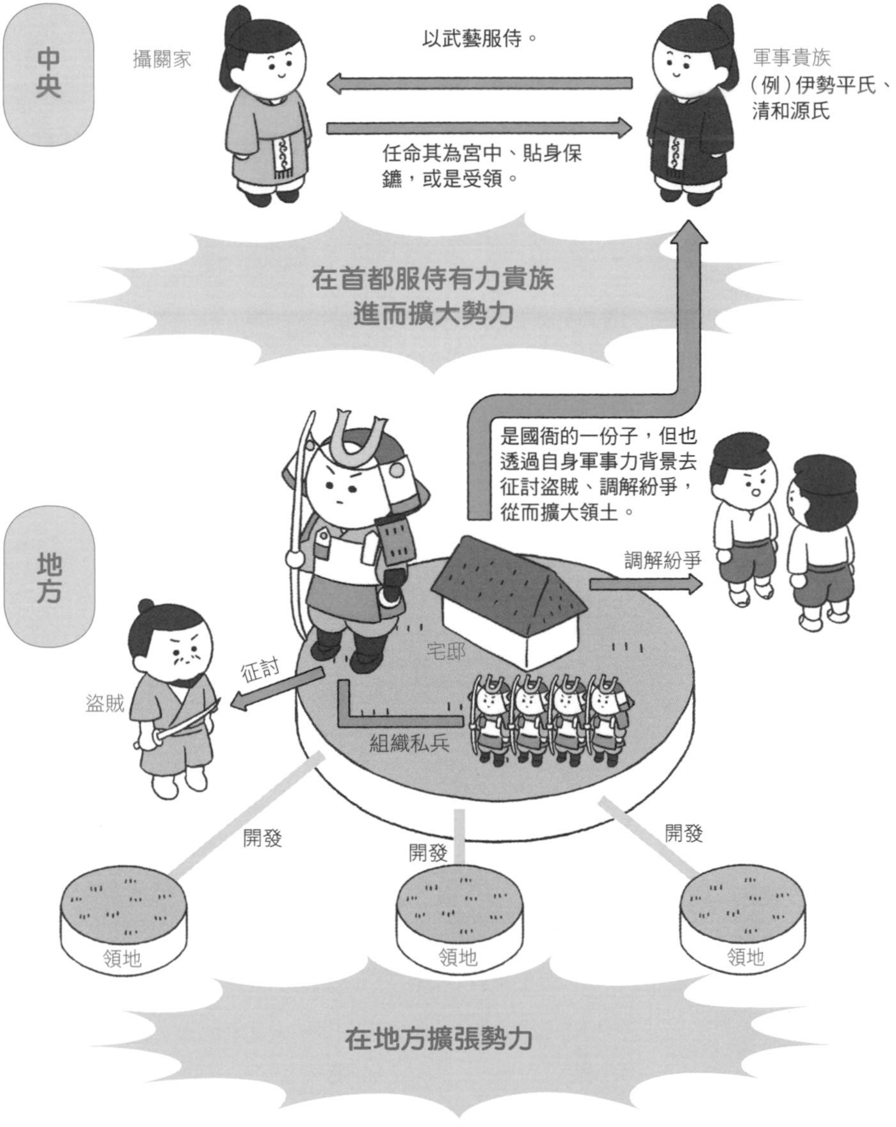
中央
攝關家
以武藝服侍。
軍事貴族
（例）伊勢平氏、清和源氏
任命其為宮中、貼身保鑣，或是受領。
在首都服侍有力貴族進而擴大勢力
地方
是國衙的一份子，但也透過自身軍事力背景去征討盜賊、調解紛爭，從而擴大領土。
調解紛爭
宅邸
征討
盜賊
組織私兵
開發
開發
開發
領地
領地
領地
在地方擴張勢力

（例）平忠常、上總氏、千葉氏等關東一帶的武士

豆知識　武士之所以被稱之為「侍」，是以「侍」（護衛之意）於貴族一事為由來。

平安時代

院政是什麼樣的系統？

●將皇位確實的交接給自己的兒子

延久四年（1072），後三條天皇讓位給自己的長子白河天皇。隨著即位，被指名為皇太子的是當時僅兩歲的白河的異母弟——實仁親王。後三條天皇也一直相信天皇的位子將會傳給實仁。但是，後三條的理想輕易被瓦解了。延久五年（1073），後三條過世。而在應德二年（1085）實仁也過世之後，白河將自己的皇位讓給當時年僅八歲的第二皇子善人親王（堀河天皇）。自己則以上皇之姿繼續掌握政務。而從上皇司掌政治的所在地——「院」為由來，這種政治體制被稱為院政。

說到院政，常會聽到這個政治體制是以排除攝關政治為目的的說法。但其實白河當時的想法就只有一個——將皇位確實傳到自己直系的家族成員一事。在堀河即位時，不將實仁的同母弟輔仁親王立為皇太子一事，也可以說是展現了不讓輔仁繼承皇位的白河之意志。也就是說，院政是一個在皇位繼承的過程中偶然產生，並且一階一階逐步確立而成的體制。

【院政與攝關政治差在哪裡？】

與攝關政治不同的是，在攝關政治中，母方的血脈非常重要。而院政則是以父方的上皇掌握著權力為特徵。

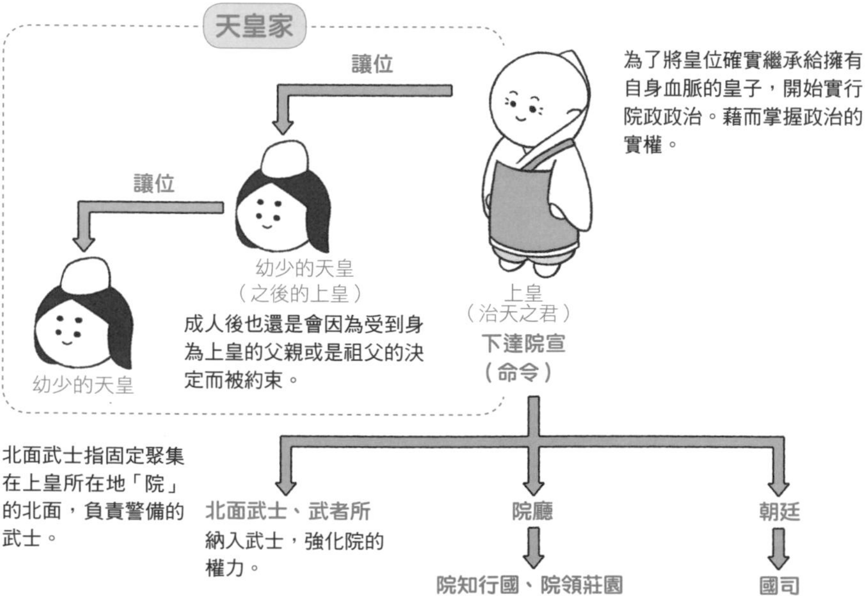

天皇家
讓位
讓位
為了將皇位確實繼承給擁有自身血脈的皇子，開始實行院政政治。藉而掌握政治的實權。
幼少的天皇（之後的上皇）
上皇（治天之君）
下達院宣（命令）
成人後也還是會因為受到身為上皇的父親或是祖父的決定而被約束。
幼少的天皇
北面武士指固定聚集在上皇所在地「院」的北面，負責警備的武士。
北面武士、武者所
納入武士，強化院的權力。
院廳
院知行國、院領莊園
朝廷
國司

【確立起「家」的攝關家】

一直以來，我們都將院政視為對抗攝關政治的對策，但現在我們開始有了另一種看法。那就是在院政時期，成立起了輩出攝政、關白的「家」。

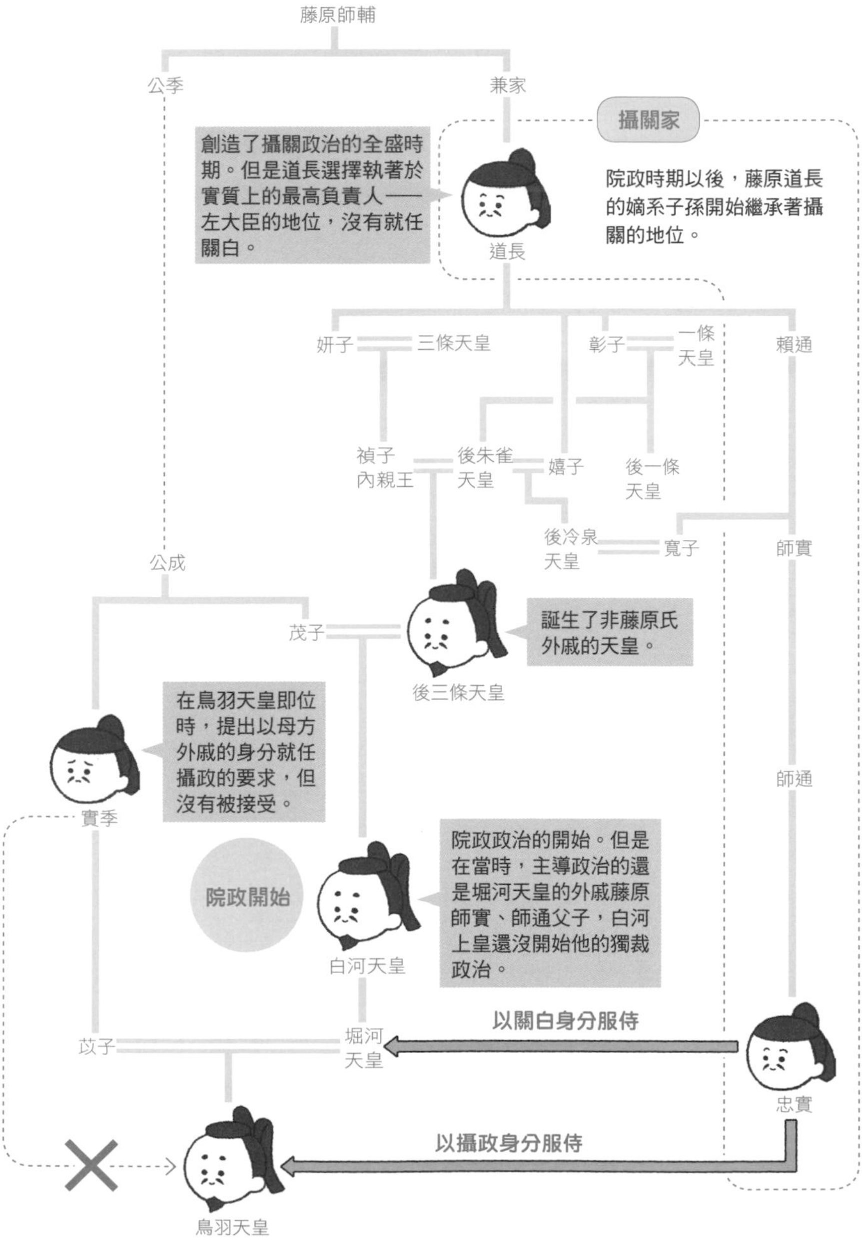

藤原師輔
公季
兼家
攝關家
創造了攝關政治的全盛時期。但是道長選擇執著於實質上的最高負責人——左大臣的地位，沒有就任關白。
院政時期以後，藤原道長的嫡系子孫開始繼承著攝關的地位。
道長
妍子
三條天皇
彰子
一條天皇
賴通
禎子內親王
後朱雀天皇
嬉子
後一條天皇
後冷泉天皇
寬子
公成
師實
茂子
誕生了非藤原氏外戚的天皇。
後三條天皇
在鳥羽天皇即位時，提出以母方外戚的身分就任攝政的要求，但沒有被接受。
實季
師通
院政開始
院政政治的開始。但是在當時，主導政治的還是堀河天皇的外戚藤原師實、師通父子，白河上皇還沒開始他的獨裁政治。
白河天皇
以關白身分服侍
苡子
堀河天皇
忠實
以攝政身分服侍
鳥羽天皇

豆知識　一直以來，我們都將鎌倉幕府的成立看作是日本中世開始的起點，但現在我們認為中世的起點是武士崛起的院政時期。

平安時代

為什麼武士掌握了權力？

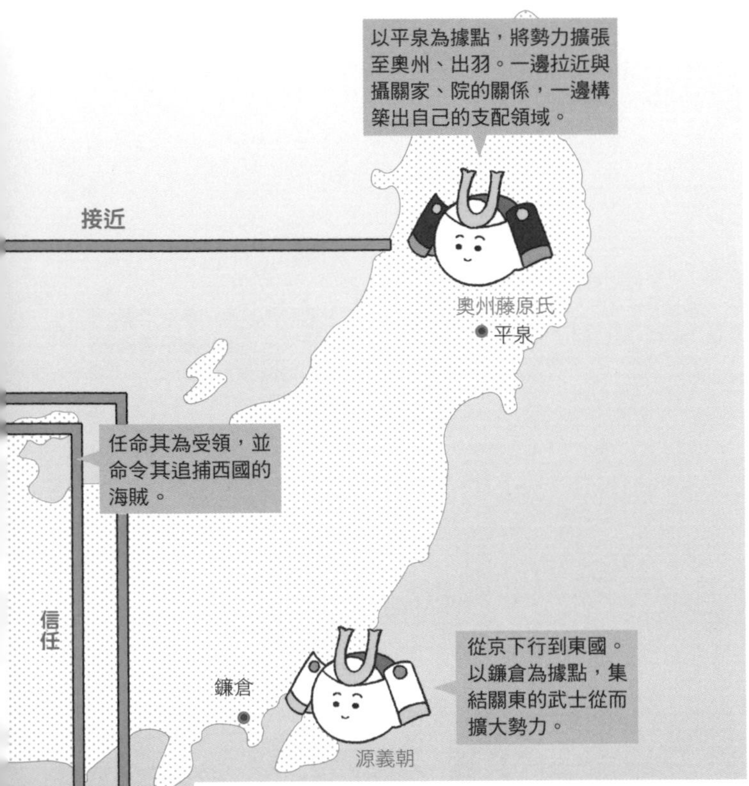
接近
以平泉為據點，將勢力擴張至奧州、出羽。一邊拉近與攝關家、院的關係，一邊構築出自己的支配領域。
奧州藤原氏
平泉
任命其為受領，並命令其追捕西國的海賊。
信任
從京下行到東國。以鐮倉為據點，集結關東的武士從而擴大勢力。
鐮倉
源義朝
將伊賀的莊園捐出，企圖藉此參入政界。

武士被導入了貴族的政治鬥爭

嘉承二年（1107）堀河天皇駕崩後，白河法皇推舉當時還是五歲的堀河之子宗仁親王，使其即位（鳥羽天皇）。這時，白河並沒有讓身為鳥羽外戚的藤原公實擔任攝政，而是找了曾在堀河晚年時擔任關白的藤原忠實接下此位。就這樣，攝政、關白的地位就不再受到外戚的影響，變成由上皇（法皇）決定，從而開始了院對政治主導權的掌握。也在此時，白河的院政正式開始了。

在這之後，白河讓鳥羽退位，讓鳥羽之子崇德天皇即位。但在白河駕崩後，鳥羽天皇使崇德天皇退位，改讓年僅八歲的崇德之弟近衛天皇即位。而近衛早逝之後，則擁立了同為崇德之弟的後白河天皇。在成為上皇之後還是得不到實權的崇德上皇，不滿漸漸累積，在鳥羽死後，崇德動員了源為義一派的武士發動戰爭（保元之亂）。對此，後白河方動員了平清盛一派的武士來應對。就這樣，武士登上了中央政權的表舞台。而拿下平息政治糾紛功績的武士與其軍事力，開始對朝廷產生巨大的影響。

豆知識　「法皇」為出家的上皇。順帶一提，據說崇德天皇為白河法皇的私生子。

【擴大勢力的武士們】

在地方構築了一定勢力的武士們會與中央的權貴加深關係藉此提高地位。

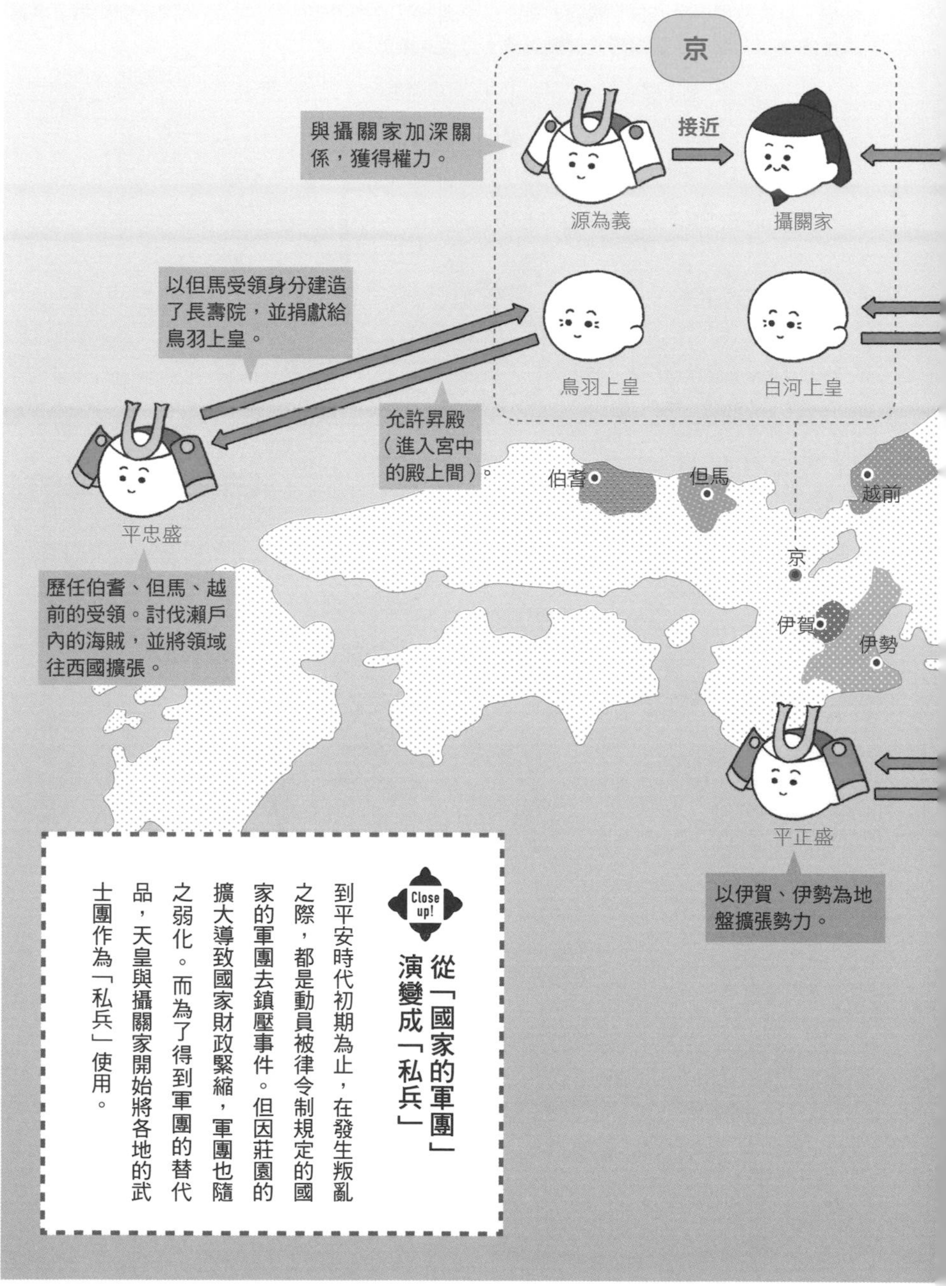

京
與攝關家加深關係，獲得權力。
接近
源為義
攝關家
以但馬受領身分建造了長壽院，並捐獻給鳥羽上皇。
鳥羽上皇
白河上皇
允許昇殿（進入宮中的殿上間）。
平忠盛
伯耆
但馬
越前
京
伊賀
伊勢
歷任伯耆、但馬、越前的受領。討伐瀨戶內的海賊，並將領域往西國擴張。
平正盛
以伊賀、伊勢為地盤擴張勢力。

Close up!

從「國家的軍團」演變成「私兵」

到平安時代初期為止，在發生叛亂之際，都是動員被律令制規定的國家的軍團去鎮壓事件。但因莊園的擴大導致國家財政緊縮，軍團也隨之弱化。而為了得到軍團的替代品，天皇與攝關家開始將各地的武士團作為「私兵」使用。

豆知識　天台宗的僧侶——慈圓所著的《愚管抄》中，將保元之亂以後的時代寫作「武者之世」。

【開啟武士時代的「保元之亂」】

天皇家內部的皇位鬥爭與攝關家內部的權力鬥爭互相交織，導致了保元之亂的爆發。而最終結果，以後白河天皇方拿下勝利，崇德上皇則被流放到讚岐。此次的政治鬥爭中使用了名為武士的軍事力量，正是讓時代轉變為武士之世的契機。

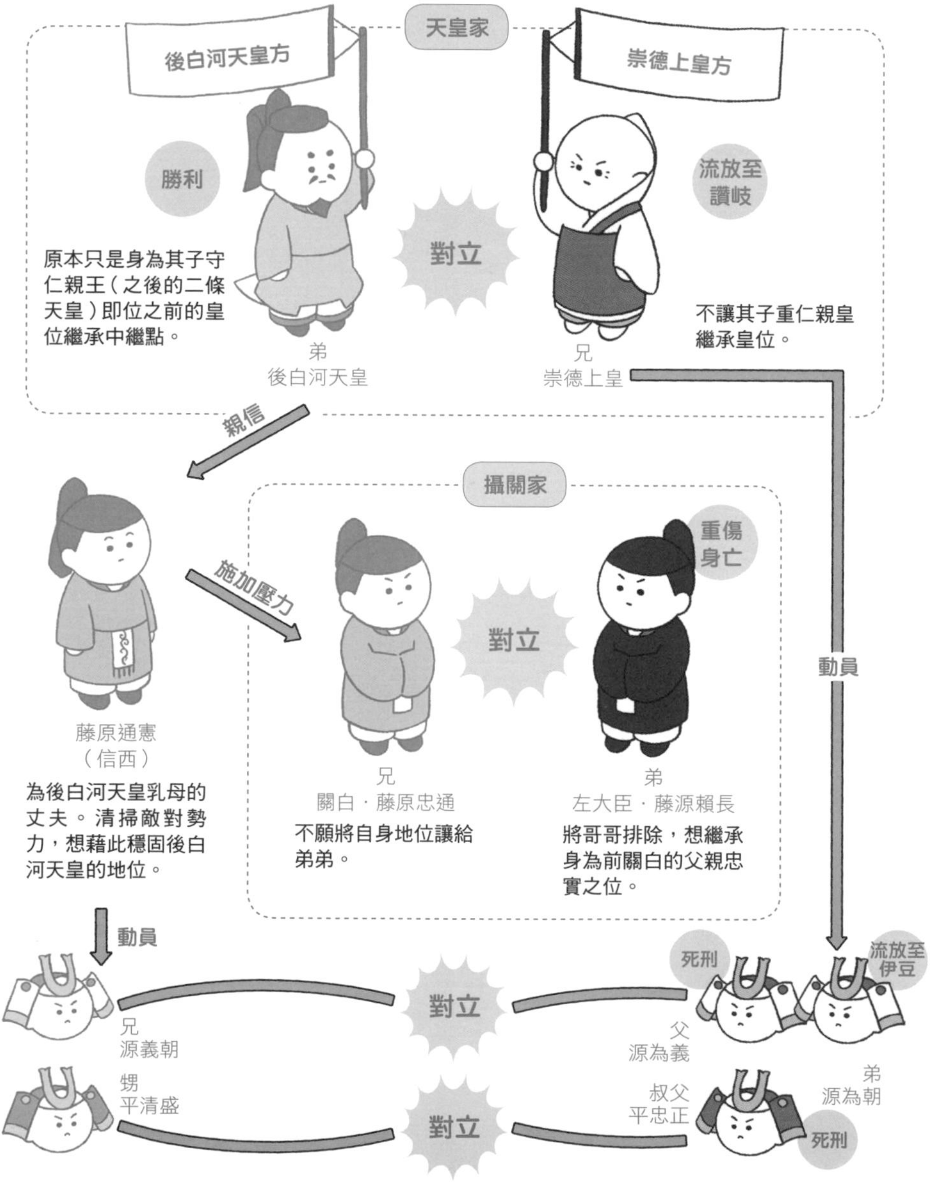

天皇家
後白河天皇方
崇德上皇方
勝利
流放至讚岐
對立
原本只是身為其子守仁親王（之後的二條天皇）即位之前的皇位繼承中繼點。
不讓其子重仁親皇繼承皇位。
弟
後白河天皇
兄
崇德上皇
親信
動員
攝關家
施加壓力
重傷身亡
對立
藤原通憲
（信西）
為後白河天皇乳母的丈夫。清掃敵對勢力，想藉此穩固後白河天皇的地位。
兄
關白・藤原忠通
不願將自身地位讓給弟弟。
弟
左大臣・藤源賴長
將哥哥排除，想繼承身為前關白的父親忠實之位。
動員
死刑
流放至伊豆
兄
源義朝
對立
父
源為義
甥
平清盛
對立
叔父
平忠正
弟
源為朝
死刑

豆知識　保元之亂後，死刑制度在弘仁元年（810）的平城太上天皇之變以來再度復活。支持崇德上皇方的源為義、平忠正等被處以死刑。

【經歷「平治之亂」後掌握絕大權力的平清盛】

保元之亂後，由於院的近臣——信西與藤原信賴之間的對立，導致了平治之亂的爆發。而平清盛因鎮壓了叛亂，地位急速上升，因此誕生了「平氏政權」。

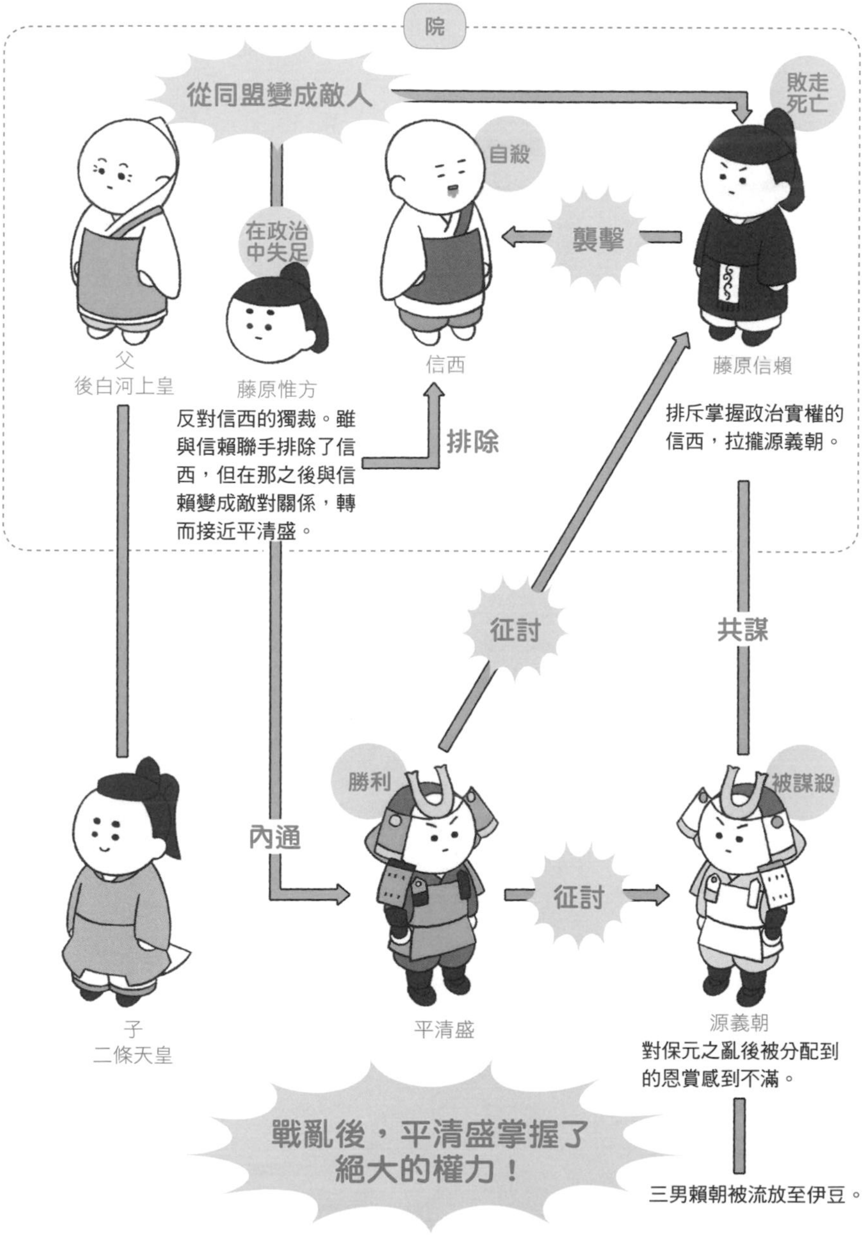

院
從同盟變成敵人
敗走
死亡
自殺
在政治
中失足
襲擊
父
後白河上皇
藤原惟方
信西
藤原信賴
反對信西的獨裁。雖與信賴聯手排除了信西，但在那之後與信賴變成敵對關係，轉而接近平清盛。
排除
排斥掌握政治實權的信西，拉攏源義朝。
征討
共謀
勝利
被謀殺
內通
征討
子
二條天皇
平清盛
源義朝
對保元之亂後被分配到的恩賞感到不滿。
三男賴朝被流放至伊豆。
戰亂後，平清盛掌握了絕大的權力！

鎌倉時代

為什麼源賴朝會在鎌倉開創幕府？

● 源氏與東國武士的淵源

保元平治之亂後的仁安二年（1167），平亂有功的平清盛晉升為太政大臣。平氏一族也陸續獲得高官高位，成立了平氏政權。清盛也把女兒德子嫁給高倉天皇，擁立其子言仁親王繼位（安德天皇）。以成為天皇家的外戚而讓權力基礎更加穩固。

不過另一方面，皇族和貴族對於平氏政權的專制有所反彈。治承四年（1180）後白河法皇之子以仁王和源氏庶流的源賴政發動了打倒平氏的軍勢。這就是歷經約六年的治承壽永之亂的爆發。

以仁王的舉兵雖然以失敗告終，但武士們以此為契機在各地開始舉兵。最後由在伊豆崛起的源賴朝打倒了平氏，在鎌倉開創了幕府。

賴朝之所以不在京都而在鎌倉開設幕府，影響最大的應是父親義朝下鄉到東國之際與關東武士們締結了主從關係這件事。

【以仁王下達討伐平氏的命令】

治承 4 年（1180）後白河法皇的第二皇子為了討伐平氏政權而和源賴政一同舉兵。提到平氏政權，常被提起的就是其貴族政權體制。的確，清盛把女兒德子嫁給高倉天皇，擁立其子言仁親王（安德天皇）而成為天皇外戚，而其經濟其礎也與攝關家一樣來自莊園和知行國。不過近年被視為較有力的說法，是平氏實為比鎌倉幕府更早出現的武家政權。

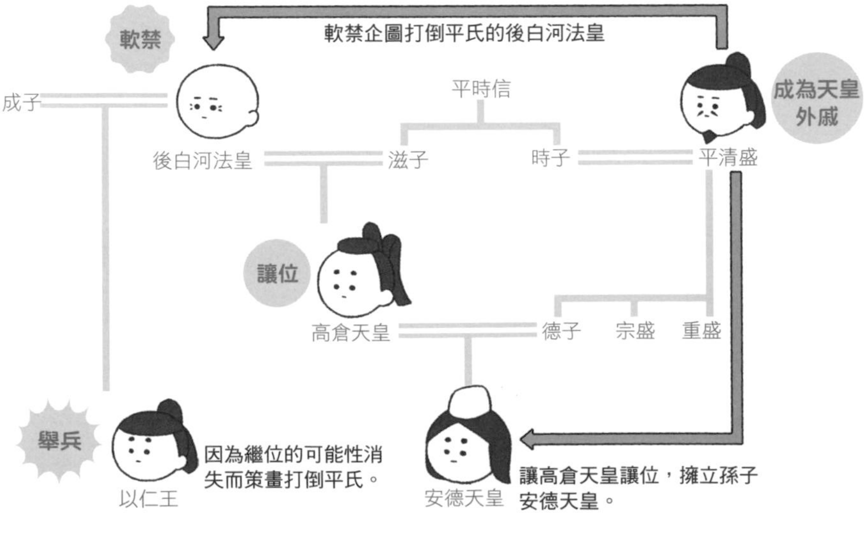
軟禁
軟禁企圖打倒平氏的後白河法皇
成子
後白河法皇
平時信
滋子
時子
平清盛
成為天皇外戚
讓位
高倉天皇
德子
宗盛
重盛
舉兵
以仁王
因為繼位的可能性消失而策畫打倒平氏。
安德天皇
讓高倉天皇讓位，擁立孫子安德天皇。

豆知識　白河上皇開始認真實行院政制度的時期，是在堀河天皇駕崩後，鳥羽天皇即位的時代。

【從「四分天下」邁向「鎌倉幕府」成立】

因為以仁王發布的命令，各地號召反平氏的武士們紛紛舉兵。一時間出現了東北有奧州藤原氏、東國有源賴朝、北陸有源（木曾）義仲、西國有平宗盛割據的局勢，但最終賴朝驅逐了眾敵對勢力而掌握全國。

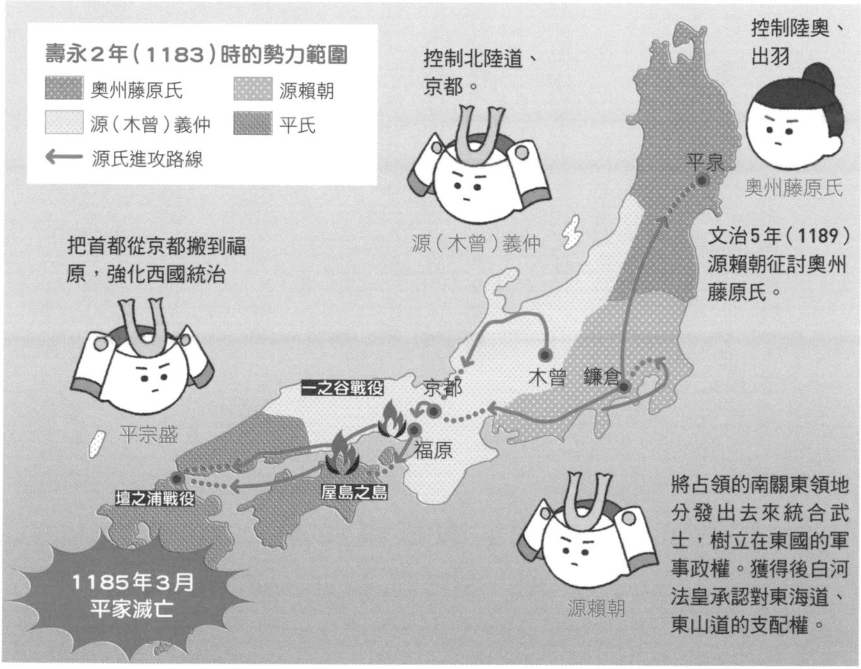

【權門體制的成立】

中世的國家體制被認為是由朝廷、幕府、大寺院這三種擁有強大權力的門閥構成。這稱之為「權門體制」。

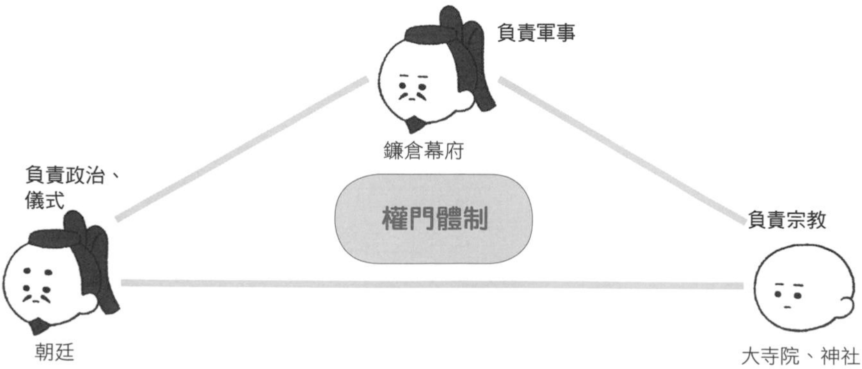

豆知識　建久3年（1192）源賴朝被朝廷任命為征夷大將軍。賴朝本人馬上就辭掉了將軍職，但從第二代賴家起到江戶時代為止，征夷大將軍的官職成為了幕府的象徵。

了解更多！

日本史故事 3

「幕府」是什麼？

為了方便而取的政權名

源賴朝在鎌倉成立的武家政權稱為「鎌倉幕府」。不過當時並不存在「幕府」這個名稱，而是被稱為「鎌倉殿」、「關東」、「武家」等。

本來幕府這個用語是指古代中國出征中的將軍用帳幕包圍宿營的陣所。這個用語在日本轉稱為近衛府及近衛將軍的居館，後來用來指稱武家政權。

實際上幕府這個用語被廣為使用是從江戶時代末期開始。一開始是用來作為批判當時德川政權的用語。

不過在現代因為學習歷史時要統一掌握從鎌倉、室町、江戶等武家政權持續的必要性，而把這些武家政權因為方便而稱之為「幕府」。

「幕府」的意義變遷

現在我們把武家政權都統一稱為「幕府」，但是幕府一詞源自中國本來是指大將軍本營的。

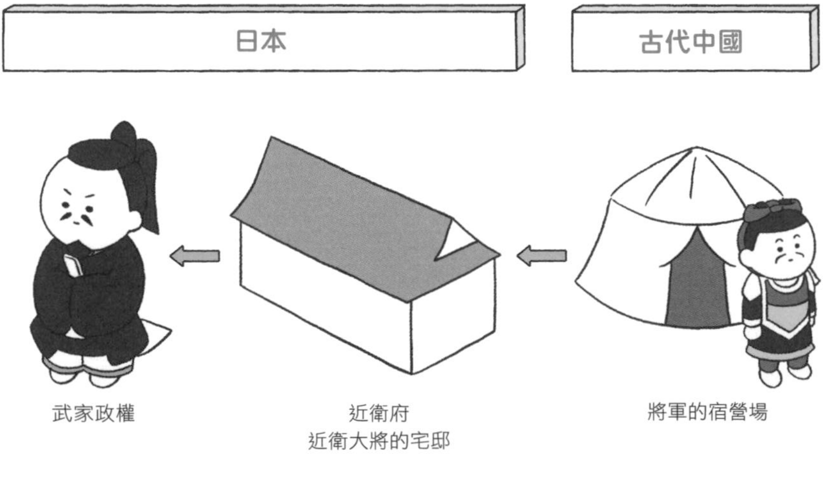

日本
古代中國
武家政權
近衛府
近衛大將的宅邸
將軍的宿營場

當時人們對幕府的稱呼

到江戶時代末期為止，當時的人們都不稱武家政權為「幕府」，而以其宅邸所在處的地名稱之為「鎌倉殿」、「室町殿」等。江戶時代末期「幕府」這個詞會被使用，是為了強調德川政權再怎麼樣都不過是被朝廷任命的將軍的政府這件事。

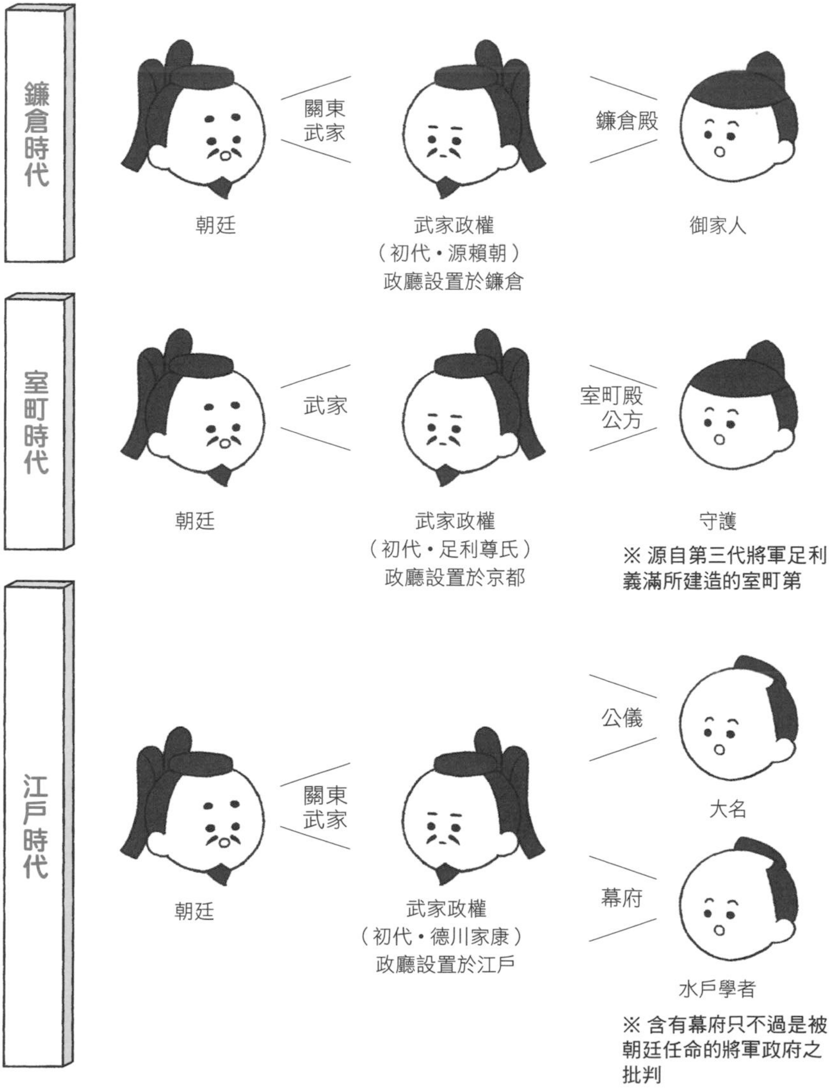
鎌倉時代
關東
武家
鎌倉殿
朝廷
武家政權
（初代・源賴朝）
政廳設置於鎌倉
御家人
室町時代
武家
室町殿
公方
朝廷
武家政權
（初代・足利尊氏）
政廳設置於京都
守護
※ 源自第三代將軍足利義滿所建造的室町第
江戶時代
公儀
大名
關東
武家
幕府
朝廷
武家政權
（初代・德川家康）
政廳設置於江戶
水戶學者
※ 含有幕府只不過是被朝廷任命的將軍政府之批判

鎌倉時代

守護、地頭的工作是什麼?

●守護負責警察業務，地頭負責徵收稅金

平氏滅亡後的文治元年（1185），源賴朝為了搜索平氏殘黨和討代弟弟義經、叔父行家而讓後白河法皇承認了在諸國設置總追捕使和地頭的權力。總追捕使就相當於日後的守護職務，所以一般認為就是這時設置了守護、地頭之職。

守護是繼承過去國司權限的職務，在各國都配置有一人。東國出身，被任命的有力御家人（為鎌倉幕府效命的武士，以東國武士為中心）掌握了任命國的軍事權、警察權。緊急時則統率國內的御家人們參戰。

另一方面，地頭則是進行莊園和公領等土地管理和年貢徵收的職位，由御家人擔任。一開始地頭的設置範圍只限定於過去平氏所有的平家沒官領和謀反者的領地，在承久之亂（75頁）後伴隨著以西國為中心的朝廷領地被幕府接收，其設置範圍開始擴大到全國。

【鎌倉幕府初期的政治體制是什麼樣子？】

據點設在鎌倉的源賴朝起用有力武將及下級官員來構築權力基礎。整備了以御家人為中心的支配體制。

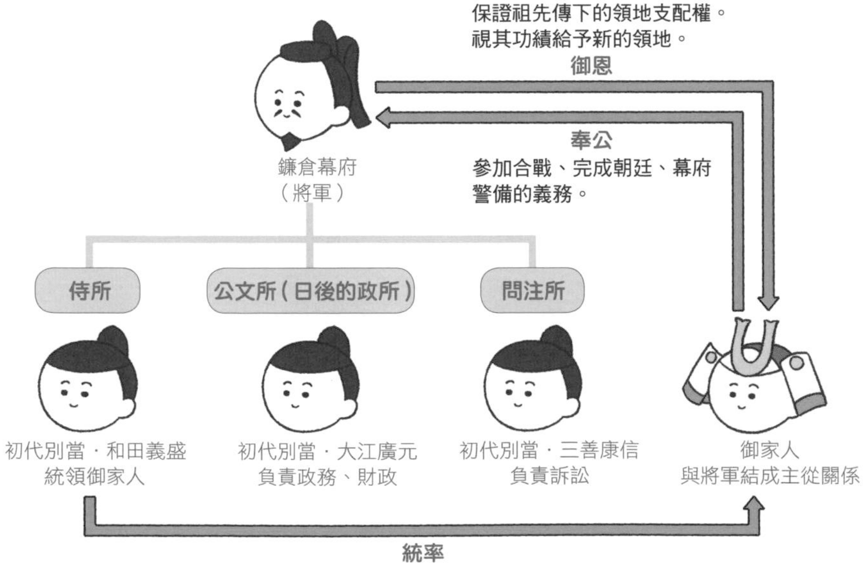
保證祖先傳下的領地支配權。
視其功績給予新的領地。
御恩
奉公
參加合戰、完成朝廷、幕府警備的義務。
鎌倉幕府
（將軍）
侍所
公文所（日後的政所）
問注所
初代別當・和田義盛
統領御家人
初代別當・大江廣元
負責政務、財政
初代別當・三善康信
負責訴訟
御家人
與將軍結成主從關係
統率

豆知識 源義經支持兄長賴朝，對打倒平氏作出貢獻。日後與賴朝不和而逃到奧州藤原氏之處，但被藤原泰衡攻擊而自殺。

【守護、地頭是什麼樣的存在】

文治元年（1183），源賴朝從朝廷獲得設置守護、地頭的權限。藉由在各地配置負責諸國治安、警備的守護和負責莊園管理及年貢徵收的地頭，將全國列於其支配之下。

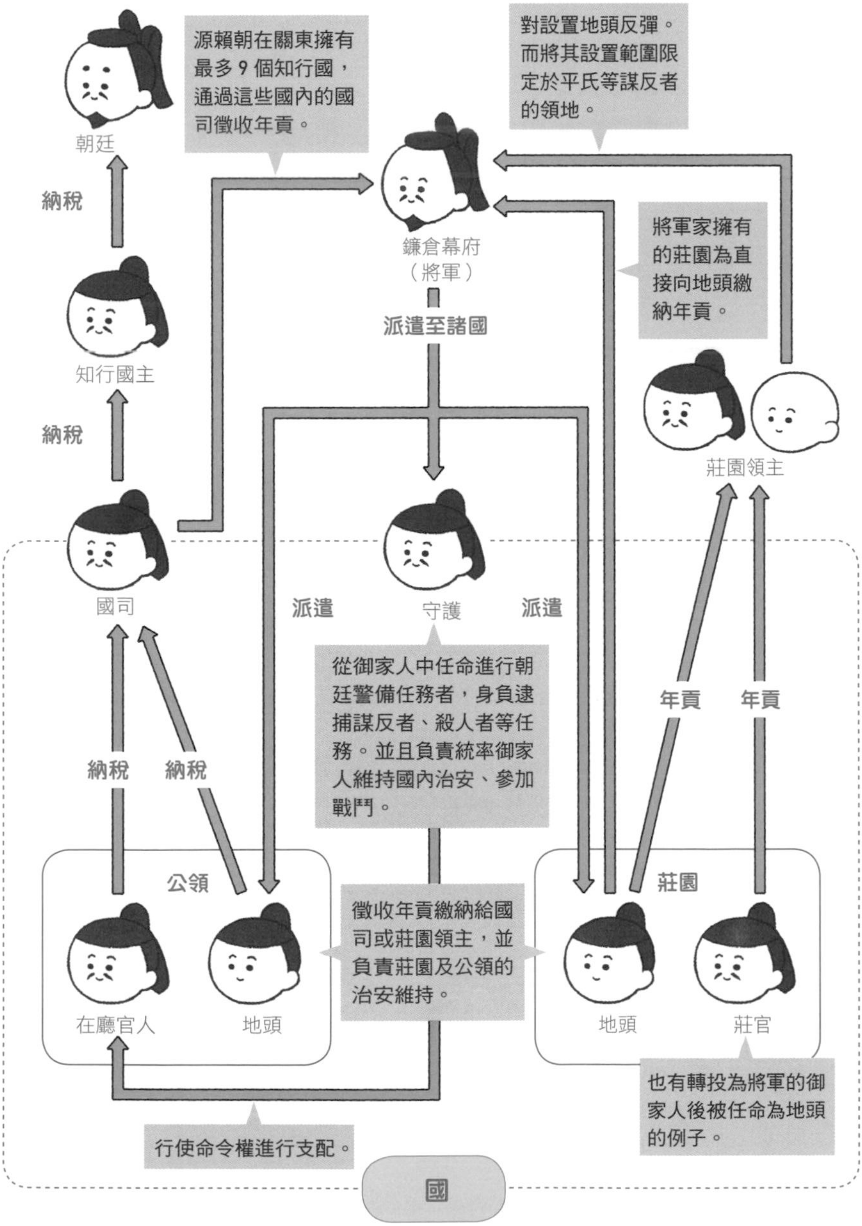

朝廷
源賴朝在關東擁有最多9個知行國，通過這些國內的國司徵收年貢。
對設置地頭反彈。而將其設置範圍限定於平氏等謀反者的領地。
納稅
鎌倉幕府（將軍）
將軍家擁有的莊園為直接向地頭繳納年貢。
知行國主
派遣至諸國
納稅
莊園領主
國司
派遣
守護
派遣
從御家人中任命進行朝廷警備任務者，身負逮捕謀反者、殺人者等任務。並且負責統率御家人維持國內治安、參加戰鬥。
年貢
年貢
納稅
納稅
公領
莊園
徵收年貢繳納給國司或莊園領主，並負責莊園及公領的治安維持。
在廳官人
地頭
地頭
莊官
也有轉投為將軍的御家人後被任命為地頭的例子。
行使命令權進行支配。
國

豆知識　也有以源賴朝被承認可在全國設置守護、地頭的文治元年（1185）為鎌倉幕府成立年的說法。

鎌倉時代

為什麼北條氏沒有成為將軍？

● 沒有繼承將軍家的資格

源賴朝死後，其後繼承的長子、賴家雖然策畫強化將軍權力，卻被反彈此事的外祖父北條時政暗殺了。這個結果讓鎌倉幕府變成由十三個有力御家人形成的合議制來運作。其後北條氏陸續肅清政敵，時政之子、義時兼任了侍所及政所的別當（長官）。這個地位稱為「執權」。

但承久元年（1219）三代將軍實朝被賴家的遺子公曉暗殺，源氏將軍就在第三代血脈斷絕。其後北條氏策畫迎接後鳥羽上皇的皇子成為將軍，但因對幕府政治反彈的後鳥羽拒絕，所以就迎接攝關家九條道家之子、賴朝之妹的曾孫賴經作為第四代將軍。

當時，為什麼北條家沒有自己成為將軍？這是因為要成為武家棟樑「血統」是很重要的。就算掌握再大的權力，但只不過是在廳官人子孫的北條氏是沒有資格成為將軍的。

【又是殺孫又是殺叔叔，源氏與北條氏的慘烈權力鬥爭】

初代將軍賴朝死後，第 2 代將軍賴家被北條時政暗殺，第 3 代將軍實朝則是被賴家之子公曉殺害身亡。在此，源氏將軍的嫡流血脈僅三代就斷絕了。

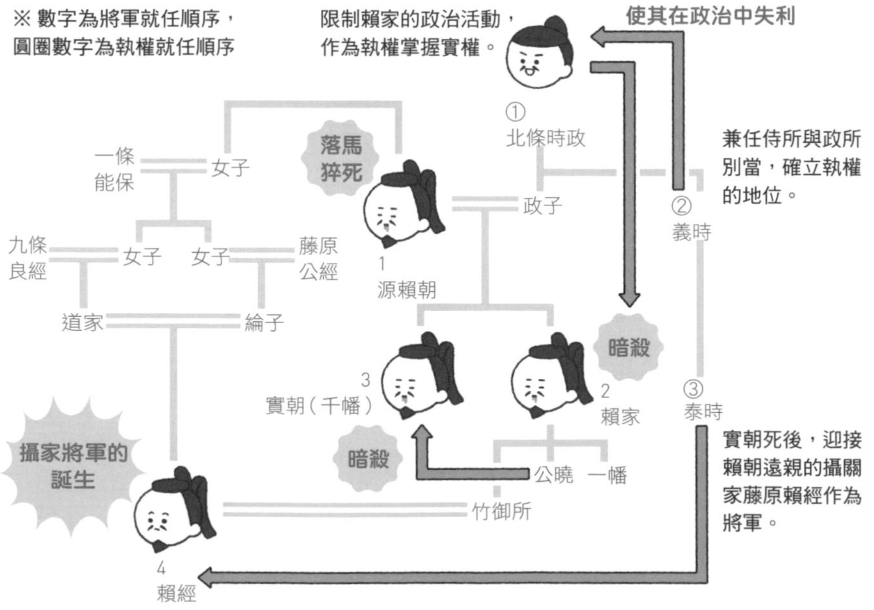

※ 數字為將軍就任順序，
圓圈數字為執權就任順序
限制賴家的政治活動，
作為執權掌握實權。
使其在政治中失利
①
北條時政
兼任侍所與政所
別當，確立執權
的地位。
落馬
猝死
一條
能保
女子
政子
②
義時
九條
良經
女子
女子
藤原
公經
1
源賴朝
道家
綸子
暗殺
3
實朝（千幡）
2
賴家
③
泰時
實朝死後，迎接
賴朝遠親的攝關
家藤原賴經作為
將軍。
攝家將軍的
誕生
暗殺
公曉
一幡
竹御所
4
賴經

豆知識　初期營運鎌倉幕府的，是文官大江廣元、三善康信、中原親能、二階堂行政，武將的北條時政、北條義時、三浦義澄、八田知家、和田義盛、比企能員、安達盛長、足立遠元、梶原景時。

【不服從幕府！ 後鳥羽上皇的崛起（承久之亂）】

第三代將軍實朝死後，後鳥羽上皇為了恢復朝廷的權威而舉兵。雖然他向鎌倉幕府宣戰，戰爭卻以幕府軍壓倒性勝利收場。戰後上皇陣營的貴族、武士領地全歸幕府所有，讓幕府的支配體制得以遍及全國。

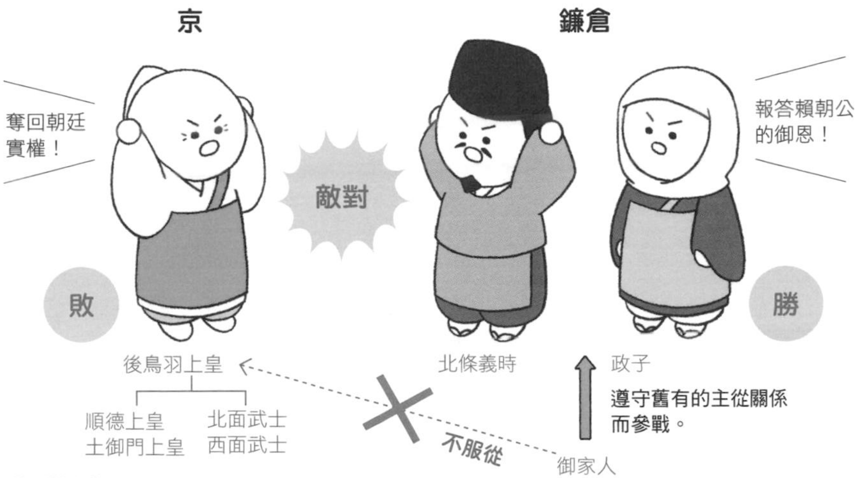
京
鎌倉
奪回朝廷實權！
敵對
報答賴朝公的御恩！
敗
勝
後鳥羽上皇
順德上皇
土御門上皇
北面武士
西面武士
北條義時
政子
遵守舊有的主從關係而參戰。
不服從
御家人

戰爭過程

①承久 3 年（1121）5 月，後鳥羽上皇向諸國武士發布征討執權．北條義時的院宣。承久之亂爆發。

②鎌倉幕府的御家人在北條政子的號召下集結。北條義時率約 19 萬的大軍向京都進攻。

③幕府軍擊破朝廷軍占領京都。造反的中心人物後鳥羽上皇被流放到隱岐，土御門上皇流放到土佐（日後轉到阿波），順德上皇流放到佐渡。

【承久之亂後，北條氏確立新體制】

承久之亂後就任執權的北條泰時，把將軍從政治世界排除的同時，也構築了以執權為中心的新政治體制。

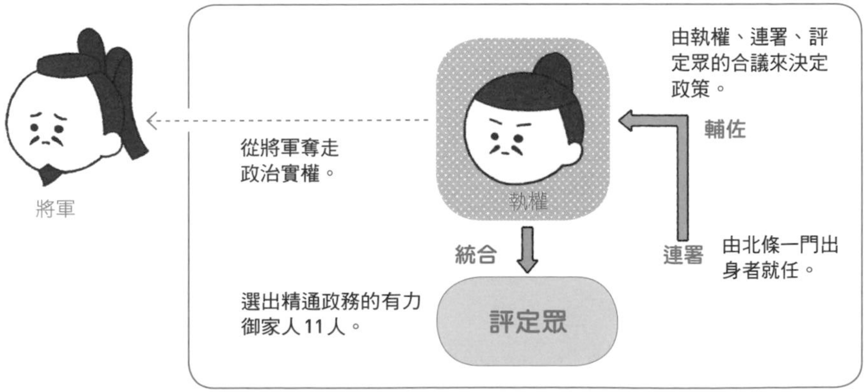
將軍
從將軍奪走政治實權。
執權
由執權、連署、評定眾的合議來決定政策。
輔佐
連署
由北條一門出身者就任。
統合
選出精通政務的有力御家人 11 人。
評定眾

豆知識 「北條政子」這個名稱在戰後才成為統稱。同時代的史料中她被稱為「平政子」、「政子」、「二位尼」等。

鎌倉時代

鎌倉佛教為什麼會誕生？

●佛僧為了救濟庶民挺身而出

平安時代末期，在政治持續動亂中社會蔓延著不安，人群間流行著末法思想。所謂末法思想簡單來說，就是佛的教義衰退而混亂的人世。此時感到無法獲得幸福的悲觀思考盛行，人們變得渴望往生淨土。

但是領導平安時代佛教界的天台宗、真言宗開始世俗化、門閥化，變成了為國家和貴族祈禱現實利益的機關。

在這之中，開始出現了回歸到佛教應有的救濟民眾之心這種行動。就這樣在鎌倉時代，新的佛教、宗派登場了。淨土宗的法然、淨土真宗的親鸞、時宗的一遍、日蓮宗的日蓮、曹洞宗的道元、臨濟宗的榮西等都是。

不需要困難的修行，只要在有限的教義中選擇一個然後全力修行的話，不管是誰都能往生極樂。僧侶們如此倡導的教義很快就流行於世，得到民眾們的支持。

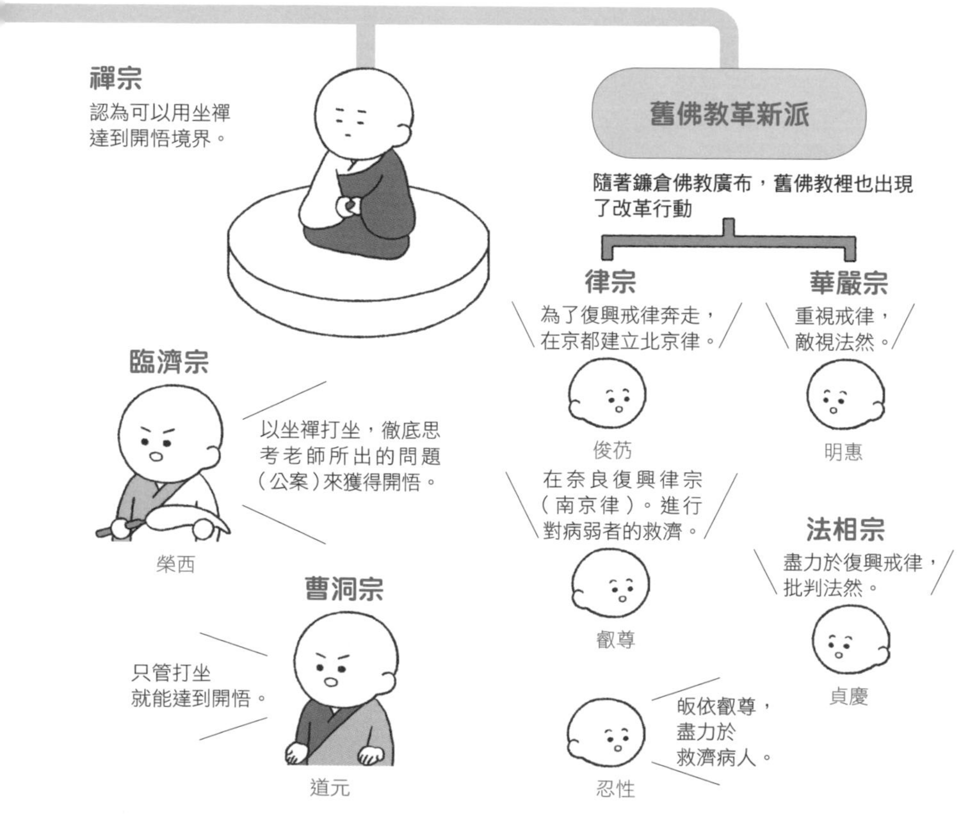

禪宗
認為可以用坐禪達到開悟境界。
臨濟宗
以坐禪打坐，徹底思考老師所出的問題（公案）來獲得開悟。
榮西
曹洞宗
只管打坐就能達到開悟。
道元
舊佛教革新派
隨著鎌倉佛教廣布，舊佛教裡也出現了改革行動
律宗
為了復興戒律奔走，在京都建立北京律。
俊芿
在奈良復興律宗（南京律）。進行對病弱者的救濟。
叡尊
皈依叡尊，盡力於救濟病人。
忍性
華嚴宗
重視戒律，敵視法然。
明惠
法相宗
盡力於復興戒律，批判法然。
貞慶

豆知識　淨土宗、淨土真宗、時宗、日蓮宗、曹洞宗、臨濟宗的新教派從室町時代到戰國時代開始教團化，在江戶時代初期被公認為獨立宗派。

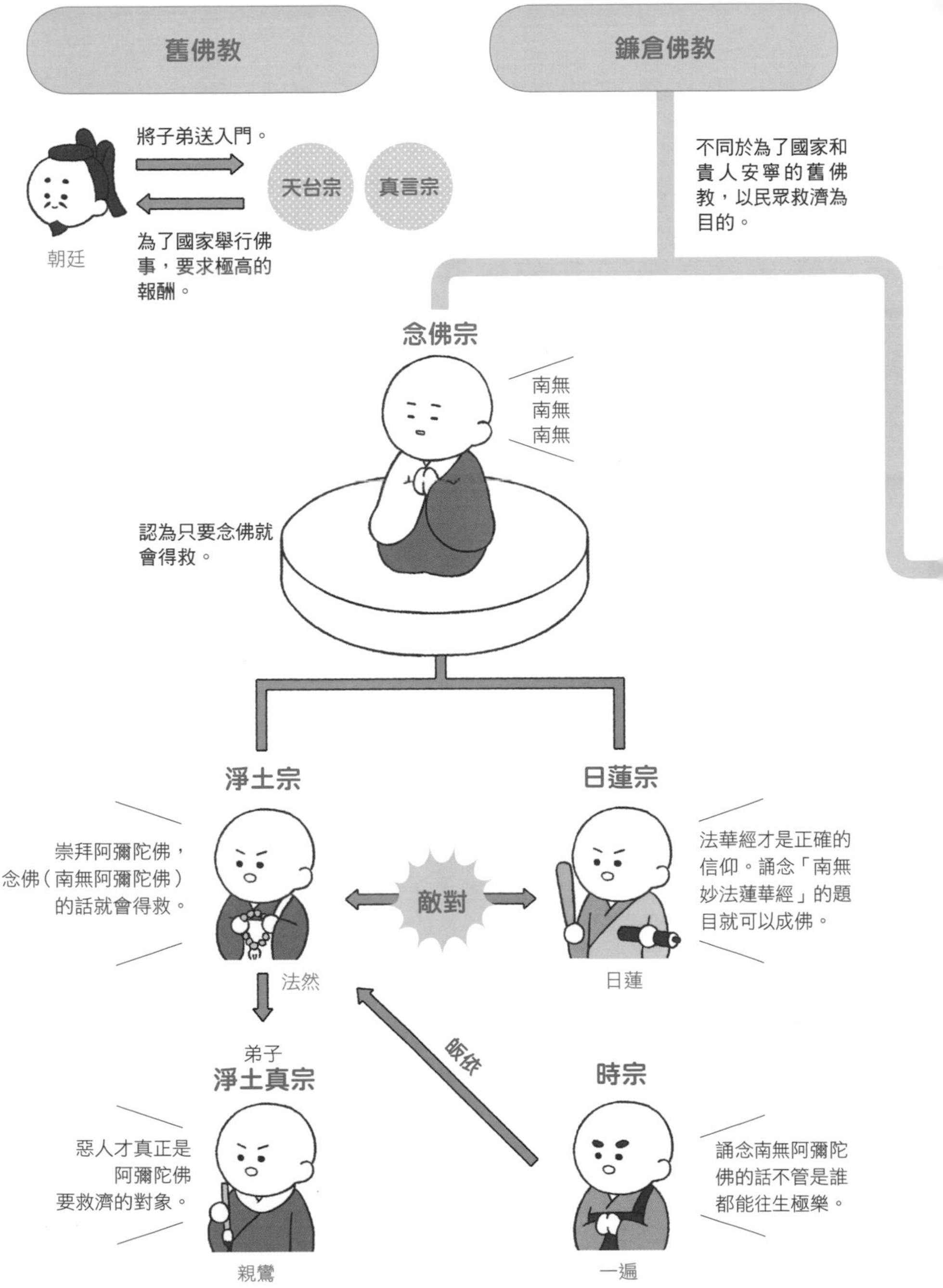
舊佛教
鎌倉佛教
將子弟送入門。
天台宗
真言宗
為了國家舉行佛事，要求極高的報酬。
朝廷
不同於為了國家和貴人安寧的舊佛教，以民眾救濟為目的。
念佛宗
南無
南無
南無
認為只要念佛就會得救。
淨土宗
日蓮宗
崇拜阿彌陀佛，念佛（南無阿彌陀佛）的話就會得救。
敵對
法華經才是正確的信仰。誦念「南無妙法蓮華經」的題目就可以成佛。
法然
日蓮
皈依
弟子
淨土真宗
時宗
惡人才真正是阿彌陀佛要救濟的對象。
誦念南無阿彌陀佛的話不管是誰都能往生極樂。
親鸞
一遍

豆知識 淨土真宗在約 14 世紀時，開始被稱為「一向宗」。這個名稱來自於對阿彌陀佛「一心一向」的教誨。

鎌倉時代

擊退蒙古軍的真的是「神風」？

● 狂風暴雨的確是事實

十三世紀，蒙古族在亞洲到歐亞大陸間建立了廣大的大帝國。第五代的忽必烈定都於大都（今天的北京），國號也遵循中華傳統而改稱「元」。

忽必烈為了把周邊各國列於其支配之下，兩次攻打了日本（元寇）。第一次入侵稱為文永之役（1274），第二次入侵稱為弘安之役（1281）。

據說面對使用會爆炸的「鐵砲」和毒箭等未曾見過武器的元軍，幕府軍都處於劣勢。但兩次都因為吹起「神風」而得以擊退元軍。

真的有吹起「神風」嗎？

雖有種種說法，但現在有力的說法是文永之役時是元軍自己撤退，弘安之役時因為颱風侵襲而給了元軍巨大打擊。其實弘安之役時幕府軍就有效使用防壘（石岸工事）讓元軍無法登陸。可以說幕府軍的善戰也對擊退元軍作出貢獻吧。

【「蒙古襲來」前的局勢】

13 世紀，蒙古勢力制壓了中國大陸北部，大元建國。向南宋侵略的同時也征服了高麗。元為了進一步支配日本而派遣要求朝貢的使者，但鎌倉幕府並不回應而趕回了使者。

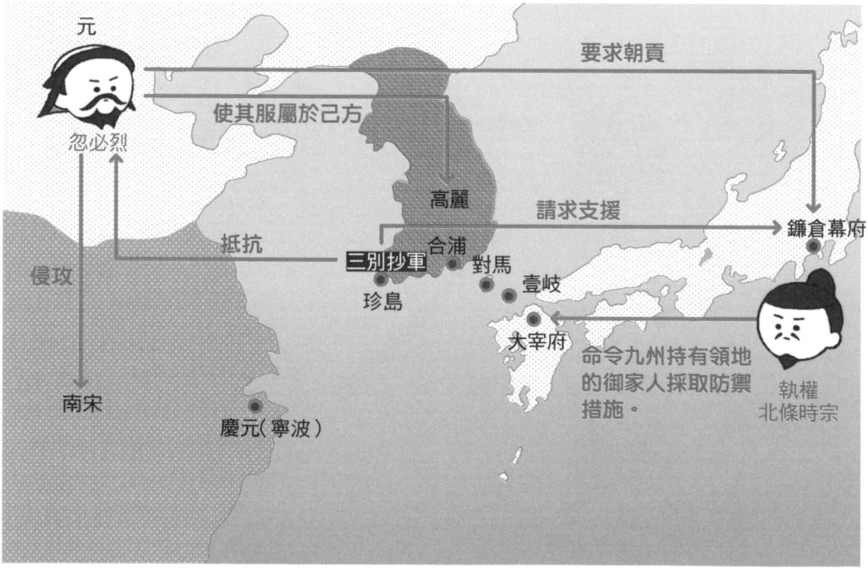

元
忽必烈
要求朝貢
使其服屬於己方
高麗
請求支援
鎌倉幕府
抵抗
三別抄軍
合浦
對馬
壹岐
珍島
侵攻
大宰府
命令九州持有領地的御家人採取防禦措施。
執權
北條時宗
南宋
慶元（寧波）

豆知識　防壘是以在九州擁有領地的御家人每 1 反負責興建 1 寸（約 3 公分）的方式建造的。現在於福岡縣的今津、今宿、生之松原等合計 9 個地方被發掘並保存著。

【蒙古襲來（文永之役・弘安之役）的真相】

文永 11 年（1274）10 月和弘安 4 年（1281）6 月兩次元軍侵襲日本，幕府軍成功地防禦並讓元軍撤退。

1274年 文永之役

①10月，忽必烈大汗向日本派遣約三萬的元、高麗聯軍。

②10月5日，元、高麗聯軍制壓對馬。接著15日也占領了壹岐。

③20日，元、高麗聯軍進攻博多灣。幕府軍雖處於劣勢但仍然善戰。

④經過約10天的戰鬥，最後元、高麗聯軍暫時撤退。

元、高麗
聯軍3萬
鎌倉幕府

1281年 弘安之役

①文永之役後，幕府為了防備元軍再次來襲，而在博多灣岸構建了防壘（石岸工事）。又強化了九州北部和長門的異國警備看守，堅定防禦態勢。

②6月6日，忽必烈大汗從合浦派遣東路軍4萬、從慶元派遣江南軍10萬到日本。

③幕府軍有效利用防壘而防止了元軍登陸。7月底吹起大型暴風雨，元軍消滅。

元、高麗聯軍
東路軍4萬
江南軍10萬
※江南軍出發延遲，所以在兩軍合流前東路軍就被迫撤退了
鎌倉幕府
防壘

鎌倉時代

鎌倉幕府為什麼會滅亡？

● 對幕府懷有不滿的武士崛起

因為御家人的活躍，得以勉強擋住了元軍侵略的幕府，卻因為沒有拿到新的領土，無法給御家人們獎賞。以「御恩與奉公」成立的封建制至此崩潰，御家人累積了對幕府的不滿。

另一方面，元寇之際不是御家人的新興武士開始抬頭。他們被稱為「惡黨」，不斷行使武力對莊園領主進行抵抗。

在這之間，天皇家內部爆發了後深草上皇的「持明院統」與龜山天皇的「大覺寺統」的皇位繼承爭奪戰。幕府提出了兩統輪流提名天皇的折衷案想要收拾局面，但想要持續自己皇統的後醍醐天皇對此反彈。他兩次企圖倒幕。這個企圖兩次都以失敗告終，但對幕府不滿的惡黨楠木正成和御家人足利高氏（尊氏）、新田義貞等因此蜂起。

就這樣鎌倉幕府滅亡在御家人的手。

【「持明院統」與「大覺寺統」的對立】

後嵯峨上皇死後，後深草上皇的「持明院統」和龜山天皇的「大覺寺統」因為皇位繼承而對立。雙方因幕府的調停而決定兩統輪流繼承皇位（兩統迭立），但後醍醐天皇對此反彈。舉兵的企圖也以失敗告終，被流放到隱岐。

※ 數字是天皇的即位順序，圓圈數字是鎌倉將軍的就任代數

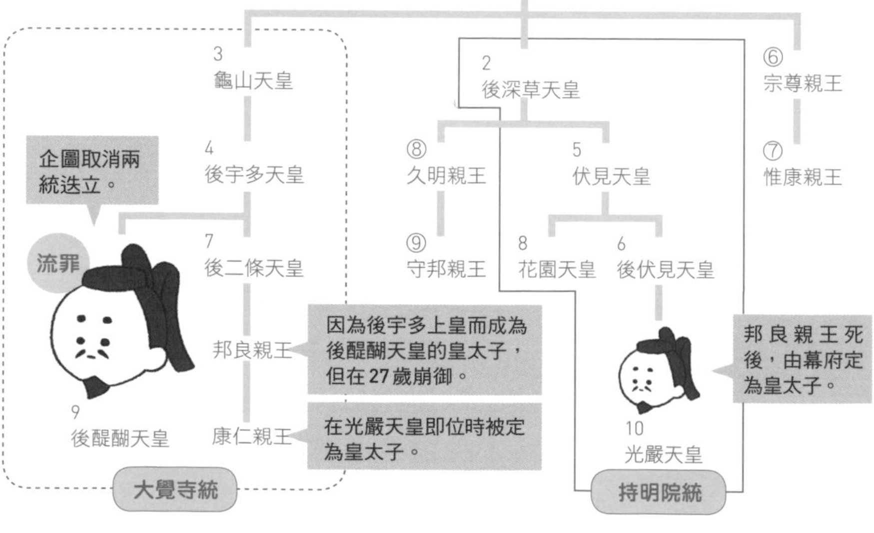

1 後嵯峨天皇
3 龜山天皇
2 後深草天皇
⑥ 宗尊親王
4 後宇多天皇
⑧ 久明親王
5 伏見天皇
⑦ 惟康親王
企圖取消兩統迭立。
流罪
7 後二條天皇
⑨ 守邦親王
8 花園天皇
6 後伏見天皇
邦良親王
因為後宇多上皇而成為後醍醐天皇的皇太子，但在27歲崩御。
邦良親王死後，由幕府定為皇太子。
9 後醍醐天皇
康仁親王
在光嚴天皇即位時被定為皇太子。
10 光嚴天皇
大覺寺統
持明院統

豆知識 「持明院統」是因為後深草上皇定居持明院（現在的京都市上京區安樂小路町），「大覺寺統」則是後宇多上皇住在大覺寺（京都市右京區嵯峨）而得名。

【鎌倉幕府的滅亡】

後醍醐天皇被流放到隱岐後，主張反幕府的武士們在全國陸續舉兵。元弘三年（1333）5 月 22 日，源氏後代的新田義貞終於消滅了鎌倉幕府。

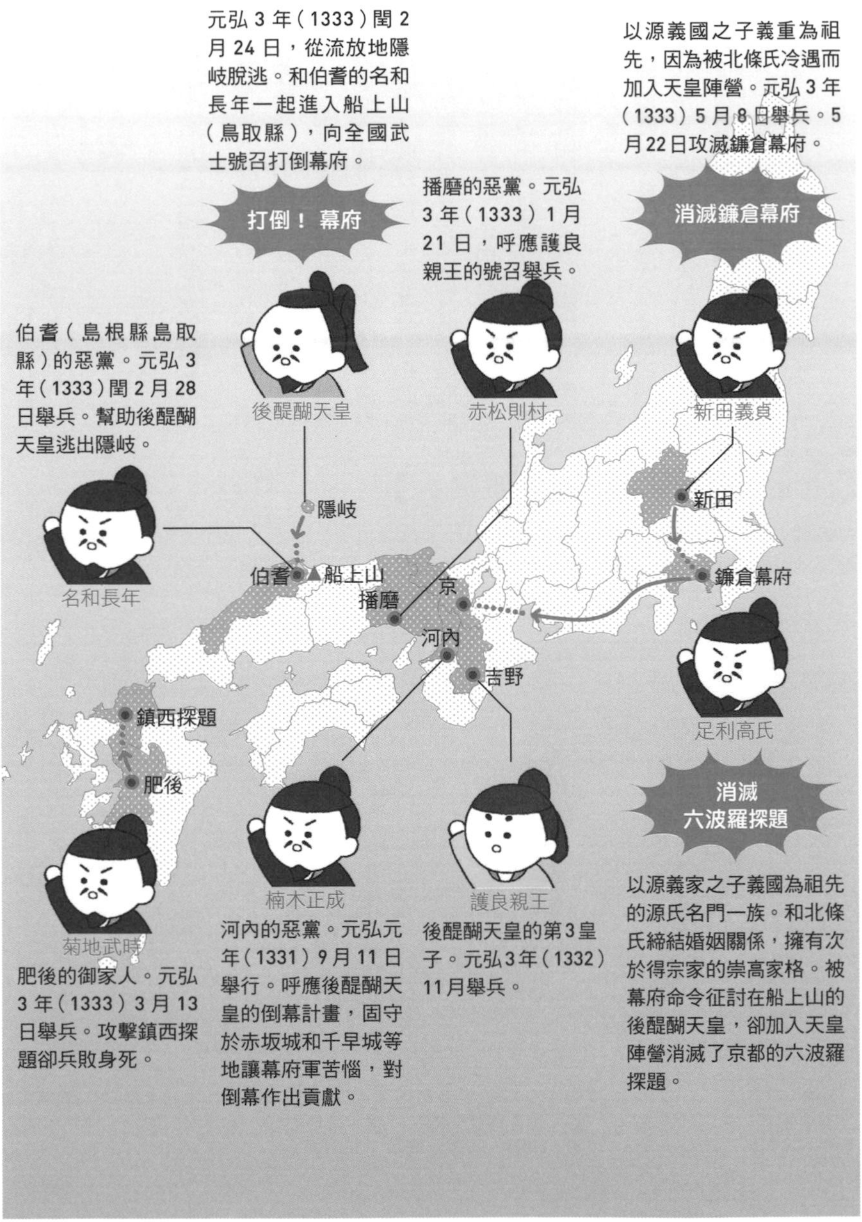

元弘 3 年（1333）閏 2 月 24 日，從流放地隱岐脫逃。和伯耆的名和長年一起進入船上山（鳥取縣），向全國武士號召打倒幕府。
打倒！幕府
後醍醐天皇
播磨的惡黨。元弘 3 年（1333）1 月 21 日，呼應護良親王的號召舉兵。
赤松則村
以源義國之子義重為祖先，因為被北條氏冷遇而加入天皇陣營。元弘 3 年（1333）5 月 8 日舉兵。5 月 22 日攻滅鎌倉幕府。
消滅鎌倉幕府
新田義貞
伯耆（島根縣鳥取縣）的惡黨。元弘 3 年（1333）閏 2 月 28 日舉兵。幫助後醍醐天皇逃出隱岐。
名和長年
隱岐
伯耆
▲船上山
播磨
京
河內
吉野
新田
鎌倉幕府
鎮西探題
肥後
足利高氏
消滅六波羅探題
以源義家之子義國為祖先的源氏名門一族。和北條氏締結婚姻關係，擁有次於得宗家的崇高家格。被幕府命令征討在船上山的後醍醐天皇，卻加入天皇陣營消滅了京都的六波羅探題。
菊地武時
肥後的御家人。元弘 3 年（1333）3 月 13 日舉兵。攻擊鎮西探題卻兵敗身死。
楠木正成
河內的惡黨。元弘元年（1331）9 月 11 日舉行。呼應後醍醐天皇的倒幕計畫，固守於赤坂城和千早城等地讓幕府軍苦惱，對倒幕作出貢獻。
護良親王
後醍醐天皇的第 3 皇子。元弘 3 年（1332）11 月舉兵。

為什麼朝廷分裂成南朝與北朝？

● 原因是後醍醐天皇與足利尊氏的對立

鎌倉幕府滅亡後，後醍醐天皇開始實施親政（建武新政）。但是，因為這個政策無視了武家政權一直以來的做法與常規，武士的不滿逐漸高漲。對倒幕有貢獻的足利尊氏也拒絕服侍於後醍醐政權。而中先代之亂（鎌倉幕府十四代執權北條高時之子時行為了復興幕府引起的叛亂）成為了足利尊氏前往鎌倉，並與對後醍醐不滿的武士一起舉起叛亂之旗的契機尊氏。在建武三年（延元元年，1336）成功控制了京，並且擁立與後醍醐天皇的大覺寺統有過對立關係的持明院統之豐仁親王（光明天皇）。

在這之後，尊氏與後醍醐和解，將成良親皇立為光明的皇太子。就這樣，兩統迭立的時代再次來訪。

但是，新田義貞與楠木正成之子正行重振勢力後，後醍醐突然逃往吉野，並且主張自己才是正統，與尊氏又對抗起來。此時開啟了吉野的南朝與京的北朝，兩天皇並立的南北朝時代。

【武士反對後醍醐天皇的親政！】

打倒鎌倉幕府後，後醍醐天皇開始實施親政。但是以天皇親政時代的復興為目標之政治形態，等於無視了一直以來武士社會的做法，招來了許多武士的不滿。

①天皇親政

幕府
院政
攝政、
關白
後醍醐天皇

否定幕府、院政，並廢止攝政關白制度。構築以天皇為中心的專制政治體制。

②在地方併置國司與守護

國司
守護
對立
由貴族就任
由武士就任
國

任命貴族或側近擔任國司派遣至各國。也任命武士擔任守護，與國司並置，但雙方屢屢在職務上產生對立。

③建造大內裏

為了建造象徵新政府的天皇御所，向全國的地頭課了20分之1的稅。

豆知識　倒幕後，因足利尊氏為倒幕之第一功勞者，後醍醐天皇賜予其武藏國等三國的守護職、全國30所的所領，與天皇之諱——尊治的「尊」字。

【足利尊氏的叛逃】

對後醍醐天皇的親政抱持著不滿的足利尊氏，集結了對新政府不滿的武士們，以中先代之亂為契機對後醍醐政權發起叛亂。

①建武2年（1335），北條時行在信濃舉兵，占領了鐮倉，此為中先代之亂。

②足利尊氏在沒有獲得天皇敕許的情況下從京前往鐮倉，擊破北條軍，奪回鐮倉。

③尊氏擅自以自己的判斷賜予武士們恩賞。

④尊氏擅自的行動激怒了後醍醐天皇。向新田義貞發出了征討尊氏的命令。

⑤建武3年（延元元年，1336），尊氏成功控制住京並擁立光明天皇。

【南北朝的動盪為什麼持續那麼久？】

建武 3 年（建元元年，1336），京都朝廷（北朝）的光明天皇與吉野朝廷（南朝）的後醍醐天皇，兩天皇在不同朝廷各自站上皇位，開啟了南北朝時代。當初南朝雖處於劣勢，但觀應之亂使支撐著北朝的幕府內部分裂。而分裂勢力與南朝聯手，是導致動盪長期化的原因。

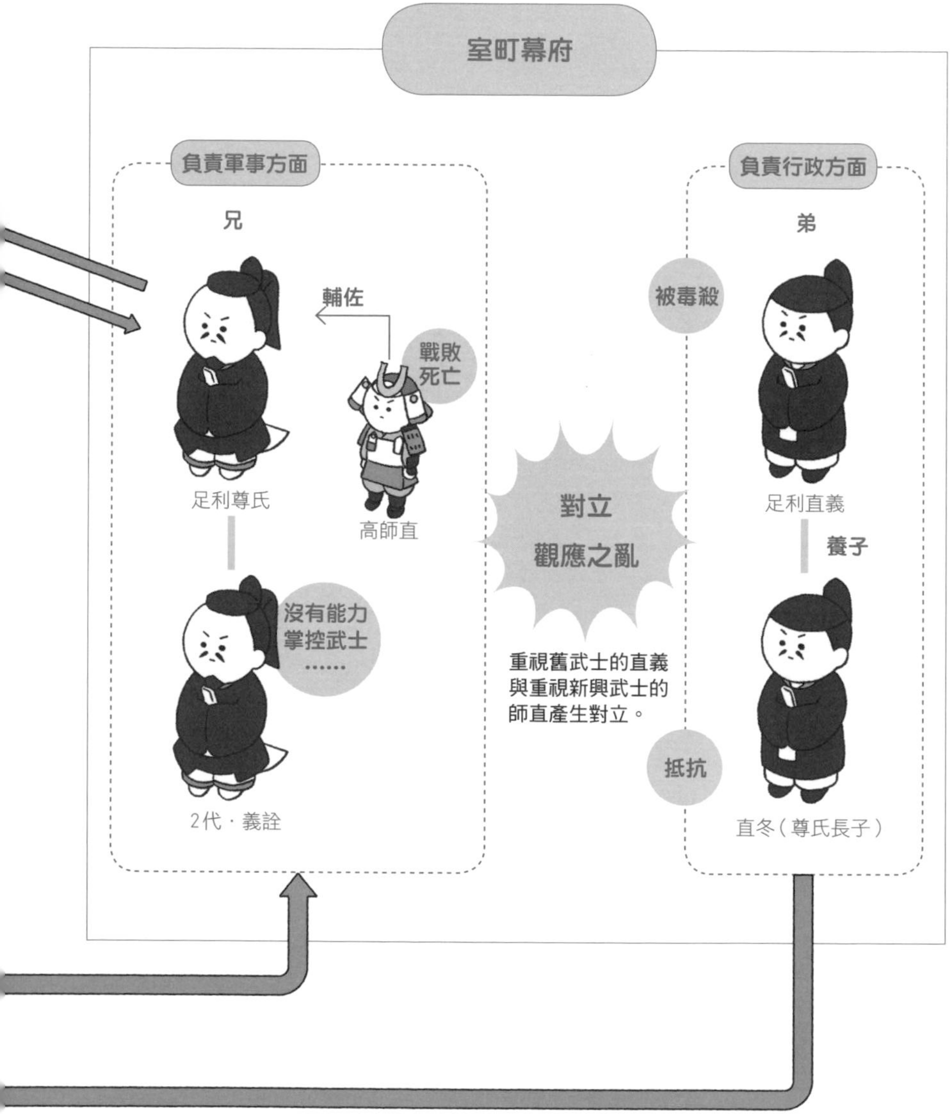

室町幕府
負責軍事方面
兄
輔佐
戰敗死亡
足利尊氏
高師直
沒有能力掌控武士……
2代・義詮
負責行政方面
弟
被毒殺
足利直義
養子
抵抗
直冬（尊氏長子）
對立
觀應之亂
重視舊武士的直義與重視新興武士的師直產生對立。

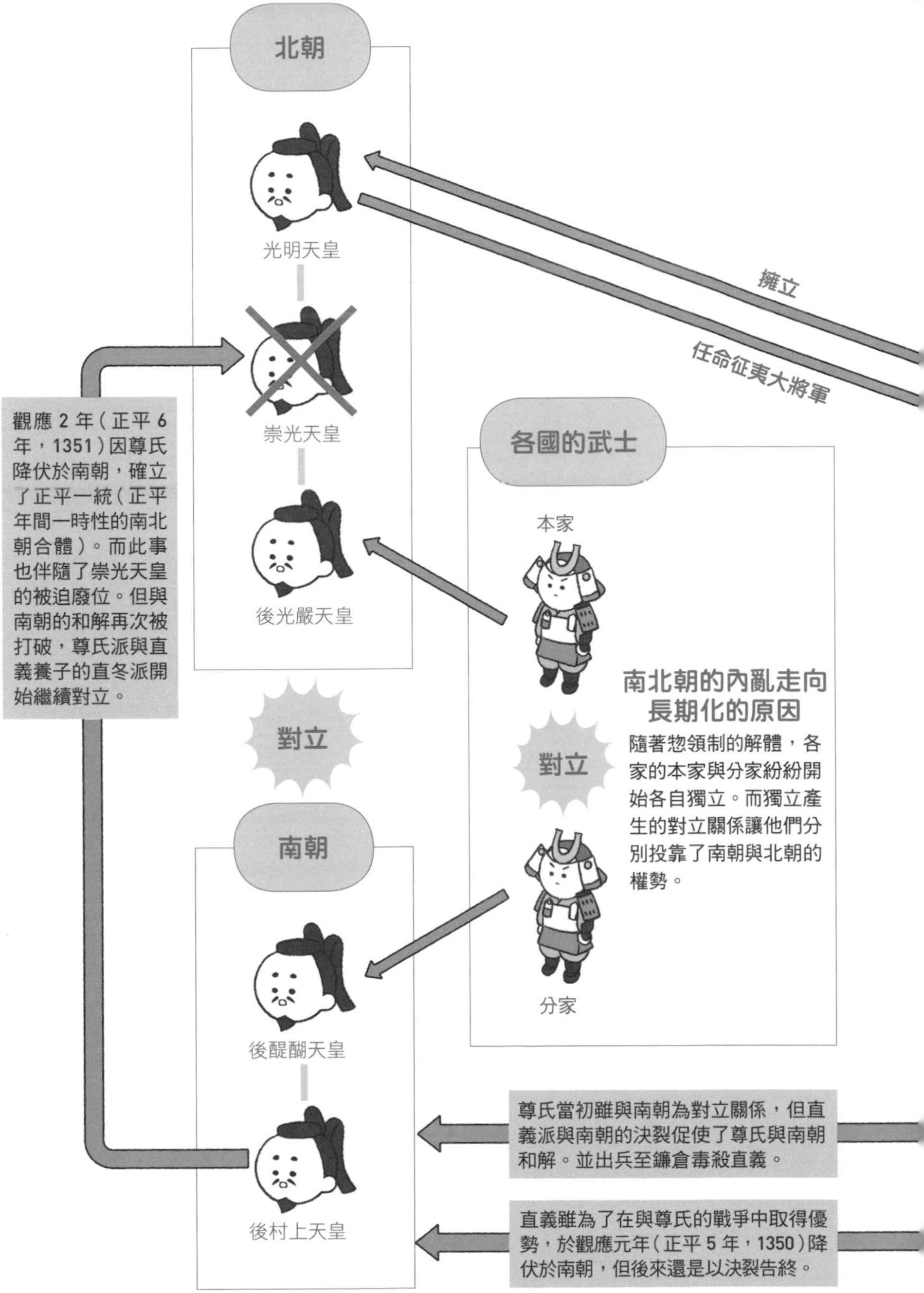
北朝
光明天皇
崇光天皇
後光嚴天皇
擁立
任命征夷大將軍
各國的武士
本家
對立
分家
對立
南朝
後醍醐天皇
後村上天皇

觀應 2 年（正平 6 年，1351）因尊氏降伏於南朝，確立了正平一統（正平年間一時性的南北朝合體）。而此事也伴隨了崇光天皇的被迫廢位。但與南朝的和解再次被打破，尊氏派與直義養子的直冬派開始繼續對立。

南北朝的內亂走向長期化的原因

隨著惣領制的解體，各家的本家與分家紛紛開始各自獨立。而獨立產生的對立關係讓他們分別投靠了南朝與北朝的權勢。

尊氏當初雖與南朝為對立關係，但直義派與南朝的決裂促使了尊氏與南朝和解。並出兵至鎌倉毒殺直義。

直義雖為了在與尊氏的戰爭中取得優勢，於觀應元年（正平 5 年，1350）降伏於南朝，但後來還是以決裂告終。

室町幕府是何時成立的？

● 是建武式目成立時，還是征夷大將軍就任時？

建武三年（延元元年，1336），與後醍醐天皇談和的足利尊氏發布了「建武式目」十七條。

建武式目闡明了新政府的基本政治方針，並宣布幕府建在京的合理性，以及以法律為基礎的道德政治目標。現代對於室町幕府成立的普遍看法，就是以建武式目的制定為基準。兩年後，光明天皇任命足利尊氏為征夷大將軍。

但在這個時間點，幕府的所在地還不是在「室町」。永和四年（天授四年，1378），第三代足利義滿將軍在京的室町開始建造廣闊的宅邸，此宅邸還被讚頌為「花之御所」。也因義滿在這裡開始司掌政治，才誕生了名副其實的「室町幕府」。義滿雖為將軍，但也就任了准三后（與太皇太后、皇太后、皇后的地位相當之意）的公家最上位太政大臣的地位。甚至在明德三年（1392）以兩統迭立為條件，說服了南朝四代的後龜山天皇讓位給北朝的後小松天皇，實現了南北朝的統一。

【經過了50多年的衝突，南北朝終於合而為一】

持續了50年以上的南北朝之動盪，在室町幕府的第3代將軍足利義滿的時代才終於實現統一。

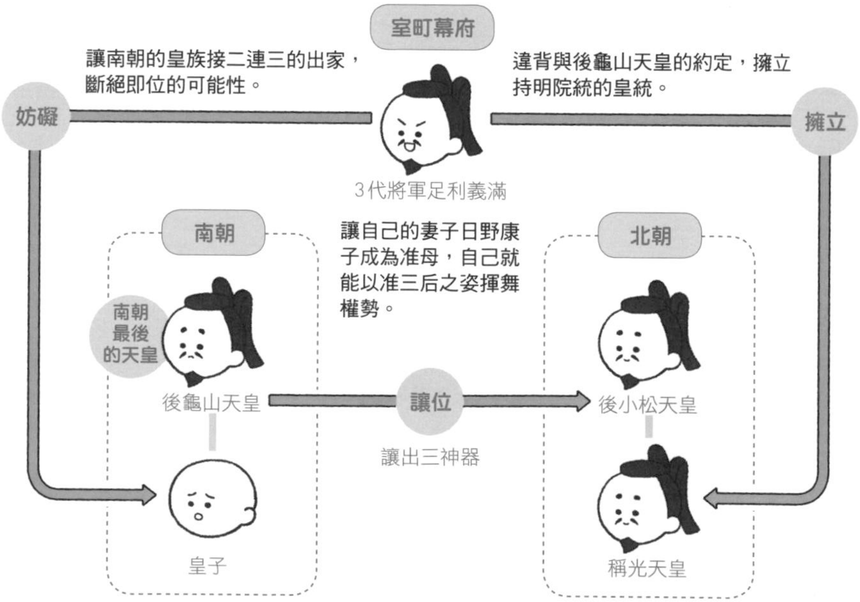

室町幕府
讓南朝的皇族接二連三的出家，斷絕即位的可能性。
違背與後龜山天皇的約定，擁立持明院統的皇統。
妨礙
擁立
3代將軍足利義滿
南朝
北朝
讓自己的妻子日野康子成為准母，自己就能以准三后之姿揮舞權勢。
南朝最後的天皇
後龜山天皇
讓位
讓出三神器
後小松天皇
皇子
稱光天皇

豆知識 南北朝合一後，兩統迭立的約定並沒有實現，而是由持明院皇統繼續繼承皇位。南朝的遺臣們對此感到非常憤怒，於是投身皇位恢復的活動（後南朝）。

【室町幕府的支配體制與守護大名的出現】

室町幕府的政治體制在 3 代將軍——足利義滿的時代時已幾乎完成。中央政府有管領司掌著政治，地方也有鎌倉府與三個探題（奧羽、羽州、九州）各自統治著各個地區。而足利氏一門的成員以守護之姿被分派到全國各地，但後來那些守護將自己擔任的國家化為自身的領國，發展成為守護大名。

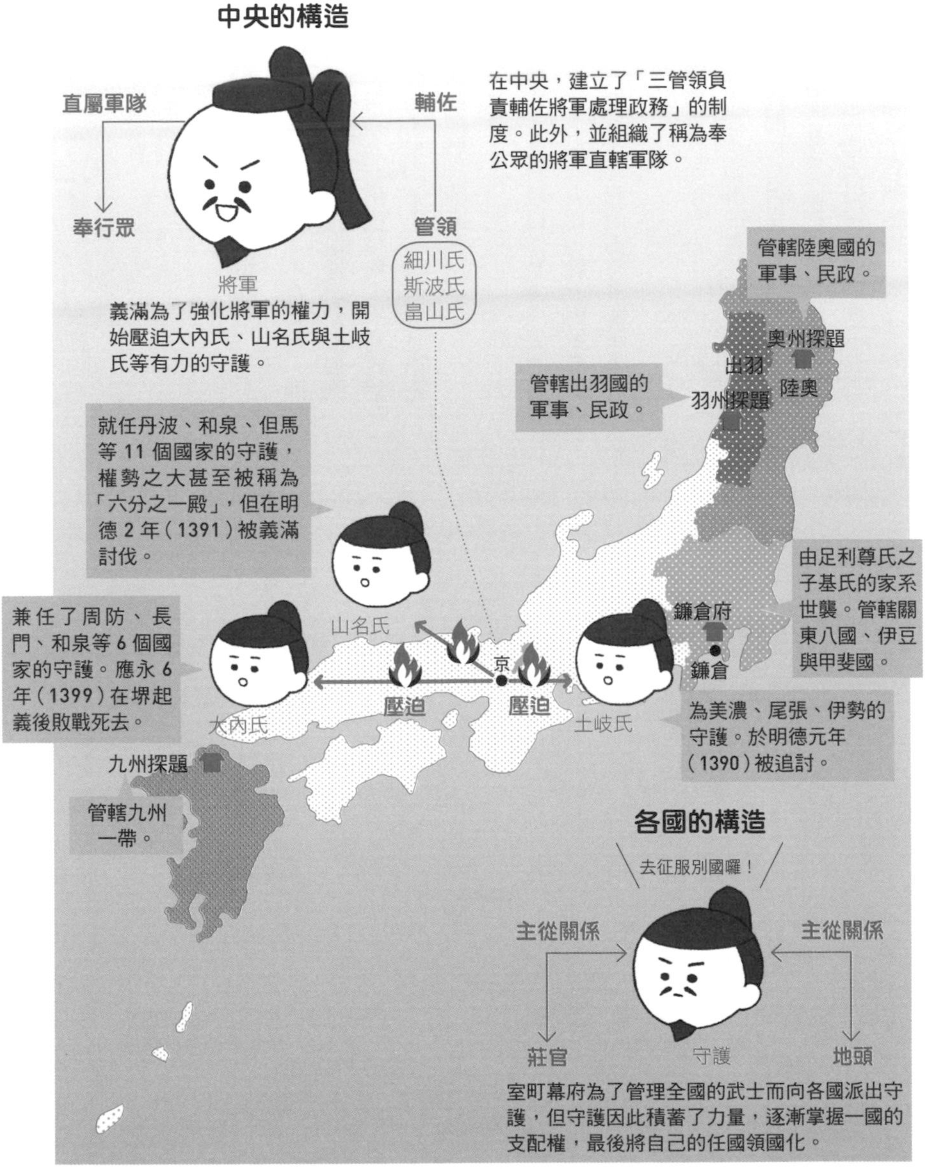
中央的構造
直屬軍隊
輔佐
奉行眾
管領
細川氏
斯波氏
畠山氏
將軍
在中央，建立了「三管領負責輔佐將軍處理政務」的制度。此外，並組織了稱為奉公眾的將軍直轄軍隊。
義滿為了強化將軍的權力，開始壓迫大內氏、山名氏與土岐氏等有力的守護。
管轄陸奧國的軍事、民政。
奧州探題
出羽
陸奧
管轄出羽國的軍事、民政。
羽州探題
就任丹波、和泉、但馬等 11 個國家的守護，權勢之大甚至被稱為「六分之一殿」，但在明德 2 年（1391）被義滿討伐。
由足利尊氏之子基氏的家系世襲。管轄關東八國、伊豆與甲斐國。
鎌倉府
鎌倉
兼任了周防、長門、和泉等 6 個國家的守護。應永 6 年（1399）在堺起義後敗戰死去。
山名氏
京
壓迫
壓迫
大內氏
土岐氏
為美濃、尾張、伊勢的守護。於明德元年（1390）被追討。
九州探題
管轄九州一帶。
各國的構造
去征服別國囉！
主從關係
主從關係
莊官
守護
地頭
室町幕府為了管理全國的武士而向各國派出守護，但守護因此積蓄了力量，逐漸掌握一國的支配權，最後將自己的任國領國化。

豆知識　足利義滿問候了明朝國王的臣子，藉此推展了外交與貿易。在應勇 10～17 年（1403～10）總共派遣了 6 次勘合船。

應仁文明之亂是場什麼樣的戰爭？

●從複雜的權力鬥爭中孕育出的動盪

到了第八代足利義滿的時代，幕府的實權並不在將軍，而是在有力的守護身上。像細川氏或山名氏這種兼任複數國家守護的氏族，不停的擴大勢力。在這種情勢中，對政治感到厭煩的義政，決定讓已經出家的弟弟義政還俗並指定他為繼承人，自己則在銀閣裡埋頭於藝術創作。

但是不巧的，此時因義政之妻——日野富子生下孩子義尚，使狀況發生了巨大的變化。想將義尚作為繼承人的富子為了拉攏勢力接近山名宗全，另一方面，義視則拉攏細川勝元作為後盾。就這樣，埋下了幕府內部將軍繼承爭奪戰的火種。

到了爆發戰爭只是時間問題的應仁元年（1476）之初，管領家之一的畠山家爆發家督繼承紛爭。對此，以勝元、宗全的介入為契機，各地守護開始各自往細川方（東軍）或山名方（西軍）靠攏，爆發了衝突（應仁文明之亂）。戰亂足足持續了十一年，並使京都遭到毀滅性的破壞。在這種情勢下，室町幕府的衰退也成了必然結果。

【後繼者是如何決定的？】

在室町時代，沒有能力治理自己的所領或國家的人，無法獲得家臣們的支持，也無法繼承家督的地位。不過，「以父親的意見為絕對」的風俗依然存在，這也是導致應仁文明之亂的原因之一。

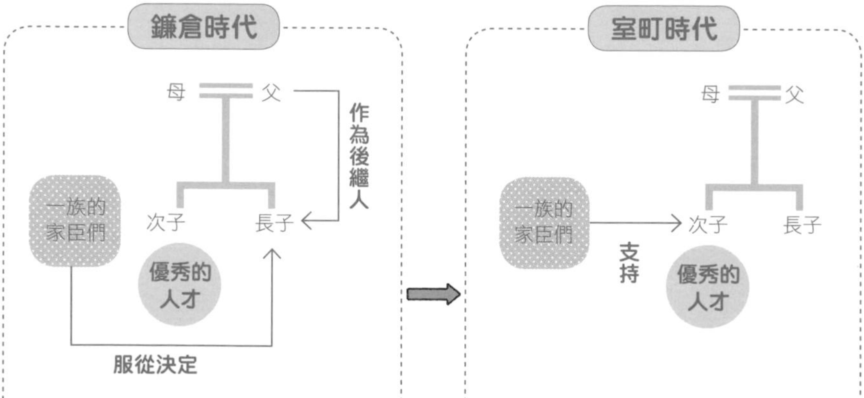

鎌倉時代
母
父
作為後繼人
一族的家臣們
次子
長子
優秀的人才
服從決定
室町時代
母
父
一族的家臣們
次子
長子
支持
優秀的人才

在鎌倉時代，關於決定家督人選之事，父親的意見是絕對的。

到了室町時代，關於決定家督之位，家臣們的意見變得不可或缺。

豆知識　掌握一國全體的支配權之守護有時雖被稱為「守護大名」，但守護實際上沒有支配其領域，所以有些人反對在稱這些守護時加上大名。

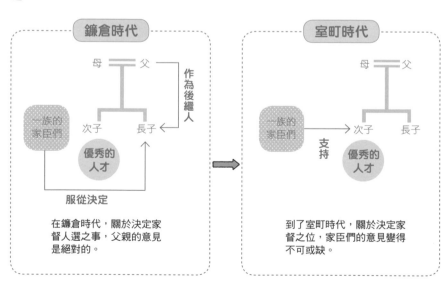

【應仁文明之亂的背後到底發生了什麼事？】

應仁文明之亂是由擔任管領的斯波家、畠山家的家督繼承紛爭，與細川勝元和山名宗全的幕府內部的權力鬥爭，還有圍繞第9代將軍之位的足利家內部的鬥爭交織而成。

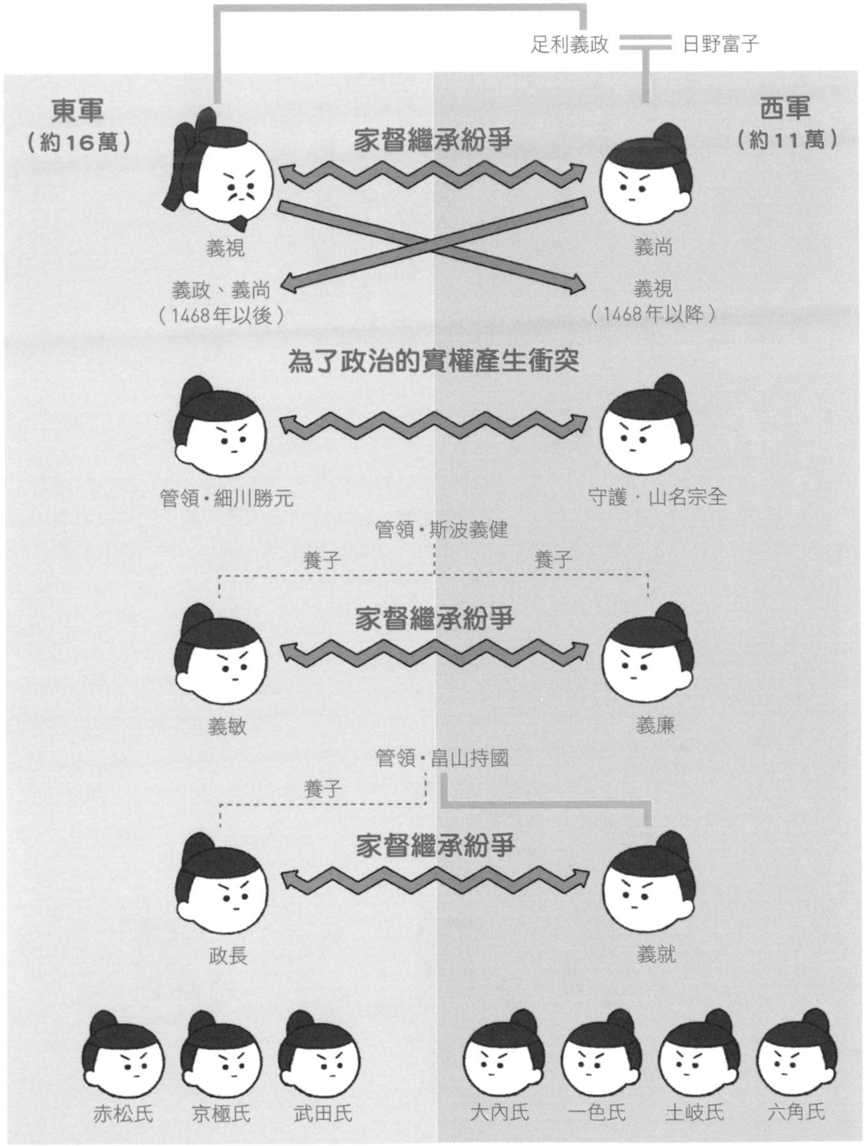
足利義政
日野富子
東軍
（約16萬）
西軍
（約11萬）
家督繼承紛爭
義視
義尚
義政、義尚
（1468年以後）
義視
（1468年以降）
為了政治的實權產生衝突
管領・細川勝元
守護・山名宗全
管領・斯波義健
養子
養子
家督繼承紛爭
義敏
義廉
管領・畠山持國
養子
家督繼承紛爭
政長
義就
赤松氏
京極氏
武田氏
大內氏
一色氏
土岐氏
六角氏

豆知識　日野富子雖以「惡女」聞名，但最近發現她有著為了收拾戰亂而奔波，與重建出現破綻的幕府體制等功績，讓眾人重新審視了這一號人物。

戰國時代

戰國大名是如何誕生的？

●室町幕府的衰退導致各地支配者的崛起

應仁文明之亂後，室町幕府喪失了實質的支配權，也導致一直以來義務性留在京的守護們紛紛回到自己的任國，確立起地域性的有效控制。另一方面，也有從之前就已經確立實質性支配的守護代、在地的莊官或地頭（國人）等頂替守護擴展勢力的個案。就這樣，變成了守護、守護代、國人等獨自形成領國的狀況，誕生了所謂的「戰國大名」。

在當時，「戰國大名」這個職位實際上是不存在的。雖然「戰國大名」一詞定義模糊，但指的是掌握著以現代來說的行政、立法、司法三權，並站在最上位統治領地內各階層的人。

討伐了堀越公方——足利茶茶丸，並奪下伊豆國的北條早雲被認為是第一位戰國大名。就這樣，在各地分立的戰國大名互相爭霸的戰國時代就此到來。

【「下剋上」時代的降臨】

明應2年（1493）4月，細川政元將第10代將軍足利義稙拉下將軍之位，擁立義澄作為第11代將軍（明應之變）。這件事成為了下剋上的先驅。而與那位細川政元聯手的舊室町幕府家臣——北條早雲打倒了伊豆與堀越的足利茶茶丸，並進軍至相模，將小田原城作為據點。

明應之變的關係圖

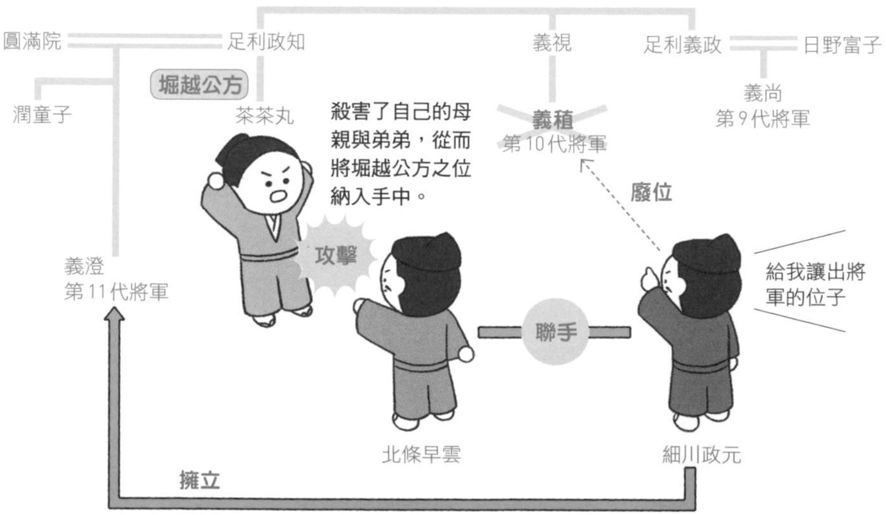

圓滿院
足利政知
義視
足利義政
日野富子
堀越公方
潤童子
茶茶丸
義稙
第10代將軍
義尚
第9代將軍
殺害了自己的母親與弟弟，從而將堀越公方之位納入手中。
廢位
攻擊
給我讓出將軍的位子
義澄
第11代將軍
聯手
北條早雲
細川政元
擁立

豆知識　在鎌倉，存在著相當於將軍地位的鎌倉公方。長祿元年（1457），第8代將軍義政之兄——政知雖被任命為關東公方，但因沒有能力控制關東地區，所以被留在伊豆國的堀越，並被稱呼為「堀越公方」。

【16世紀中葉的主要戰國大名勢力圖】

在應仁文明之亂後，各地馬上開始各自形成地方權力。而尾張的織田信長就是在這之中崛起，並且將室町幕府第 15 代將軍足利義昭從京放逐出去，就幾乎快將「天下」納入手中。

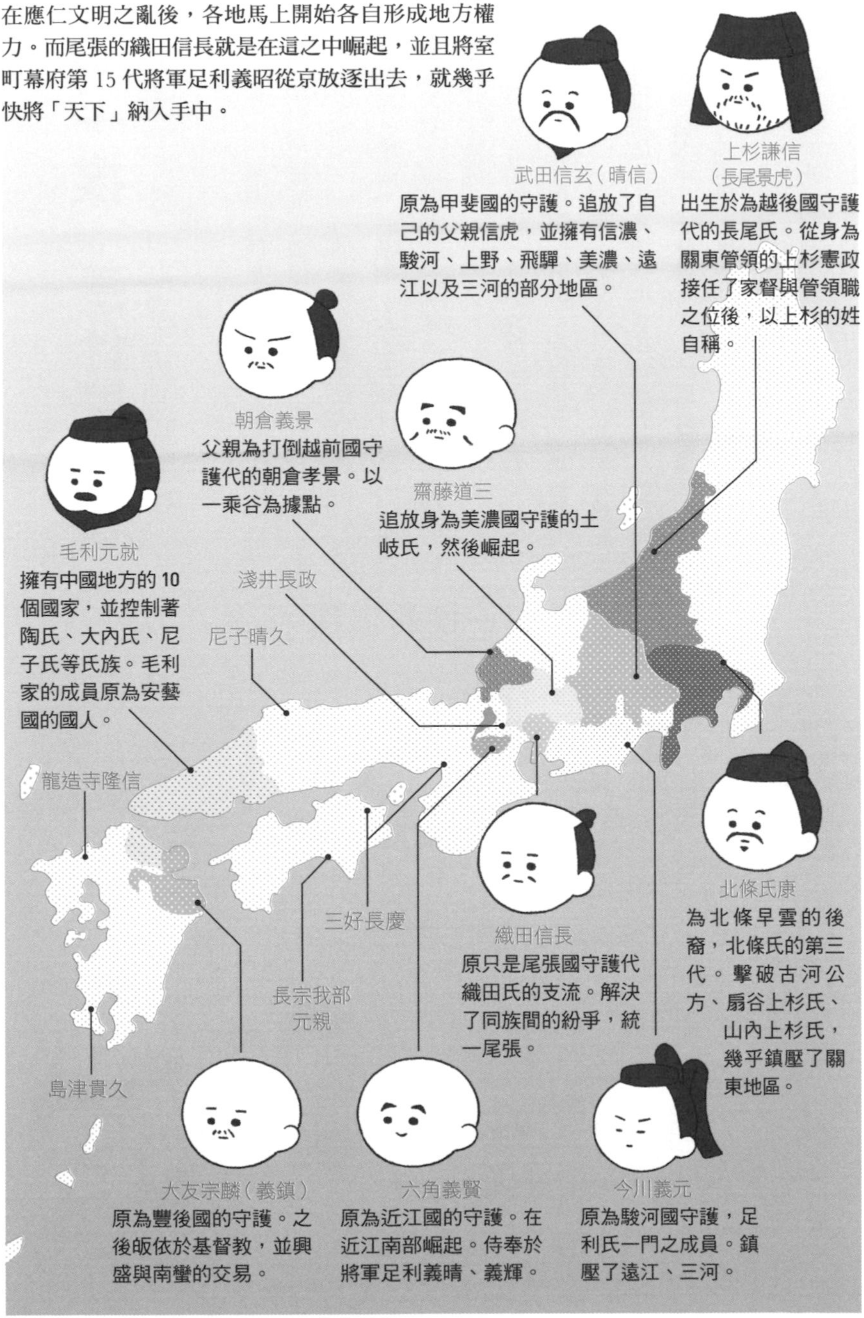

武田信玄（晴信）
原為甲斐國的守護。追放了自己的父親信虎，並擁有信濃、駿河、上野、飛驒、美濃、遠江以及三河的部分地區。
上杉謙信（長尾景虎）
出生於為越後國守護代的長尾氏。從身為關東管領的上杉憲政接任了家督與管領職之位後，以上杉的姓自稱。
朝倉義景
父親為打倒越前國守護代的朝倉孝景。以一乘谷為據點。
齋藤道三
追放身為美濃國守護的土岐氏，然後崛起。
毛利元就
擁有中國地方的 10 個國家，並控制著陶氏、大內氏、尼子氏等氏族。毛利家的成員原為安藝國的國人。
淺井長政
尼子晴久
龍造寺隆信
三好長慶
長宗我部元親
島津貴久
織田信長
原只是尾張國守護代織田氏的支流。解決了同族間的紛爭，統一尾張。
北條氏康
為北條早雲的後裔，北條氏的第三代。擊破古河公方、扇谷上杉氏、山內上杉氏，幾乎鎮壓了關東地區。
大友宗麟（義鎮）
原為豐後國的守護。之後皈依於基督教，並興盛與南蠻的交易。
六角義賢
原為近江國的守護。在近江南部崛起。侍奉於將軍足利義晴、義輝。
今川義元
原為駿河國守護，足利氏一門之成員。鎮壓了遠江、三河。

豆知識　雖然北條早雲因從一介浪人之身爬到戰國大名之位被眾人當成下剋上的象徵，但近年發現他的身家是世襲了室町幕府的政所執事的伊勢氏。

「一揆」是什麼？
團結一致的去達成某個目的

說到「一揆」，應該有很多人會想到，窮困的農民將自己武裝起來引起叛亂的畫面。但其實一揆指的是，「將『揆』集結成『一』」的意思。換句話說，就是「為了實現某個目的組成一個團結一致的集團」的意思。所以一揆本來其實不應該使用「引起、發起」，而是應該使用「集結」來描述。

而集結一揆的必要條件，莫過於存在著堅定的團結力。所以他們一開始會聚集在寺社，向神佛立下兩封發誓團結的起請文。一封會奉納在寺社，另一封則是燒成灰燼，然後將灰燼混入特地奉供奉在神前的水，讓在場所有的一揆成員喝下（一味神水）。透過這個儀式向神佛發誓他們將同心同德，貫徹始終，絕對不會中途退出。

到了中世後期，不只農民，武士（國人）或僧侶們也集結了一揆。例如農民們為了對莊園領主要求年貢與夫役的減免而結成了土一揆；武士們則是針對守護大名的支配結成了國一揆。

結成一揆的流程

①為了達到某個目的大家開始團結

除了農民，武士、僧侶、神官等也會結成一揆。

減少年貢！
下架這個代官！
地緣性的團體

②在神佛面前立下誓約

立下向神佛發誓的請起文，並各自署名。然後燒成灰燼，混進供奉在神前的水，眾人輪流喝下以示團結之願。

我們同心同德！
神佛

一揆有哪些種類？

一揆有分成國眾對守護的支配抱持不滿而組成的國一揆；農民或地侍組成的土一揆；淨土真宗信徒組成的一向一揆等幾個種類。

土一揆

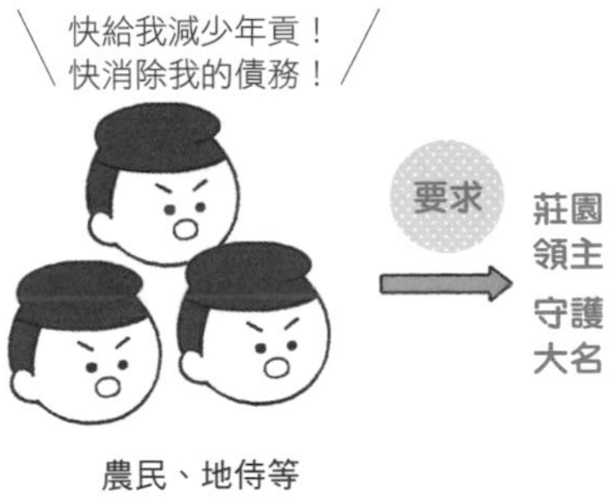
快給我減少年貢！
快消除我的債務！
要求
莊園領主
守護大名
農民、地侍等

農民或地侍等聯合起來反抗的一揆。如果是針對莊園領主或守護大名等，通常都是要求年貢，或是夫役的減免。如果是對幕府，則是要求行使德政。
（例）正長的土一揆、嘉吉的土一揆

國一揆

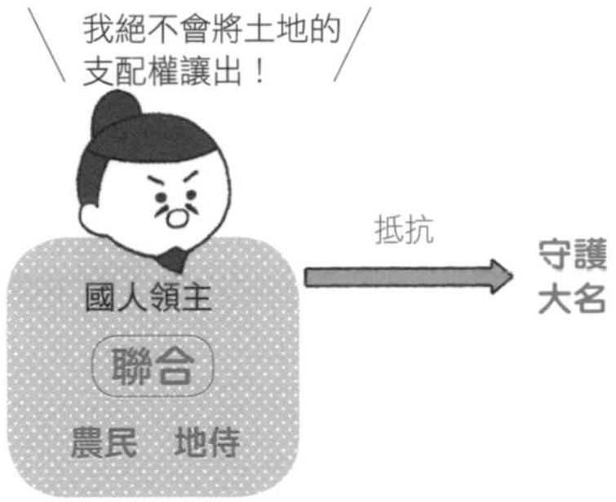
我絕不會將土地的支配權讓出！
國人領主
聯合
農民　地侍
抵抗
守護大名

在地的國人領主對守護大名的支配感到不滿，聯合農民或地侍組成的一揆。為了守住在地領主權，企圖排除守護大名勢力。
（例）山城的國一揆、播磨的國一揆

一向一揆

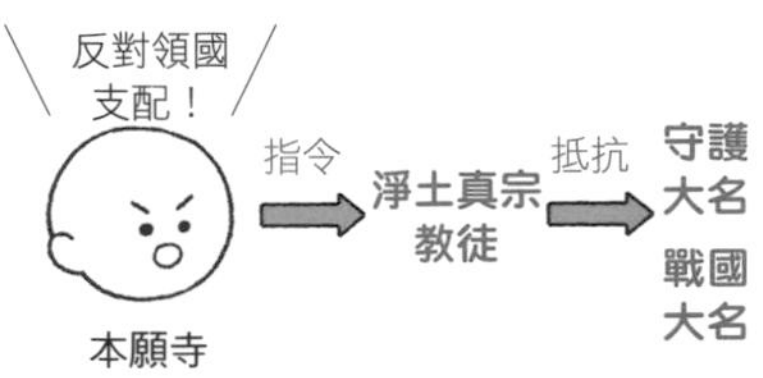
反對領國支配！
本願寺
指令
淨土真宗教徒
抵抗
守護大名
戰國大名

淨土真宗的僧侶或身為教徒的武士及農民，為了抵抗守護大名、戰國大名的支配而組成一揆，發起叛亂。
（例）加賀的一向一揆、伊勢長島的一向一揆

世直一揆

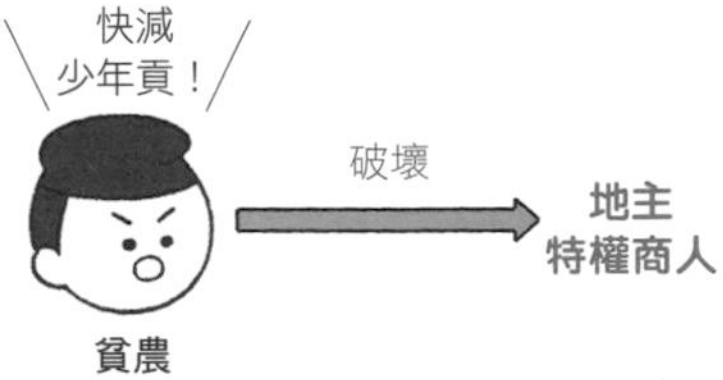
快減少年貢！
貧農
破壞
地主
特權商人

幕府末期，為了改變現況的貧農與佃戶們組成的一揆。他們會襲擊地主或特權商人的家，奪取米或其他物品。
（例）武州世直一揆、信達一揆

第3章 近世

戰國
1467～1590年

1543年
傳入鐵砲

1549年
傳入基督教

1560年
織田信長在桶狹間擊破今川義元

1568年
足利義昭就任室町幕府第15代將軍

1573年
室町幕府滅亡

安土桃山
1573～1603年

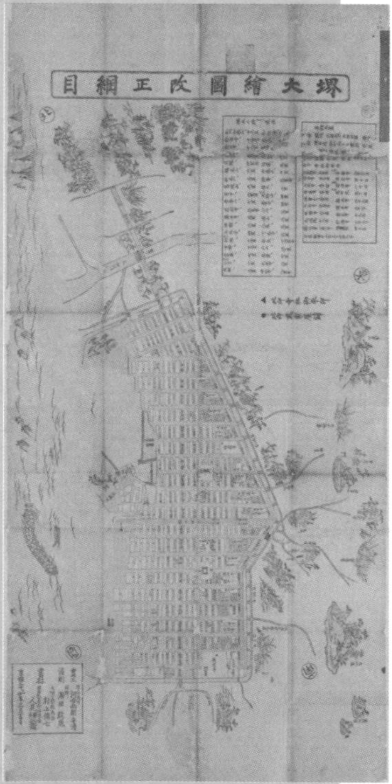

堺

中世以來，藉由日明貿易、南蠻貿易獲得了發展。戰國時期，這裡以鐵砲的一大產地聞名。

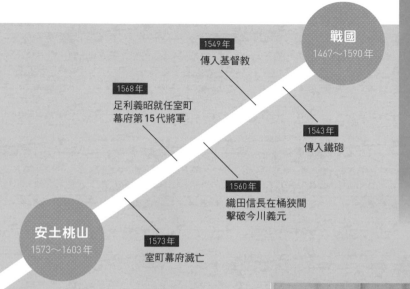

本能寺

調查發現，當時本能寺的四周被城濠與土壘包圍著，外觀上宛如一座城堡。照片為現在的本能寺。天正 20 年（1592）在秀吉的命令下，重建於現址。

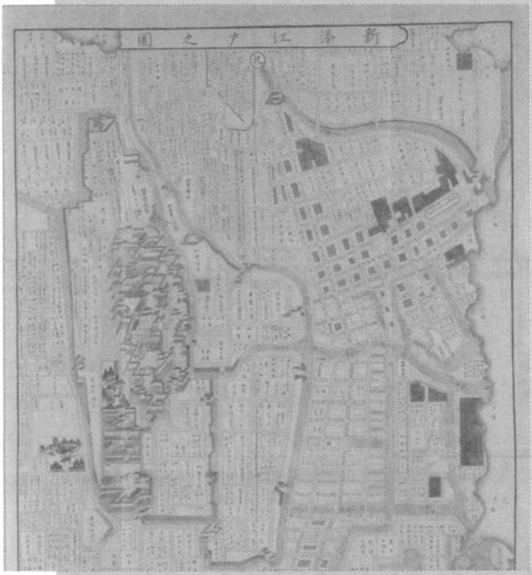

江戶城下町的建立

德川家康入府後，江戶的城鎮發展蒸蒸日上，到了18世紀已經成了人口超過100萬的大都市。

1582年
織田信長在本能寺遭明智光秀討伐

1590年
豐臣秀吉統一全國

1600年
爆發關原之戰

江戶
1603～1868年

1603年
德川家康就任征夷大將軍，並開創江戶幕府

1615年
豐臣家滅亡

1637年
島原、天草一揆

1701年
赤穗事件

1716年
享保改革（～45年）

1787年
寬政改革（～93年）

1841年
天保改革（～43年）

1853年
美國東印度艦隊司令長官佩里航駛至浦賀

1867年
德川慶喜上奏大政奉還

1868年
爆發戊辰戰爭

明治
1868～1912年

關原古戰場

在古代，關原這個地方就被設置了名為不破關的關口，是自古以來的交通樞紐。為了爭奪這個區域，爆發了好幾次的戰爭。

安土桃山時代

信長真的是一位具有革新精神的人物嗎？

● 其實他是位合理性思考的人！

在戰國時代，爬到最接近「天下人」存在的戰國大名就是織田信長。說到織田信長，就會想到他發起的樂市令活化了市場經濟，或是在合戰時導入鐵砲引起了戰術革命等，因此很多人都覺得他是位具有革新想法的人物。但是到了最近，開始出現否定「信長＝革新性人物」這種大眾印象的看法。例如關於樂市令，第一個執行這種政策的人其實是近江守護的六角定賴，他在觀音城下的石寺新市發布此令，其實不是信長自己想出來的東西。而關於鐵砲，甲斐的武田家等其實也有跟織田信長差不多規模的鐵砲眾。不同的是，織田信長透過控制住堺這塊地區，掌握畿內的物流路線，從而將大量的鐵砲與子彈投入合戰。比起說是戰術，不如說是透過資源戰壓倒其他勢力。而面對天皇或幕府，信長也是抱持著極為尊敬的態度。

信長其實不是什麼革命家，不如說他是在舊有的秩序框架中，使用合理性手法企圖支配天下的一位人物。

【在常備軍的組織方式上是革新的】

在信長出現之前，擔任合戰主力的地侍平常從事的是農業活動，到了合戰時才會武裝起來，帶著手下進入戰場（兵農未分離）。但在這種模式下，農忙期就無法出陣，也無法進行集團訓練。而信長透過組織常備軍來解決這個問題。

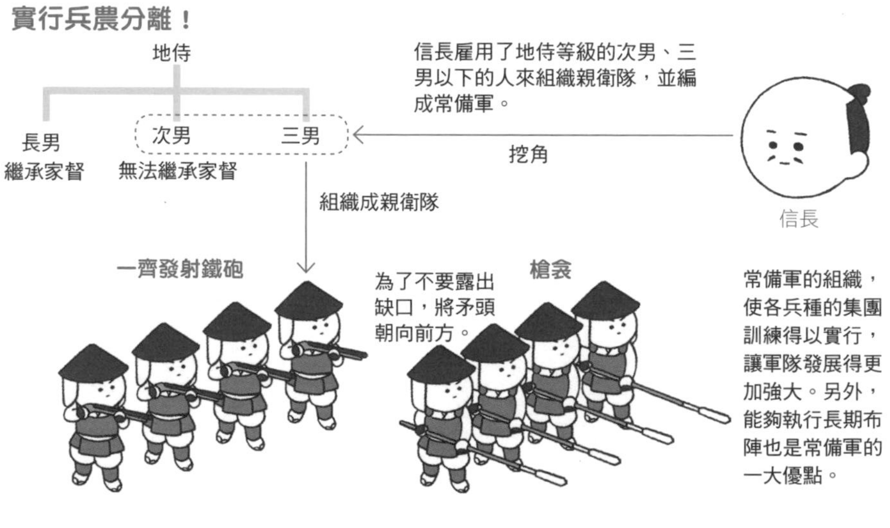
實行兵農分離！
地侍
長男
繼承家督
次男
三男
無法繼承家督
信長雇用了地侍等級的次男、三男以下的人來組織親衛隊，並編成常備軍。
挖角
信長
組織成親衛隊
一齊發射鐵砲
槍衾
為了不要露出缺口，將矛頭朝向前方。
常備軍的組織，使各兵種的集團訓練得以實行，讓軍隊發展得更加強大。另外，能夠執行長期布陣也是常備軍的一大優點。

豆知識　雖然存在信長進行過宗教鎮壓的說法，但其實他也不是一貫的在壓制佛教勢力。他允許並承認了許多寺領的土地所有權與知行權，例如本能寺、仁和寺與東寺。

【信長實施的商業政策】

信長為了促進商品的流通，廢除一直以來用於徵收通行費用的關所。也為了活化商業，將類似於現代的自由市場架構設置於城下。

①撤廢關所

戰國時代初期，寺社與貴族為了獲取過路費，會在自己的領地內設置多個關所。而商人為了從中分一杯羹，所以將自家商品與過路費合售。但是商品賣得不是很好，商業也因此停滯。在這種情勢下，信長透過廢止關所活化商品的流通性，並使商業興盛起來。

這樣買
更划算哦～
廢除關所！ 我國
可以免費自由進出！
信長
商人
信長的領國

②實施樂市樂座

「座」指的是一種同業者組織。在當時，只有隸屬於有向寺社繳納奉納金的座之特權商人，才擁有在寺社門前做生意的權利。而信長實施了誰都可以自由做生意的樂市樂座政策。取消稅收和廢除座的特權之政策，讓許多商人們聚集到信長的領國，使經濟獲得了極大的發展。

不用繳錢就
可以做生意了！
儘管自由的做生意吧！
也要禁止座的制度！
樂市
信長
新興商人
信長的領國

寺社

另一方面，一直以來靠著過路費來維持稅收的寺社變得沒有收入，財政陷入困難。

豆知識 信長也以商業政策的一環整頓了街道。將道路拓寬、鋪直，使人們更加容易通行。

武家政權與天皇

為什麼武士沒有登基天皇之位

從鎌倉到明治時代，鎌倉幕府、室町幕府與江戶幕府，都持續著武家政權掌握政治實權的時代。

而另一方面，也有出現如平安時代的藤原攝關家，實際上的權力超越了天皇的貴族。但是不管是武士或貴族，他們都沒有打算過要取代天皇，讓自己登上皇位。這是因為他們有著「正是因為朝廷的存在，政權的營運才會成立」之共識。對攝關家來說，他們也只是以天皇的監護人身分代理著政治。

而武家政權也是因為支配的正當性獲得了朝廷的認可，才能夠在全國行使軍事、徵稅與警察權。而另一方面，朝廷也是多虧了幕府等等的力量，才有辦法從莊園取得年貢。

也就是說，兩者其實不是互相對抗的關係，而是以共存關係為基礎，維持著勢力的均衡。

主要天皇與當代掌權者的關係

自古以來，當代的掌權者並不會廢黜天皇，而是利用其權威，進而圓滑的行政。

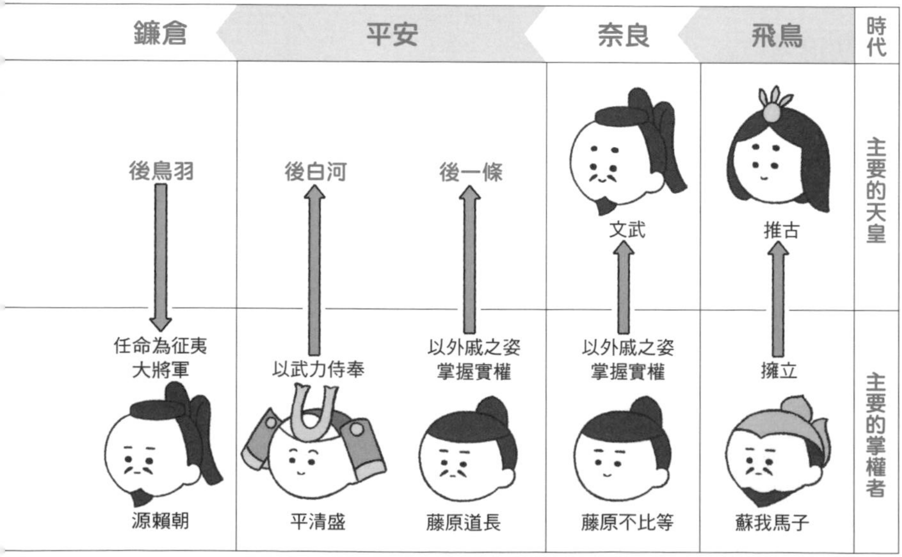
時代
主要的天皇
主要的掌權者
飛鳥
推古
擁立
蘇我馬子
奈良
文武
以外戚之姿
掌握實權
藤原不比等
平安
後一條
以外戚之姿
掌握實權
藤原道長
後白河
以武力侍奉
平清盛
鎌倉
後鳥羽
任命為征夷
大將軍
源賴朝

室町～戰國時期的天皇

從室町到戰國時代，天皇家的地位不斷下降。因朝廷的直轄地被武家奪走，財政變得窮困，甚至到了連儀式都沒辦法好好舉行的地步。

103代
後土御門天皇（在位期間1464～1500年）
因無法支付喪禮的費用，靈柩被放置在御殿內裏的黑戶多達40多日。

104代
後柏原天皇（在位期間1500～26年）
雖在明應9年（1500）即位，但因無法支付儀式費用，在位22年都還沒有舉行即位儀式。

105代
後奈良天皇（在位期間1526～57年）
即位後的天文5年（1536），因北條氏與今川氏的捐款，才得以舉行即位儀式。

106代
正親町天皇（在位期間1557～86年）
遊說織田信長與其他戰國大名對朝廷進行捐款。

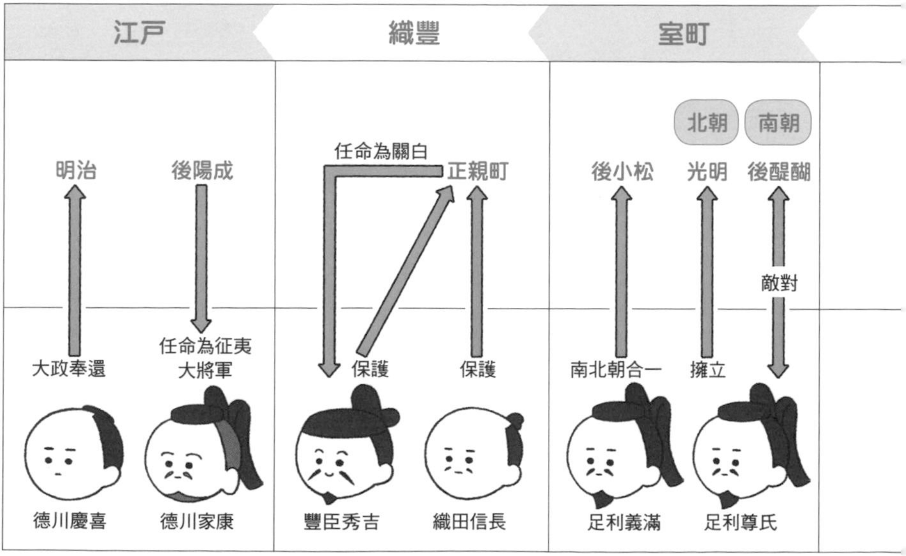

為什麼豐臣秀吉決定出兵於海外？

安土桃山時代

● 打算成為君臨世界的王者？

信長死後，以後繼人之姿崛起的人物就是羽柴（豐臣）秀吉。秀吉將他的敵對勢力逐個擊破，並就任了關白、太政大臣之位，立足於公家世界的頂點。在天正十八年（1590），他終於實現了天下統一的大業。

在那之後，秀吉將下個目標放到了大陸。如果征服了朝鮮與明，他打算將天皇遷至北京，並讓他的外甥秀次成為明的關白。自己則是在寧波打造新據點，並企圖使天竺（東南亞）服屬於自己。

而實行這個想法的行動，就是那兩次向朝鮮的出兵。但是在慶長三年（1598）因秀吉去世，豐臣勢力決定從朝鮮半島撤退。

為什麼秀吉敢這樣大膽的向朝鮮出兵呢？

關於這個理由，存在「透過征服亞洲中心的明，成為君臨世界的王者」、「想試圖壟斷東南亞的中繼貿易」、「為了獲得能夠分配給將領們的新領土而向外國擴張版圖」等各種說法。

【 秀吉統一了天下！ 】

本能寺之變後，爬到織田家中筆頭地位的秀吉，逐個擊破敵對勢力，終於在天正 18 年（1590）達成了天下統一之大業。

秀吉

天下統一

奧州仕置（1590 年）　伊達政宗

服屬　上杉景勝

九州平定（1587 年）

四國平定（1585 年）　服屬

服屬

柴田勝家　賤岳之戰（1583 年）

德川家康

京

大阪城

小田原之戰（1590 年）

北條氏政

毛利輝元

長宗我部元親

島津義久

豆知識　向朝鮮出兵後，日本從朝鮮帶回了陶工，從而誕生了薩摩燒、有田燒與荻燒等燒製物。

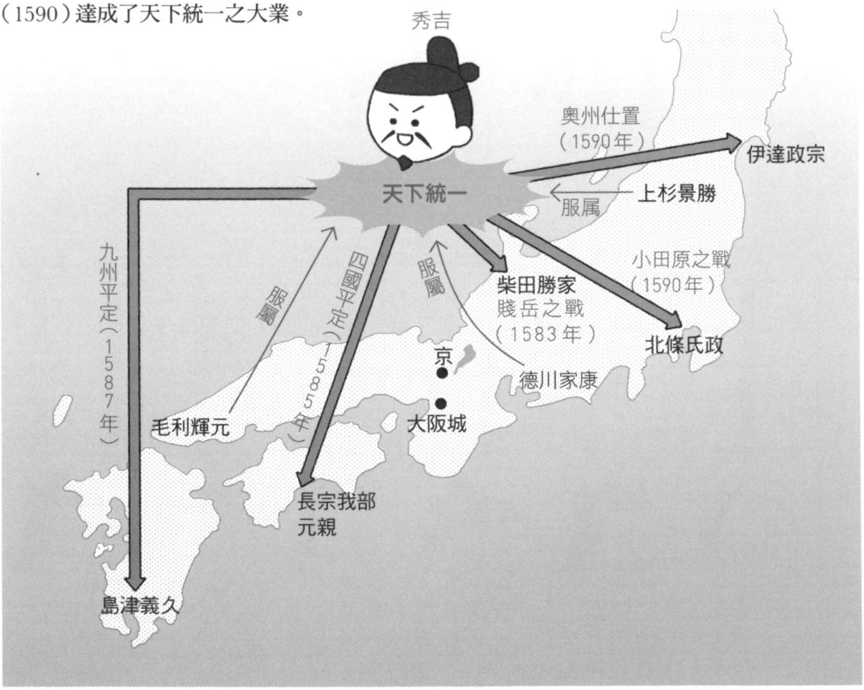

【由秀吉創造出的新政治體制】

統一全國的秀吉推行了一系列的政策。如「太閣檢地」、「刀狩令」、「度量衡統一」等新體制。而下一個江戶幕府也幾乎繼承了這些體制。

①實施石高制

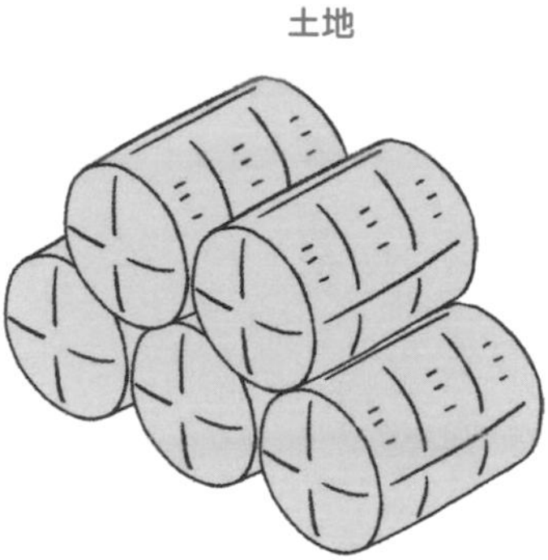
土地

不是以土地的面積，而是以石高（米的生產力）為記錄單位。以石高的高低，判斷賦予大名必須負擔的軍役，與農民年貢的負擔量。

②一地一作人之原則

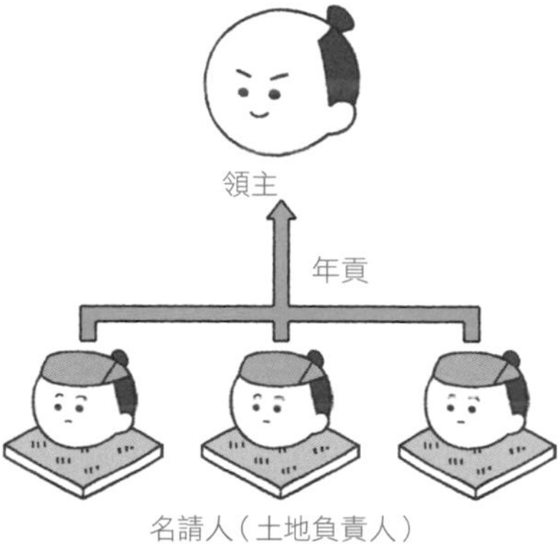
領主
年貢
名請人（土地負責人）

秀吉對於一塊土地，只認定一名負責人。他以這個制度消滅了從中世以來的莊園公領制。地主以名請人的身分被認可田地的所有權，並繳納與石高對應的年貢。

③徹底實行兵農分離

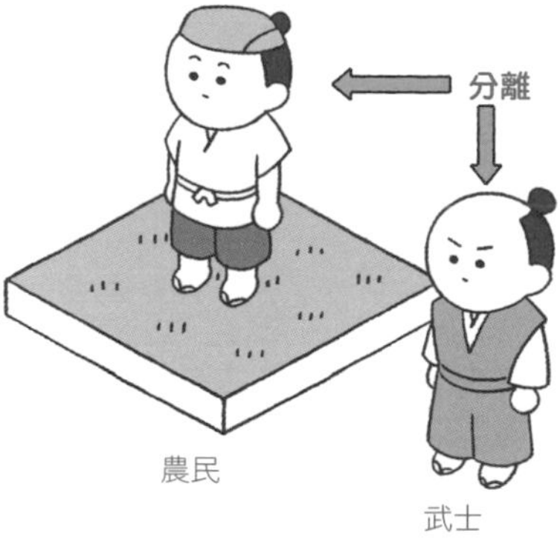
分離
農民
武士

以刀狩令徵收了農民的武具。實際上的目的是為了讓農民帶刀變成執照制。實行刀狩令之後，其實還是有許多武具留在村子裡面。因刀狩令、人掃令制度的實施，武士、町人、農民的地位被確定下來。而想要轉變身分是被禁止的。

④度量衡的統一

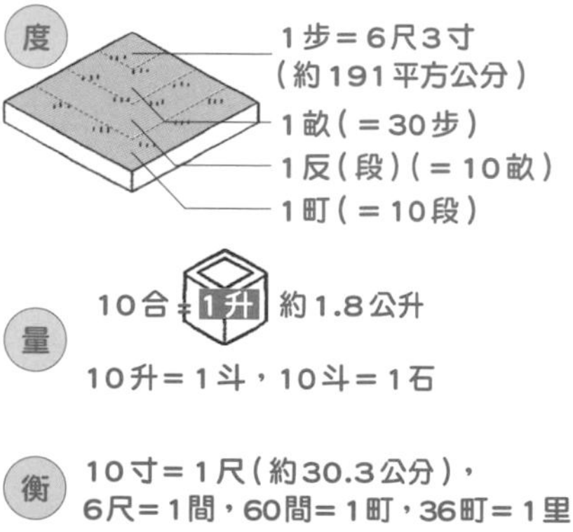
度
1步＝6尺3寸
（約191平方公分）
1畝（＝30步）
1反（段）（＝10畝）
1町（＝10段）
量
10合＝1升 約1.8公升
10升＝1斗，10斗＝1石
衡
10寸＝1尺（約30.3公分），
6尺＝1間，60間＝1町，36町＝1里

在戰國時代，度量衡都是大名們各自自己設定的，造成全國各地的度量單位非常凌亂。秀吉的單位統一讓全國的度量衡首次達成一致。

豆知識 人掃令指的是在文祿元年（1592），身為關白的豐臣秀次向全國下達了戶口調查的法令一事。實際內容為把握各家的人數、性別、老少、身分等。而這次的戶口調查也成為國家徵招夫役時的基礎。

安土桃山時代

為什麼家康贏得了關原之戰？

● 開戰前的情報戰決定了勝負

豐臣秀吉死後，一直以來支持著豐臣政權的武將間的權力鬥爭開始浮上檯面。成為敵對關係的是以加藤清正、福島正則等活躍於戰場前線的武斷派，與以石田三成為首的奉行派。而德川家康看準了這個奪取政權的機會，介入豐臣家的內部分裂。在慶長五年（1600），爆發了關原之戰。東軍的總大將是家康。另一方面西軍的總大將雖然是毛利輝元，但實際上主導戰爭的是石田三成。九月十五日，兩軍在關原爆發戰爭，但西軍方陸續出現了反叛者，讓東軍贏得了勝利。

其實在戰爭之前，家康向諸大名寄了160封以上的信件。內容是以約定戰爭之後的獎賞，勸誘大名們加入自己的勢力。九月十四日，家康在背地裡聯絡了決定戰爭勝敗關鍵的小早川秀秋，透過吉川廣家與秀秋締結了毛利家不參加戰鬥的密約。也就是說，他在決戰之前就在一定程度上分析了各個武將。可以說在戰爭前，就已經決定了家康的勝利。

【豐臣家中的內部分裂】

秀吉死後，政權內部爆發了武斷派與奉行派的權力鬥爭。這對一直伺機奪取政權的家康來說正是個良好的機會。

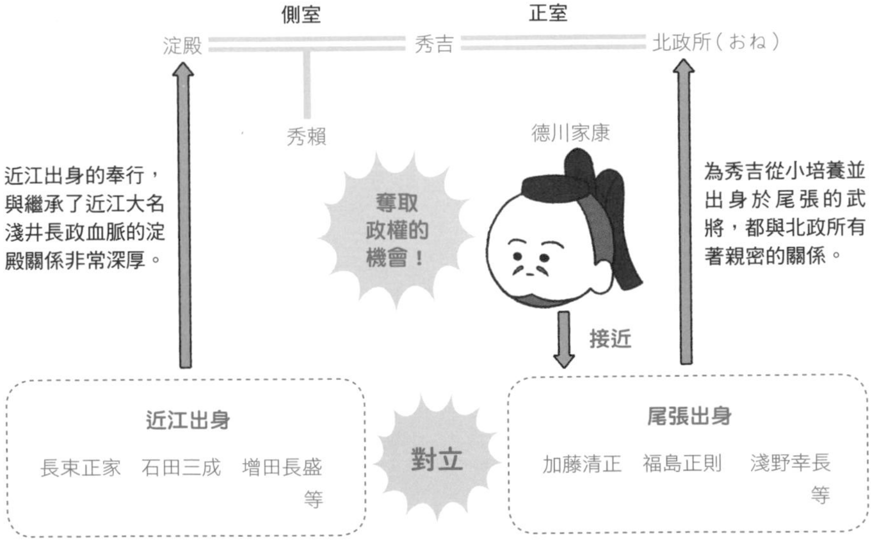

側室
正室
淀殿
秀吉
北政所（おね）
秀賴
德川家康
近江出身的奉行，與繼承了近江大名淺井長政血脈的淀殿關係非常深厚。
奪取政權的機會！
為秀吉從小培養並出身於尾張的武將，都與北政所有著親密的關係。
接近
近江出身
長束正家　石田三成　增田長盛 等
對立
尾張出身
加藤清正　福島正則　淺野幸長 等

豆知識　當時的家康不過是豐臣政權的五大老筆頭。因此，關原之戰並不是以德川家對豐臣家的戰爭，而是以為了打倒背叛了秀吉的遺兒——秀賴的西軍為名義舉行的。

【關原之戰爆發前的勢力分布圖】

與石田三成決戰前，德川家康向全國各大名寄出信件，請求他們加入自己的陣營。結果，「為了豐臣家打倒三成」的想法，讓許多將領決定站在家康這邊。

Close up! 小早川秀秋的背叛

在合戰中，德川家康對於遲遲沒有動作的小早川秀秋感到不滿，而對其進行威嚇射擊的故事頗為人知，但現在對於這段故事的真實性，較偏向持否定看法。現在的看法較傾向，開戰前秀秋就已經決定加入東軍，並在開戰的同時進行背叛，或是他其實一直在評估局勢等新說法。

東軍
西軍
與家康私下勾結
伊達政宗
堀秀治
上杉景勝
真田信幸
蒲生秀行
前田利長
真田昌幸
關原
德川家康
吉川廣家
細川忠興
京極高知
淺野幸長
石田三成
福島正則
宇喜多秀家
大阪城
山內一豐
毛利輝元
增田長盛
池田輝政
小早川秀秋
黑田長政
蜂須賀至鎮
長宗我部盛親
藤堂高虎
加藤清正
小西行長
島津義弘

秀吉為了在自身死後還能維持政權的安定，設立了五大老與五奉行的制度。雖然秀吉在人生的最後，見證了他們互相交換對秀賴發誓忠誠的請起文，但這個約定被家康撕毀了。

支撐豐臣政權的五大老與五奉行

五奉行	五大老
石田三成	德川家康
長束正家	前田利家
增田長盛	毛利輝元
淺野長政	上杉景勝
前田玄以	宇喜多秀家

豆知識　戰爭之後，家康將豐臣系的大名們追放到離江戶很遠的地方，並將譜代大名配置到了較軍事性的據點，讓他們負責壓制這些豐臣系的家臣。這個舉動成為了日後幕藩體制的基盤。

江戶時代

為什麼家康選擇在江戶開創幕府？

●因為江戶是水陸交通的要衝！

關原之戰後，掌握了政界主導權的德川家康，在慶長八年（1603）被朝廷任命為征夷大將軍，並在江戶開創了幕府。江戶時代就此開啟。

其實家康進入江戶的時間點，是豐臣政權時代的天正十八年（1590）。當時的江戶只排列著一些町屋，可以說是一座冷清的村莊。此外也有一說，自古以來這座村莊其實已經發展為物資運輸的要衝。

總之，看出了江戶這個村莊擁有路海交通之便的家康，利用天下普請的方式開始著手以江戶城為中心的城市規畫。將神田山（現在的駿河台）的土挖下，填入日比谷入江與隅田川河口等低溼地帶，建造了城市街區（現在的日本橋至銀座一帶）。

此外，為了方便全國各地運輸物資到江戶，也整備了町中的水路，還有以日本橋為起點的各個街道。今日的首都東京之基礎，就是這樣奠定而成的。

【家康就任征夷大將軍！ 立足於武家政權的頂端】

慶長 8 年（1603）2 月 12 日，家康就任征夷大將軍。在那兩年後，他將將軍之職讓位給其子秀忠。這其實也是家康不願意將政權交給豐臣家的意向聲明。

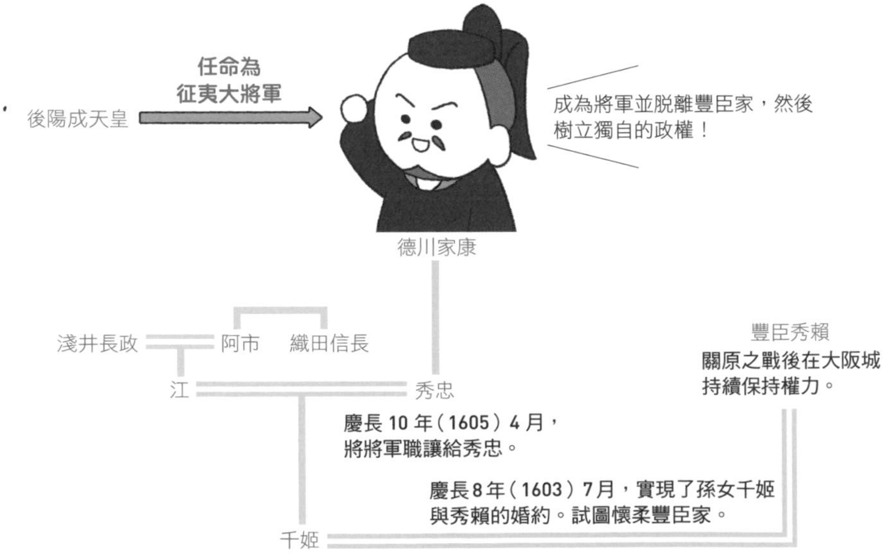

任命為
征夷大將軍
後陽成天皇
成為將軍並脫離豐臣家，然後
樹立獨自的政權！
德川家康
淺井長政
阿市
織田信長
江
秀忠
豐臣秀賴
關原之戰後在大阪城
持續保持權力。
慶長 10 年（1605）4 月，
將將軍職讓給秀忠。
慶長 8 年（1603）7 月，實現了孫女千姬
與秀賴的婚約。試圖懷柔豐臣家。
千姬

豆知識 在江戶時代，各大名被課予名為普請（建設工事）的義務，以代替軍役。

【企圖削弱豐臣家勢力的家康】

雖然德川家康開創了幕府，並名實相符的立足於武家政權的頂點，但是位在大阪的豐臣秀賴政權依然健在。雖然秀賴不過是一個在攝津、河內、和泉等地擁有約 65 萬石的大名，但家康還是在削弱豐臣家勢力的同時，確保住鐵砲的生產地，為遲早會到來的戰爭做準備。

①接收了全國的金銀礦山，與大名領地內屬於秀吉的直轄地。藉此削弱豐臣家的勢力。

②將幕府開創在擁有水路交通之利的江戶。

③將以鐵砲生產地聞名的堺與國友（現在的滋賀縣長濱市）納入支配下，訂購大量的鐵砲與大筒（指大砲），對大阪戰做準備。

Close up! 「天下普請」是什麼？

家康命令各大名執行江戶城的整備、整修或新建城堡、河道治水與修建道路。這就是所謂的「天下普請」，對各大名來說是個巨大的經濟負擔。

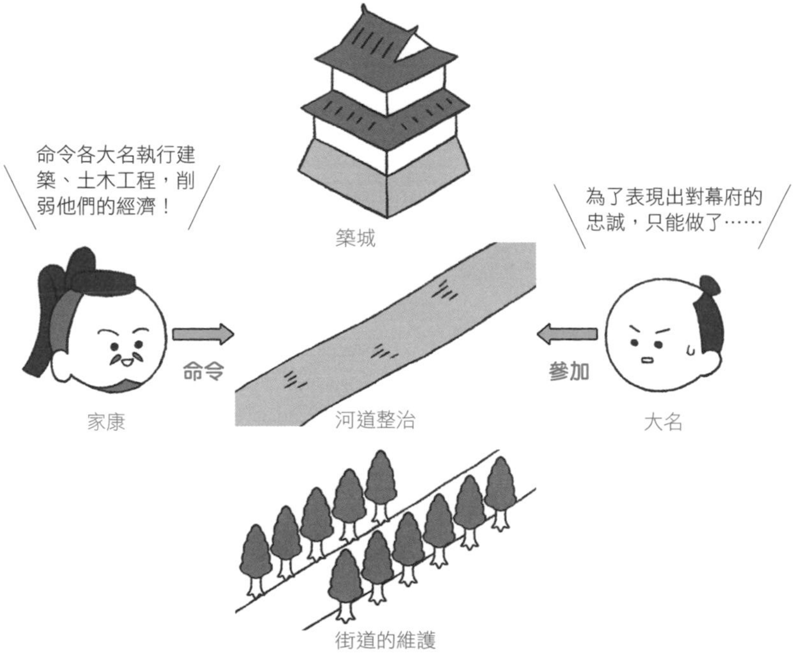
命令各大名執行建築、土木工程，削弱他們的經濟！
為了表現出對幕府的忠誠，只能做了……
築城
命令
參加
家康
河道整治
大名
街道的維護

豆知識　以天下普請建築而成的城堡，有江戶城、名古屋城、大阪城等。在建築時，各大名雖都有被分配好各自的工作部分，但為了避免石材的混淆，石材都被刻上了刻印。

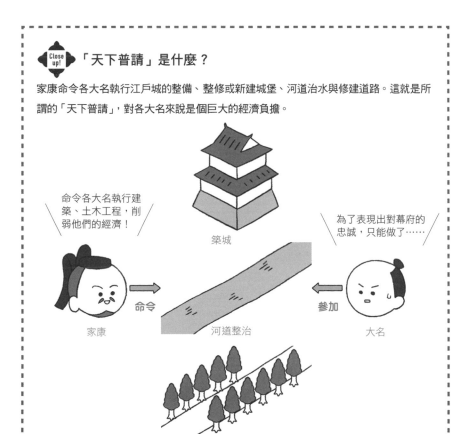

江戶時代

為什麼江戶時代能夠維持兩百多年？

● 強化將軍權力的同時牽制住大名們的勢力

雖說開創了江戶幕府，但位在大阪的豐臣家權威依然存在。所以家康以方廣寺鐘銘事件為理由，引發了大阪之陣，將豐臣家消滅。就這樣，名為江戶幕府的中央政權，名實相符的確立了對全國大名的支配體制。在當時，全國的土地分為由幕府支配的幕領，與由大名支配的藩領。大名們會與將軍締結主從關係，並且以各自建立的法制與稅制，支配自己的領土。這就是所謂的「幕藩體制」。

大阪之陣後，第二代的秀忠發布了武家諸法度，藉此限制大名們的行動。如果違反法律會被下達稱為改易（沒收領地，並拆毀其房屋）的嚴厲處分，也因此沒有大名敢反抗幕府。而到了第三代家光的時代，參勤交代的制度被明確的規範在白紙黑字上，幕府就此完成了強力的中央集權體制。這個體系也成為了持續兩百多年的政權之基盤。

【家康消滅了豐臣家】

德川家康為了減少豐臣家的財產，誘導秀賴重建因大地震而損毀的方廣寺大佛殿。甚至為了獲得征討豐臣家的名義，刁難刻在鐘上的「國家安康 君臣豐樂」文字，以此為理由開啟了戰端。

①家康勸說秀賴重建方廣寺

本意是為了削減豐臣家的財力！
家康
也是為了我已故的父親非常感謝。
秀賴

②爆發方廣寺鐘銘事件

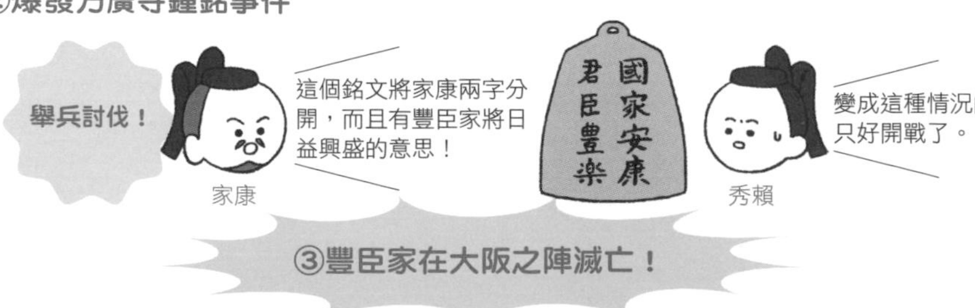
舉兵討伐！
家康
這個銘文將家康兩字分開，而且有豐臣家將日益興盛的意思！
國家安康
君臣豐樂
變成這種情況的話只好開戰了。
秀賴
③豐臣家在大阪之陣滅亡！

豆知識　雖然有一說認為，參勤交代是為了削弱大名們的經濟之政策，但實際上使用在參勤交代的經費，只占了藩財政的百分之幾而已。

【幕藩體制的確立】

大阪之陣後，家康實施了各種制度，並著手於鞏固幕府權力的基盤。到了第 3 代家光的時代，已經確立了將軍與各大名之間的主從關係，完成以江戶幕府為中心的中央集權體制。

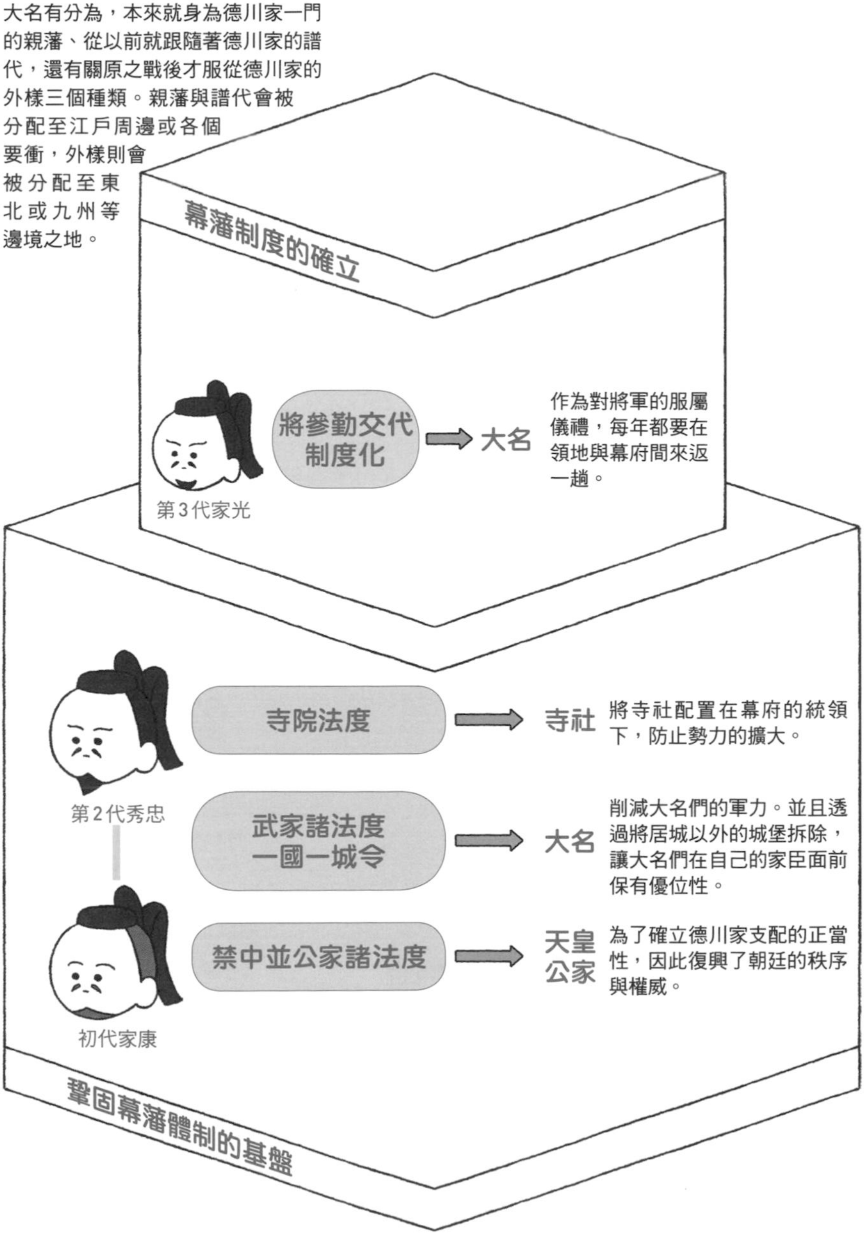
大名有分為，本來就身為德川家一門的親藩、從以前就跟隨著德川家的譜代，還有關原之戰後才服從德川家的外樣三個種類。親藩與譜代會被分配至江戶周邊或各個要衝，外樣則會被分配至東北或九州等邊境之地。
幕藩制度的確立
將參勤交代制度化
大名
作為對將軍的服屬儀禮，每年都要在領地與幕府間來返一趟。
第3代家光
寺院法度
寺社
將寺社配置在幕府的統領下，防止勢力的擴大。
第2代秀忠
武家諸法度
一國一城令
大名
削減大名們的軍力。並且透過將居城以外的城堡拆除，讓大名們在自己的家臣面前保有優位性。
禁中並公家諸法度
天皇
公家
為了確立德川家支配的正當性，因此復興了朝廷的秩序與權威。
初代家康
鞏固幕藩體制的基盤

豆知識 在執行參勤交代時，各藩都有不同的細則。如不穿越田地、必須走在街道的中央、不能進入遊女的屋子裡等。

江戶時代

江戶時代其實沒有鎖國？

●其實有透過「四個窗口」進行著交易！

江戶幕府開創初期，家康向荷蘭、英國、葡萄牙與天主教國的西班牙等海外諸國積極地進行著貿易。但是，第二代的秀忠為了避免捲入歐洲各國在東亞的衝突，禁止了武器的出口與日本人以傭兵身分的出國。

到了第三代的家光，斷絕與天主教國家的外交關係，甚至禁止日本人的出國與歸國。而唯一殘留下來的荷蘭商館從平戶搬遷至出島，與中國船的私人貿易也被限定只能在長崎進行。

就這樣，日本進入了所謂的「鎖國」狀態。

但是這個時期，他們其實有通過松前、對馬、長崎、琉球這「四個口」持續與海外諸國進行著貿易，並不是完全的關閉外國貿易。然而，正如其他國家在幕末時期要求日本向世界的「開國」，日本確實運行著可以被稱之為鎖國的體制。

【「鎖國」體制的建立】

江戶時代初期，幕府雖然為了增加貿易的利益，默認基督教的布教活動，但在第 3 代家光時期爆發了島原、天草一揆後，基督教被徹底實施嚴格的禁令，也連帶禁止天主教國家的船隻航行至日本。

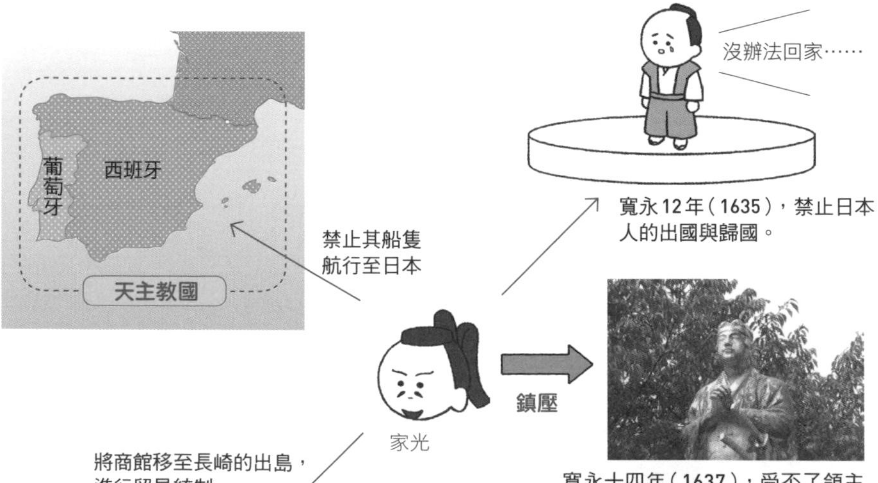
沒辦法回家……
葡萄牙
西班牙
天主教國
禁止其船隻航行至日本
寬永12年（1635），禁止日本人的出國與歸國。
鎮壓
家光
將商館移至長崎的出島，進行貿易統制。
荷蘭

寬永十四年（1637），受不了領主高壓統治的農民與切支丹信徒，以天草四郎時貞為首決心起義（島原、天草一揆）。照片為信徒們當時為了抵禦敵人而固守的原城跡內的天草四郎像。

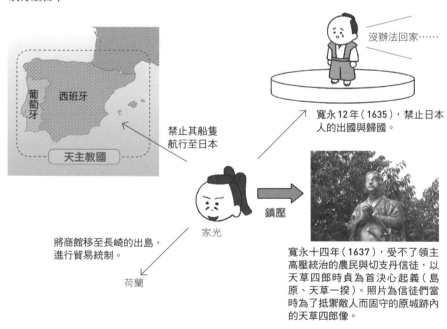

【江戶時代的日本從未被孤立過】

江戶時代，幕府在鎖國政策下透過松前口、對馬口、薩摩口、長崎口四個窗口持續與國外進行著貿易。松前藩壟斷了蝦夷地區與愛奴人的貿易，另一方面長崎則是讓荷蘭船與中國船入港進行貿易。此外，也允許了代代負責幕府與朝鮮外交關係的對馬藩向朝鮮進行貿易。而琉球雖然隸屬於薩摩藩，但仍然與明或清保持著朝貢關係。

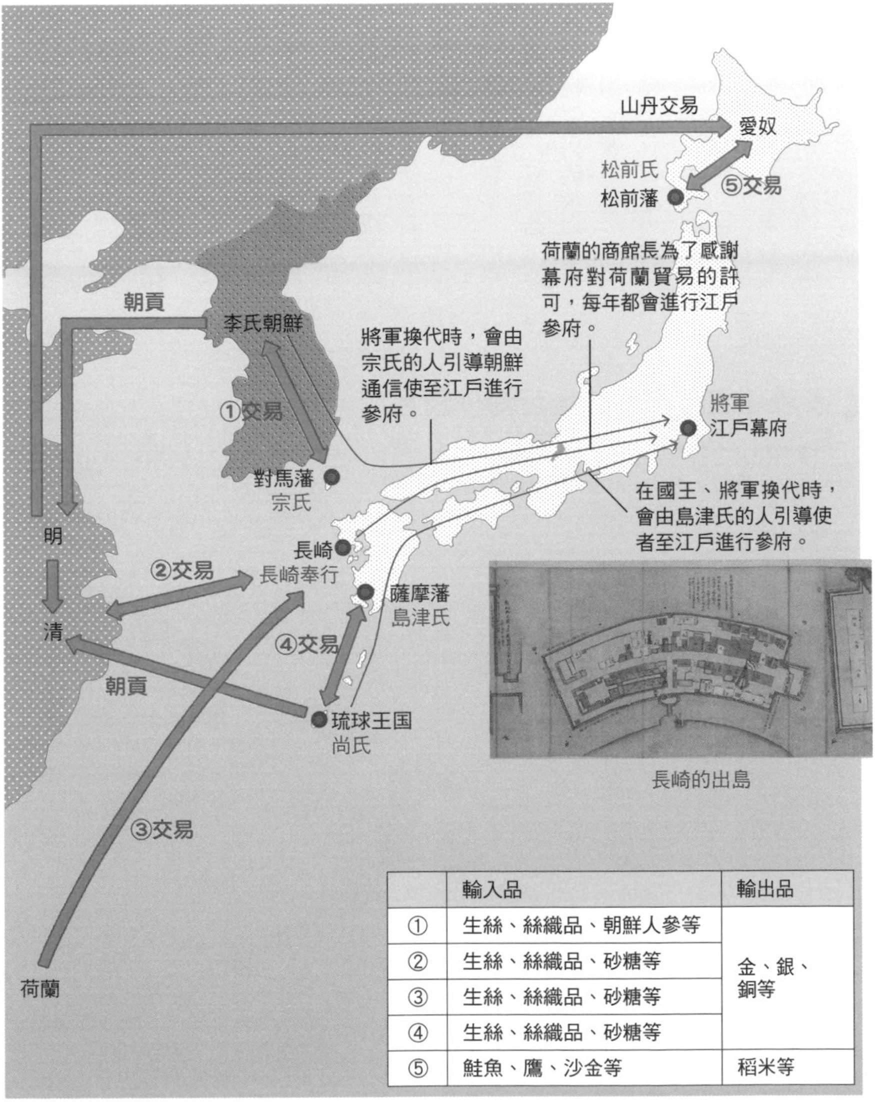
山丹交易
愛奴
松前氏
松前藩
⑤交易
荷蘭的商館長為了感謝幕府對荷蘭貿易的許可，每年都會進行江戶參府。
朝貢
李氏朝鮮
將軍換代時，會由宗氏的人引導朝鮮通信使至江戶進行參府。
①交易
將軍
江戶幕府
對馬藩
宗氏
在國王、將軍換代時，會由島津氏的人引導使者至江戶進行參府。
明
長崎
②交易
長崎奉行
薩摩藩
島津氏
清
④交易
朝貢
琉球王国
尚氏
③交易
荷蘭

長崎的出島

	輸入品	輸出品
①	生絲、絲織品、朝鮮人參等	金、銀、銅等
②	生絲、絲織品、砂糖等	
③	生絲、絲織品、砂糖等	
④	生絲、絲織品、砂糖等	
⑤	鮭魚、鷹、沙金等	稻米等

豆知識 享和元年（1801），荷蘭文譯者的志筑忠雄，在翻譯荷蘭商館附屬醫生的著作《日本誌》附錄第六章時，將「鎖國」作為標題。鎖國一詞在此時首次出現。

江戶時代

為什麼江戶幕府要壓迫基督教？

● 信徒的團結力過於龐大

耶穌會的傳教士方濟・沙勿略將基督教傳入日本是天文十八年（1549）的事情。在這之後，基督教在日本快速的傳播開來，到了天正十年（1582），九州有約12萬人，畿內有約兩萬五千人入信。此外，也有一些西國的戰國大名為了獲取與南蠻的貿易之利，改信基督教。

在江戶時代初期，因家康判斷會利於貿易，所以默許了基督教的傳播。但是到了第二代秀忠的時代，幕府發布禁教令，加強對切支丹的壓力。原因是害怕切支丹信徒的團結會影響到幕府的支配。第三代的家光更是為了將切支丹排除，執行了鎖國政策。

寬永十四年（1637）爆發了島原、天草一揆後，一直對基督教懷有戒心的幕府對所有老百姓實施了宗門改與寺請制度，強化對切支丹的監視體制。

【家康在當時積極的推行海外貿易】

江戶幕府創立不久後，家康就積極的促進與其他國家之間的貿易。由日本商人進行的朱印船貿易非常之盛行，東南亞的各國也因此形成了許多日本町。

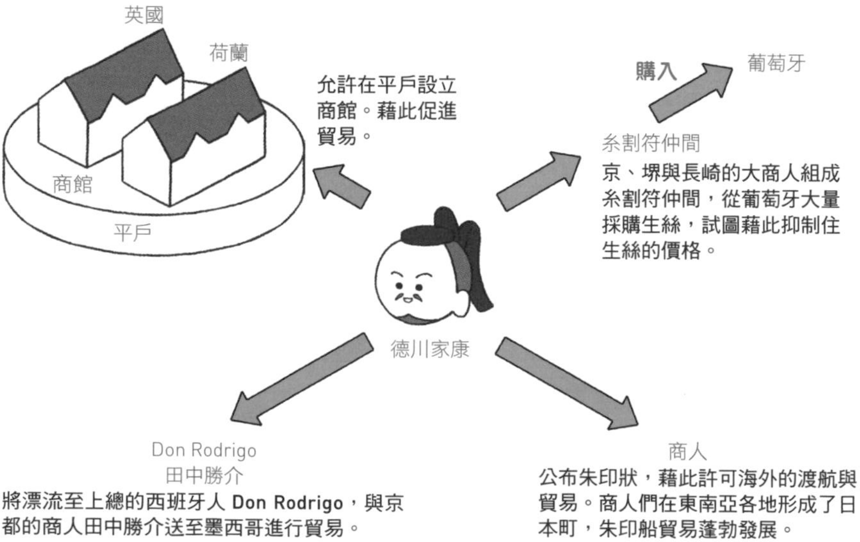
英國
荷蘭
商館
平戶
允許在平戶設立商館。藉此促進貿易。
購入
葡萄牙
糸割符仲間
京、堺與長崎的大商人組成糸割符仲間，從葡萄牙大量採購生絲，試圖藉此抑制住生絲的價格。
德川家康
Don Rodrigo
田中勝介
將漂流至上總的西班牙人 Don Rodrigo，與京都的商人田中勝介送至墨西哥進行貿易。
商人
公布朱印狀，藉此許可海外的渡航與貿易。商人們在東南亞各地形成了日本町，朱印船貿易蓬勃發展。

豆知識　16世紀，歐洲引發了宗教改革風潮，羅馬天主教會的權威因此一落千丈。在這種情況下，羅馬天主教會將亞洲視為新的傳教區域，試圖藉此恢復其勢力。

【被江戶幕府壓迫的基督教】

一開始，雖然幕府默認了基督教的存在，但後來因害怕信徒們團結起來對抗幕府，並且感受到葡萄牙與西班牙想透過基督教來侵略日本，所以決定壓制基督教。

慶長17年（1612）在幕府的直轄領地發布禁教令

為了防止西國的大名們在南蠻交易中獲利，幕府為了將基督教勢力拒之門外，將貿易置於幕府的控制之下。

傳教士

慶長19年（1614）將基督教徒追放至國外

以禁教令將基督徒追放至國外。以高山右近為首，約400人的切支丹指導者、傳教士被送往馬尼拉。

元和8年（1622）元和大殉教

共55名傳教士與基督徒在長崎被處刑。從此，各藩開始徹底的打壓基督徒。

高山右近像

寬永14～15年（1637～38）島原、天草一揆

幕府投入約12萬的兵力鎮壓此事件，並殺光所有參與一揆的民眾。

【強迫切支丹改變信仰】

島原、天草一揆後，幕府為了徹底根絕基督徒，實施了名為繪踏的政策。並且實行寺請制度，規定每個人都必須成為某座寺廟的檀家。

實施繪踏

讓民眾踩踏雕刻著耶穌或瑪麗亞像的板子，從而確認他們是不是基督徒。

實行寺請制度

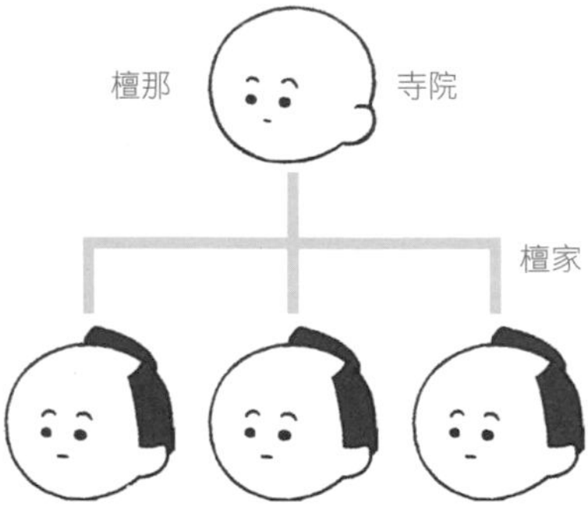

讓民眾所屬於寺院，不讓他們信仰被政府禁止的宗教。

豆知識　被強迫改宗至佛教的切支丹中，也有在背地裡繼續信仰基督教的民眾。他們會在自家天花板中等隱密地方藏著聖母瑪麗亞像與十字架，避人耳目偷偷的向神明祈禱。

了解更多！

日本史の話 ⑥

《忠臣藏》的原型

什麼是「赤穗事件」？

元祿十四年（１７０１），在江戶城的松之廊下，發生了赤穗藩主的淺野內匠頭長矩拔刀殺傷吉良上野介義央的事件（赤穗事件）。事後，內匠頭被下令切腹自殺，赤穗藩也遭到廢藩的處置。但是另一方面，上野介卻完全沒有被下達任何處分。當時雖以「喧嘩兩成敗」（發生紛爭時，雙方都會被追究責任）為天下之大法，但因事發當時上野介只顧著逃跑並未反抗，所以沒有被列為紛爭。無法接受此裁決的赤穗浪士們便殺入吉良宅邸，為自己的主君報仇。在那之後，達成報仇的浪士們被處以切腹自殺。

這起推翻幕府裁決的復仇事件，被眾人所讚頌，浪士們也因此被視為英雄。並且出現許多以此事件為題材的劇目。在這些劇目中，寬延元年（１７４８）出品的《仮名手本忠臣藏》爆紅，從此之後，赤穗事件就以「忠臣藏」被流傳下來。

江戶城松之廊下刃傷事件
（1701年3月14日）
還記得你上次讓我遭受的屈辱嗎！
拔刀砍殺
對於對待任何事情都不懂得考慮周全的內匠頭大人，我沒有什麼話好說。
淺野內匠頭長矩
吉良上野介義央
不需要對上野介咎責。淺野家必須切腹，並且實行御家斷絕。
將軍
德川綱吉
無法接受上野介還活在這世上！
赤穗藩國家老
大石內藏助
不接受淺野家的復興請求。

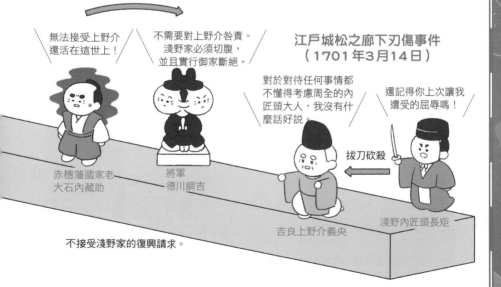

攻入報仇所花的費用

赤穗浪士實行御家再興與報仇所花的費用，換算成現在的價值，高達約8300萬日元。不夠的部分由大石內藏助負擔。

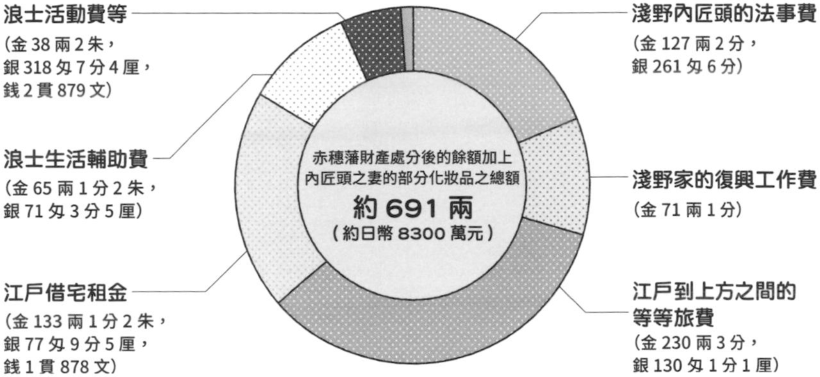
浪士活動費等
（金 38 兩 2 朱，銀 318 匁 7 分 4 厘，錢 2 貫 879 文）
浪士生活輔助費
（金 65 兩 1 分 2 朱，銀 71 匁 3 分 5 厘）
江戶借宅租金
（金 133 兩 1 分 2 朱，銀 77 匁 9 分 5 厘，錢 1 貫 878 文）
淺野內匠頭的法事費
（金 127 兩 2 分，銀 261 匁 6 分）
淺野家的復興工作費
（金 71 兩 1 分）
江戶到上方之間的等等旅費
（金 230 兩 3 分，銀 130 匁 1 分 1 厘）
赤穗藩財產處分後的餘額加上內匠頭之妻的部分化妝品之總額
約 691 兩
（約日幣 8300 萬元）

赤穗浪士攻入事件
（1702年12月14日）

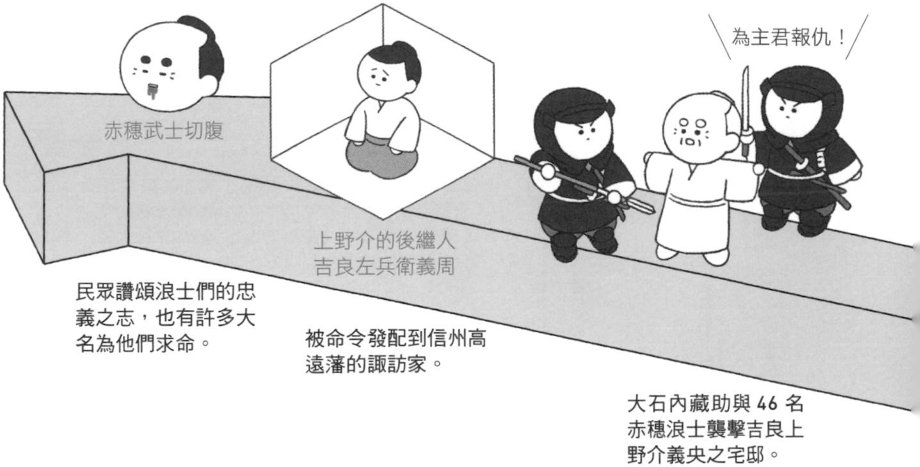
為主君報仇！
赤穗武士切腹
上野介的後繼人
吉良左兵衛義周
民眾讚頌浪士們的忠義之志，也有許多大名為他們求命。
被命令發配到信州高遠藩的諏訪家。
大石內藏助與 46 名赤穗浪士襲擊吉良上野介義央之宅邸。

豆知識 《仮名手本忠臣蔵》在大阪竹本座初次演出時，本是淨琉璃的劇目。獲得人氣之後歌舞伎化，在大阪嵐三五郎座演出。隔年也有在江戶的森田座演出。

為什麼田沼意次的政策不能被稱之為「改革」？

● 因為將軍並沒有開口宣言「改革」

第八代將軍吉宗進行的「享保改革（1716～45）」、老中松平定信進行的「寬政改革（1718～93）」，與老中水野忠邦進行的「天保改革（1841～43）」被稱之為江戶的三大改革。三次的改革各有各的特色，享保改革解決了窮乏的幕府財政，寬政改革實行了武士的綱紀肅正（嚴格執行規定，並取締不正當的行為），天保改革則是強化了幕府的權力。

另一方面，雖然無法稱之為改革，但近年來被重新評價的正是老中田沼意次的政治。在幕府財政困難的狀況中，田沼推動了重商主義政策。他促使政府官方對於株仲間的公認，強化幕府的專賣制度，並擴大與國外之間的貿易等等。透過諸如此類的種種政策，扭轉了幕府的財政狀況。

那麼，為什麼田沼的政治沒有被稱之為「改革」呢？那是因為當時的將軍——家治並沒有宣言要執行「改革」。

此外，在田沼時代，因那些想獲得特權的人們行賄猖獗，以致他的政治沒有被後世所讚揚。

【江戶的三大改革】

18世紀以後，為了解決幕府的困難而實施的「享保改革」、「寬政改革」、「天保改革」，皆由當時的將軍宣言將實行「改革」。

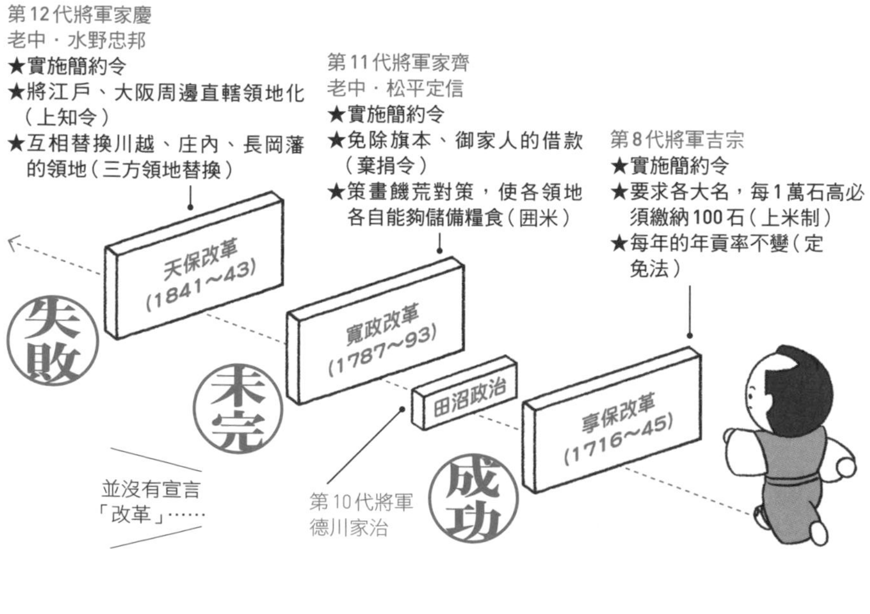
第12代將軍家慶
老中・水野忠邦
★實施簡約令
★將江戶、大阪周邊直轄領地化（上知令）
★互相替換川越、庄內、長岡藩的領地（三方領地替換）
第11代將軍家齊
老中・松平定信
★實施簡約令
★免除旗本、御家人的借款（棄捐令）
★策畫饑荒對策，使各領地各自能夠儲備糧食（囲米）
第8代將軍吉宗
★實施簡約令
★要求各大名，每1萬石高必須繳納100石（上米制）
★每年的年貢率不變（定免法）
天保改革（1841～43）
寬政改革（1787～93）
田沼政治
享保改革（1716～45）
失敗
未完
成功
並沒有宣言「改革」……
第10代將軍德川家治

豆知識　如6代家宣、7代家繼時代的儒學家新景白石所進行的「正德之『治』」，在明治時代，理想的政治被稱為「治」所崇拜。

【近年來，田沼意次的政治被重新審視！】

田沼意次的政治雖造成賄絡猖獗等社會亂象，但他所執行的一系列重商經濟政策改善了幕府財政一事，讓他的評價在近幾年被重新審視。

株仲間、專賣制

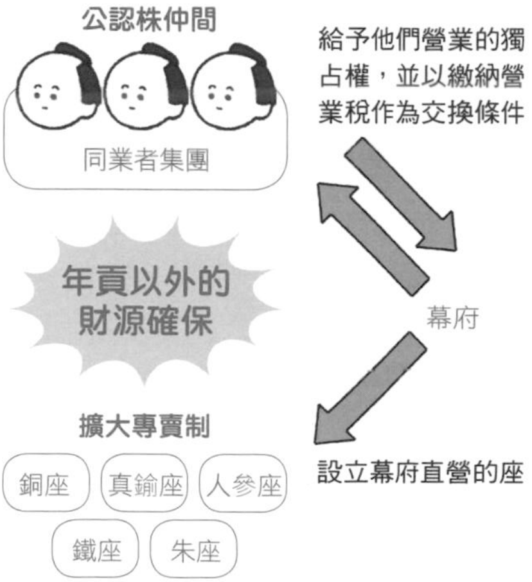
公認株仲間
同業者集團
給予他們營業的獨占權，並以繳納營業稅作為交換條件
年貢以外的財源確保
幕府
擴大專賣制
銅座
真鍮座
人參座
鐵座
朱座
設立幕府直營的座

鑄造南鐐二朱銀

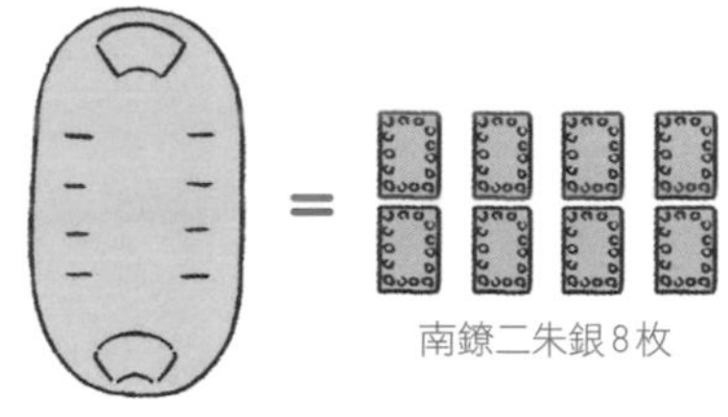
=
南鐐二朱銀8枚
小判1兩（金幣）

活化經濟

一直以來，銀幣的價值是由重量決定的。但為了將制度統一為以金幣為中心的貨幣制度，所以決定改用計數貨幣（以一定形式標示一定價格之貨幣）來取代之前的制度。

長崎貿易體制的轉型

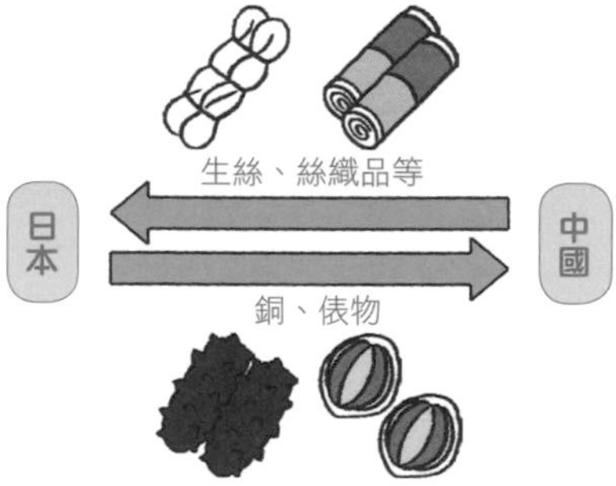
生絲、絲織品等
日本
中國
銅、俵物

為了防止金、銀流出國外，促進俵物的輸出

日本一直以來與中國的貿易都是以進口為主，導致大部分的金、銀流向海外。而到了田沼時期，開始使用銅去支付貨款。如果銅出現短缺，就以俵物（將煎海鼠〔海參〕、乾鮑〔鮑魚〕、魚翅等海產乾貨裝入用來裝米的草袋子，輸出國外）來彌補不足的部分。

開拓新地

將蝦夷地區納入幕府的直轄領地，開發新的田與礦山。並為了與俄羅斯進行貿易，派遣最上德內前往調查。

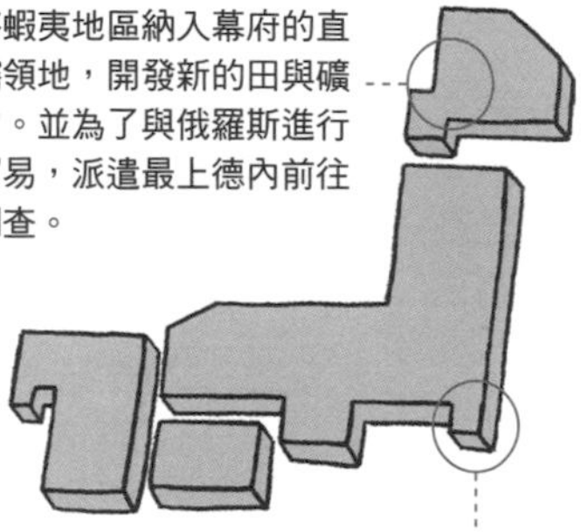

為了開發新田，對邃闊的印旛沼與手賀沼（兩者皆位於現在的千葉縣）進行開墾。卻因洪水帶來的災害以失敗告終。

擴大領土

江戶時代

佩里為什麼會來到日本？

●為了尋求在太平洋航線的中途停靠港

嘉永六年（1853），美國東印度艦隊的艦隊司令長官佩里率領艦隊抵達浦賀沖，也就是所謂的「黑船來航」。他對執行鎖國政策的幕府要求開國與通商。美國對日本產生興趣的原因與當時的東亞局勢有很大的關係。此時的清已經經歷了第一次與第二次鴉片戰爭，以英國為中心的西歐列強們正在對清進行殖民統治。對清貿易比其他國家晚了一步的美國，將開拓橫跨太平洋的新航道作為其對抗政策。但是當時以煤炭為動力的蒸汽船，燃油效率非常之低，必須在中途尋找補給燃料的地點。而日本就被美國作為燃料補給地的目標。此外，對於捕鯨業興盛，且想在北太平洋進行漁業的美國，日本也是最適合的停靠港口。

當時幕府非常苦惱於對美的回應，最終在安政元年（1854）締結了日美親善條約。此事讓鎖國二百年以上的日本，走向開國的道路。

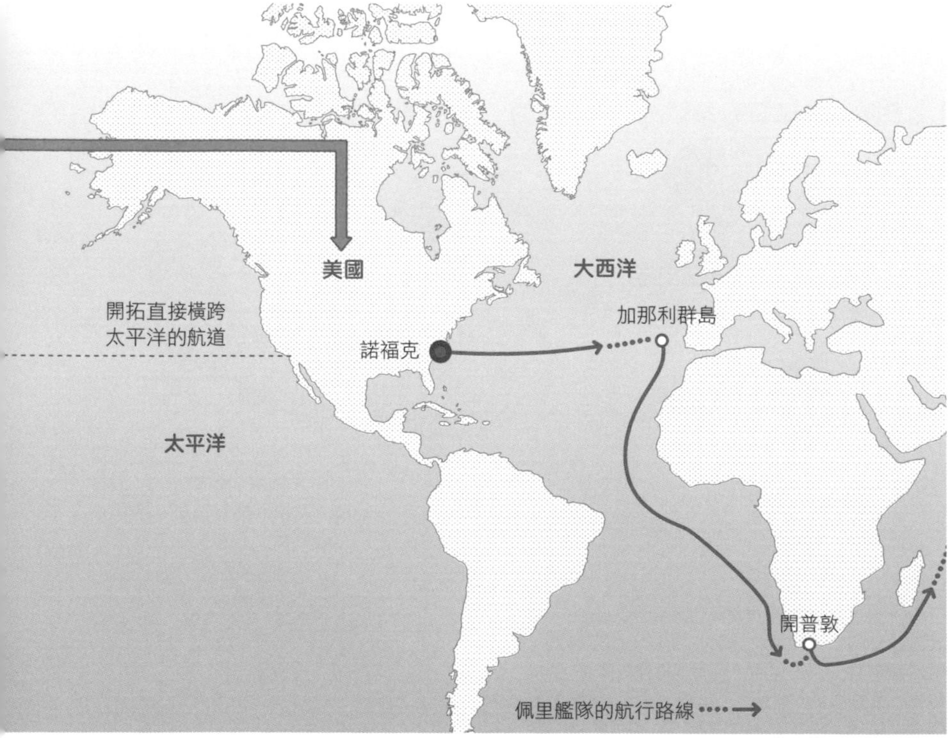

美國
大西洋
開拓直接橫跨
太平洋的航道
加那利群島
諾福克
太平洋
開普敦
佩里艦隊的航行路線

豆知識　當時美國採用從歐洲經由南非、印度來到東亞的航道。

【佩里艦隊的來臨】

在佩里來到日本的嘉永6年（1853）6月3日的一年前，幕府從荷蘭商館長收到美國為了與日本通商而派遣使節的情報。但對於此事，當時的幕府並沒有把它當一回事。之後，就演變成幕府締結日美親善條約，開放下田與箱館的港口，並允許美國領事停留日本等等的情況。不久後，英國、俄國、荷蘭也與日本締結了同樣的條約。

館山一的著作《黑船的渡來》中，佩里與其艦隊的插圖。（1934年 建設社）

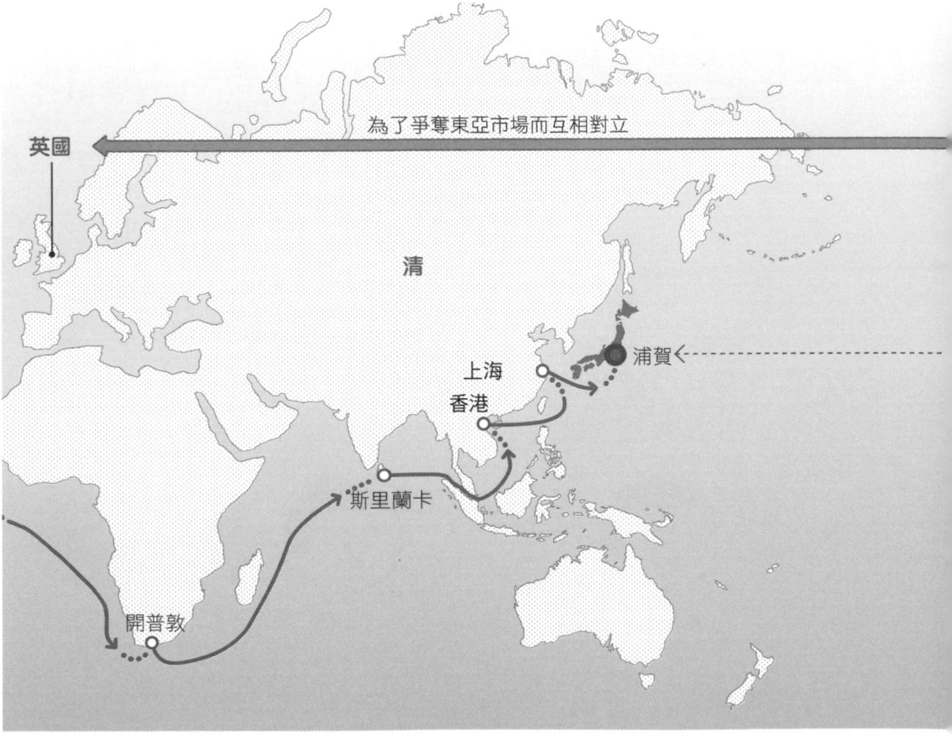
為了爭奪東亞市場而互相對立
英國
清
浦賀
上海
香港
斯里蘭卡
開普敦

豆知識 佩里赴日時，當時身為老中的阿部正弘為了打破僵局，破例的向大名們尋求意見。此事強化了大名們的發言權。

【幕末的思想一覽表】

幕末時期的日本因遭受外部壓力，誕生了許多思想。這些思想在相互交錯的過程中，產生了好幾個對立結構。

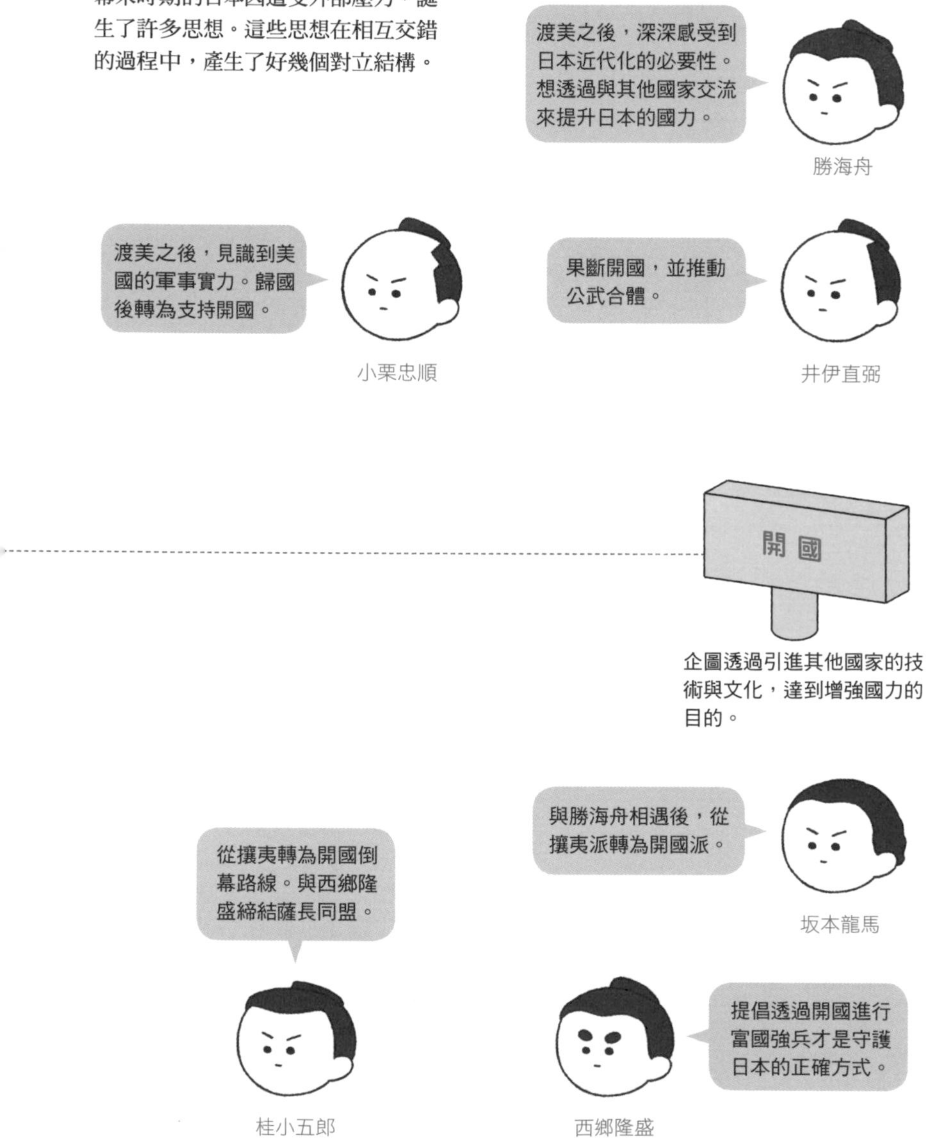

渡美之後，深深感受到日本近代化的必要性。想透過與其他國家交流來提升日本的國力。
勝海舟
渡美之後，見識到美國的軍事實力。歸國後轉為支持開國。
小栗忠順
果斷開國，並推動公武合體。
井伊直弼
開國
企圖透過引進其他國家的技術與文化，達到增強國力的目的。
與勝海舟相遇後，從攘夷派轉為開國派。
坂本龍馬
從攘夷轉為開國倒幕路線。與西鄉隆盛締結薩長同盟。
桂小五郎
提倡透過開國進行富國強兵才是守護日本的正確方式。
西鄉隆盛

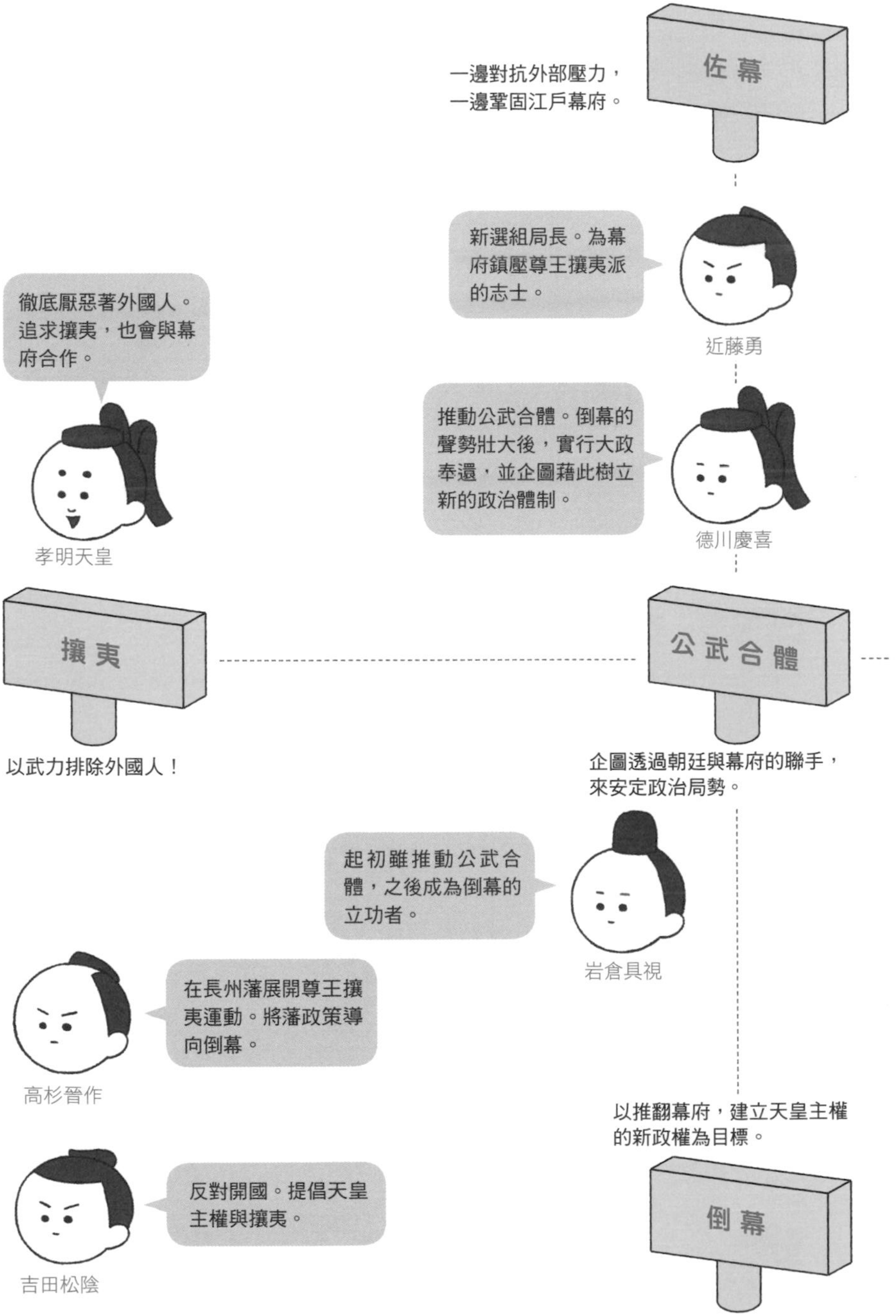
佐幕
一邊對抗外部壓力，一邊鞏固江戶幕府。
新選組局長。為幕府鎮壓尊王攘夷派的志士。
近藤勇
推動公武合體。倒幕的聲勢壯大後，實行大政奉還，並企圖藉此樹立新的政治體制。
德川慶喜
徹底厭惡著外國人。追求攘夷，也會與幕府合作。
孝明天皇
攘夷
以武力排除外國人！
公武合體
企圖透過朝廷與幕府的聯手，來安定政治局勢。
起初雖推動公武合體，之後成為倒幕的立功者。
岩倉具視
在長州藩展開尊王攘夷運動。將藩政策導向倒幕。
高杉晉作
反對開國。提倡天皇主權與攘夷。
吉田松陰
以推翻幕府，建立天皇主權的新政權為目標。
倒幕

江戶時代

為什麼井伊直弼會在櫻田門外被殺害？

● 強硬的政策引起志士反彈

雖說締結了日美親善條約，但幕府並沒有允許美日通商。無法接受此結果的美國要求改正條約。而查覺到無法避免締結通商條約一事的幕府，請求朝廷允許締結條約，但極度厭惡外國的孝明天皇斷然拒絕此事。另一方面，在體弱多病的第十三代將軍家定背後，打算擁立前水戶藩主德川齊昭之子一橋慶喜的一橋派，與打算擁立紀州藩主德川慶福（家茂）的南紀派，開始為下一代將軍之位而對立。

當時的大老井伊直弼以權力與強硬的手段來對應這些問題。他在沒得到天皇許可的狀況之下與美國締結了美日修好通商條約，並讓慶福登上第十四代將軍之位。

孝明天皇對於幕府擅自簽屬條約一事感到震怒。他對水戶藩下達戊午密敕，命令其進行以幕政改革為目的的攘夷行動。幕府無法容忍此事，於是直弼對反對他的勢力逐一進行鎮壓（安政大獄）。但鎮壓行動惹怒了這些勢力，萬延元年（1860），直弼在櫻田門外被十七名水戶浪士與一名薩摩浪士暗殺。幕府的權威就此殞落。

【「開國」的過程】

因日美親善合約與美日修好通商條約，日本不僅向美國，也向俄國、荷蘭、英國、法國敞開了大門。

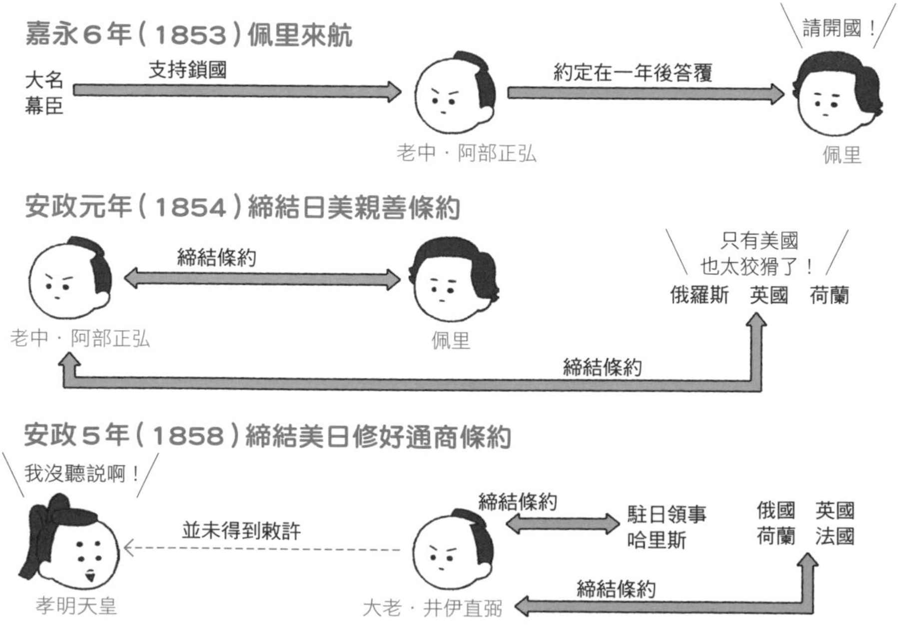

嘉永6年（1853）佩里來航
請開國！
大名
幕臣
支持鎖國
約定在一年後答覆
老中・阿部正弘
佩里
安政元年（1854）締結日美親善條約
締結條約
只有美國
也太狡猾了！
俄羅斯 英國 荷蘭
老中・阿部正弘
佩里
締結條約
安政5年（1858）締結美日修好通商條約
我沒聽說啊！
締結條約
駐日領事
哈里斯
俄國 英國
荷蘭 法國
並未得到敕許
孝明天皇
大老・井伊直弼
締結條約

豆知識 雖然日本因締結了美日修好通商條約，而開始向歐美各國進行自由貿易，但條約對於日本的領事裁判權與關稅自主權是不完整的，是一條不平等的合約。

【「櫻田門外之變」關係圖】

締結美日修好通商條約後，井伊直弼開始徹底鎮壓反抗幕府的勢力。雖然他這麼做是為了安定政情，但強硬的政策讓尊王攘夷派的志士忍無可忍，最終導致自己被殺害。

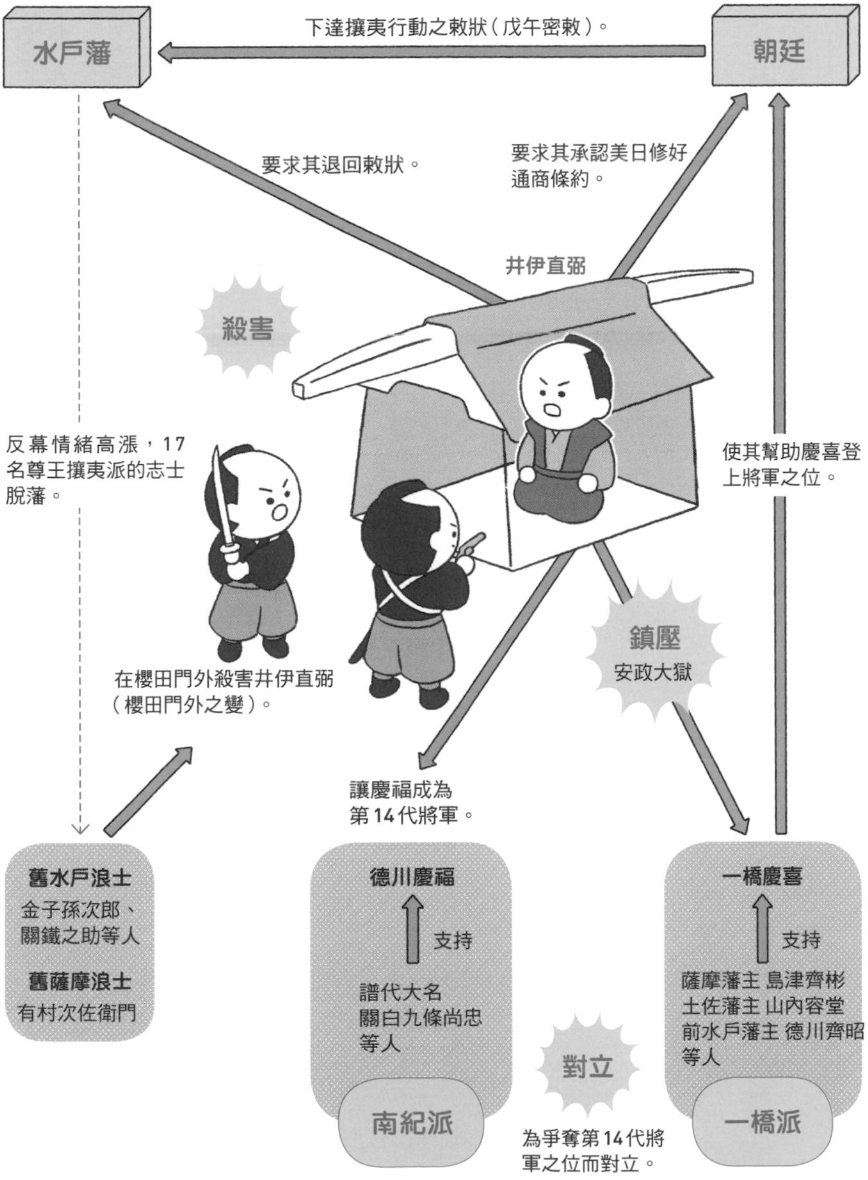

豆知識　幕府軟弱的外交政策，使日本排外的情緒逐漸高升（攘夷）。而排外思想與尊崇天皇的思想相結合，導致在各地引起劇激烈的尊王攘夷運動。

江戶時代

為什麼德川慶喜實行了大政奉還？

●即使是在新政府，他也想在其中掌握政治實權

以薩摩藩和長州藩為首的尊王攘夷運動愈演愈烈，倒幕的聲勢也跟著越來越大。在這種情況下，第十五代將軍德川慶喜上奏了「大政奉還」，決定將政權返還朝廷。而其目的是為了讓倒幕派勢力失去他們的大義名分。

此外，由於當時的朝廷並沒有經營政府的能力，所以人們認為，德川慶喜是想以天皇為中心的大名聯合政權的首領之姿，像過去一樣繼續掌握政治主導權。

但是，倒幕派的人馬開始試圖阻止慶喜重新掌權。他們在召開關於慶喜的處置會議之後，宣布了「王政復古的大號令」。慶喜也因此被排除於新政權之外。他被命令將領地歸回，並且辭去內大臣的官位。

舊幕府方自然對此非常憤怒，於是爆發了戊辰戰爭。然而，被視為朝敵的舊幕府軍，被身為官軍的新政府軍所擊敗。時代，正朝著明治前進。

【「大政奉還」的流程】

一些事件的發生，讓尊王攘夷派見識到美、英、法等諸外國與自國的軍事力之差，並藉此體悟到攘夷是不可能達成的。在這種情況中，尊王攘夷派開始急速的進化。而在以薩長兩藩為中心的武力倒幕聲勢愈發高漲時，德川慶喜上奏了大政奉還。他想透過將政權交還給朝廷，避免武力倒幕的發生。

①締結薩長同盟 …… 薩摩藩答應支援長州藩，一起對抗幕府的長州征討。

↓

②四侯會議決裂 …… 由薩摩藩國父島津久光發起的四侯會議為慶喜的諮問機構。機構內的薩摩藩國父島津久光，與越前藩主松平春嶽、宇和島藩主伊達宗城、舊土佐藩主山內容堂的會議破裂。這也意味著政治主導權沒有成功的從幕府轉移至朝廷，薩摩藩決定使用武力倒幕。

↓

③締結薩土盟約 …… 土佐藩提議組織透過有影響力的人進行會議，從而運作政治的雄藩連合政權。薩摩藩同意此案。

↓

④建白大政奉還 …… 舊土佐藩主山內容堂向德川慶喜提出建白書。

↓

⑤下達倒幕的密敕 …… 朝廷秘密對薩摩藩、長州藩下達討伐慶喜的詔書。有一說表示，這個命令並非明治天皇的意志，而是公家的岩倉具視擅自製作的詔書。

↓

⑥德川慶喜向朝廷上奏大政奉還

豆知識　因王政復古的大號令，攝政、關白等朝廷的傳統性官職跟著將軍職位被一併廢除。取而代之創立了總裁、議定、參與等新職位。

【爆發戊辰戰爭】

雖因王政復古的大號令成功建立了新政府，但倒幕派的人們還是想將德川慶喜徹底的排除。他們挑釁舊幕府的人們，引發了戊辰戰爭。

⑦明治元年（1868）12月～明治2年（1869）6月　箱館戰爭

雖然率領舊幕府軍的榎本武揚，以五稜郭為據點持續抵抗新政府軍，但最終不敵其力以敗北告終。戊辰戰爭在此終結。

①慶應4年（1868）1月　鳥羽伏見之戰

約1萬 ← 輾壓 ― 約5千

舊幕府軍　新政府軍

新政府軍擊敗擁有人數優勢的舊幕府軍。

⑤慶應4年（1868）5月，結成奧羽越列藩同盟

鳥羽伏見之戰後，新政府命令仙台藩追討會津藩。對此，東北與越後諸藩組成奧羽越列藩同盟來抵抗新政府。

⑥慶應4年（1868）6月～11月　會津戰爭

雖然會津藩拚死抵抗，但最終還是降伏於新政府的攻勢之下。

④慶應4年（1868）5月　上野戰爭

約1萬 ― 征討 → 約1千

新政府軍　彰義隊

雖然舊幕臣等人結成彰義隊，繼續抵抗新政府軍，但僅僅一天就被鎮壓完畢。

②慶應4年（1868）1月　慶喜逃往江戶

桑名藩主 松平定敬　會津藩主 松平容保　慶喜

面對錦旗高掛的新政府軍，慶喜主張自己對朝廷沒有敵意。並只帶著幾位側近逃往江戶。

③慶應4年（1868）4～5月　江戶無血開城

西鄉隆盛

在新政府軍收到慶喜追討令開始東征之時，勝海舟與西鄉隆盛進行會談。會談促使江戶城的無血開城定案，江戶總攻擊也因此中止。

豆知識　五稜郭在元治元年（1864）完成，為日本最初的洋式城郭。它以法國城寨的設計圖為基礎，內郭的總面積高達約12萬5500平方公尺。

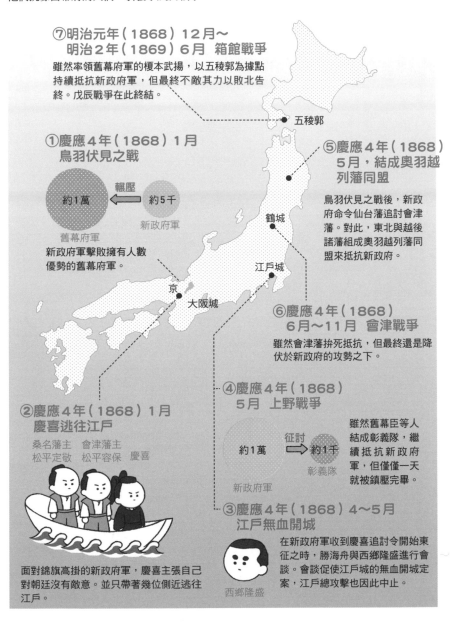

第4章 近代

明治
1868～1912年

城山之戰

為日本史上最大，也是最後的內戰西南戰爭，以西鄉隆盛之死告終。

1877年
爆發西南戰爭

1868年
「江戶」改稱為「東京」

1889年
發布大日本帝國憲法

銀座磚瓦街的誕生

明治5年（1872）2月的大火災之後，政府將銀座通一帶築成磚瓦街，並在街道照明上採用瓦斯燈。

1894年
爆發甲午戰爭

1890年

舉行第1回帝國議會

當時的國會為貴族院與眾議院的兩院制。貴族院的議員是由皇族、華族與多額納稅者等人構成，眾議院的議員則是由選舉選出。

日本海海戰

在明治38年（1905）5月27日到28日之間發生的海戰。東鄉平八郎率領的連合艦隊大勝俄國的波羅的海艦隊。

盧溝橋事件

昭和12年（1937）7月7日，日本軍與中國軍在北京郊區的盧溝橋附近發生衝突。這起事件成了第二次中日戰爭的導火線。照片為現在的盧溝橋。

1904年
爆發日俄戰爭

1912年
開始第一次護憲運動

1920年
加盟國際聯盟
（常任理事國）

大正
1912～26年

1925年
公布普通選舉法
（於1928年2月2日實施）

1914年
爆發第一次世界大戰

1937年
爆發第二次
中日戰爭

昭和
1926～89年

1945年
終戰

1929年
發生昭和恐慌

1939年
爆發第二次世界大戰

東京車站開業

丸之內車站的建築物部分，於第一次世界大戰期間的大正3年（1914）12月20日開業。

明治時代

明治政府實行了什麼樣的改革？

● 打破幕藩體制

雖說打倒了江戶幕府，但目前在幕藩體制架構中占有重要地位的「藩」還是令全國各地處於割據的狀態。就連德川家，也是以靜岡藩的形式存續著。

明治政府為了確立中央集權體制，首先做的，就是將各藩的領地與領民回收給朝廷。這個動作稱為「版籍奉還」。

但是，這個動作只是讓各藩主變成知藩事而已，統治方式沒有產生太大的改變。改革以不充分告終。而下一次，政府斷然決定執行「廢藩置縣」。設置府或縣代替藩，然後政府再派遣府令與縣令統治各個地域。就這樣，幕藩體制迎向解體，由政府直接統治全國的時代就此開始。

此外，也廢除了江戶時代封建性的身分制度。並重新編成另一個分成華族、士族、平民的制度，稱為三族籍（公卿、舊大名為華族，舊幕臣、舊藩士為士族，這些人以外的人就被歸類為平民。）雖然這個制度並沒有實際消除身分歧視的問題，但是作為前往平等社會的第一步，在日本形成了資本主義社會的基盤。

【從「幕藩體制」到「中央集權體制」】

明治維新後，明治政府斷然實行版籍奉還與廢藩置縣等各種政策。解除幕藩體制，並樹立以天皇為中心的中央集權近代國家。

以天皇為中心的中央集權體制

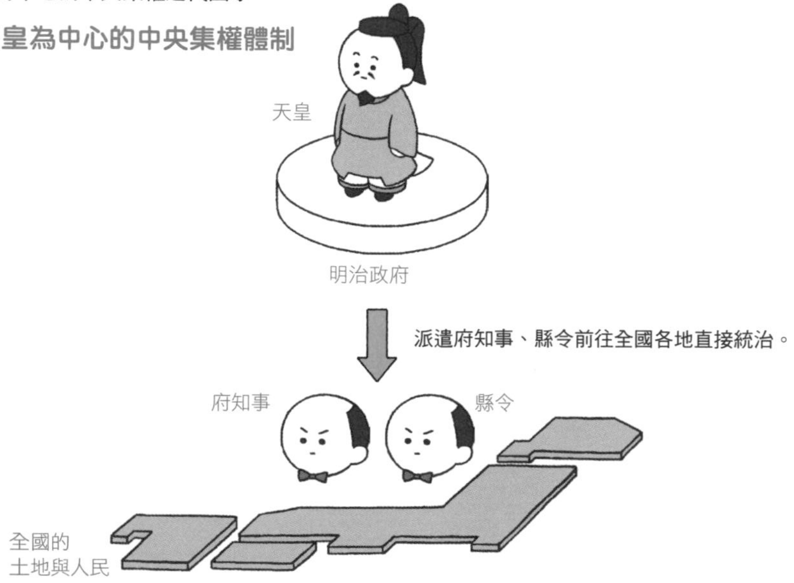
天皇
明治政府
派遣府知事、縣令前往全國各地直接統治。
府知事
縣令
全國的
土地與人民

豆知識　因為廢藩置縣，在明治4年（1871）7月14日，日本成立了3府302縣。同年年末，再次統合成1使3府72縣，明治21年（1888），演變成1道3府43縣。

【為了「富國強兵」而推行的各種事業】

為了建設一個能與歐美列強並肩的近代國家，明治政府感受到必須先將國力提高。於是不斷的發起官營事業，促使國內經濟發展（殖興產業政策）。而且，政府也考慮到對於產業的發展，民營事業的育成不可或缺，所以在明治 17 年（1884）以後，將官營事業賣給三井、三菱等有力的商人。託付於民間之手的產業界不斷的蓬勃發展，在 1880 年代後半，還引發了日本版產業革命。在這之後，日本開始急速的近代化。

富岡製糸場 1872（1893）

為了增加一直以來就是出口產品主力的生絲而擴大規模。女工被迫長時間工作，並且住在宿舍過著集團生活。

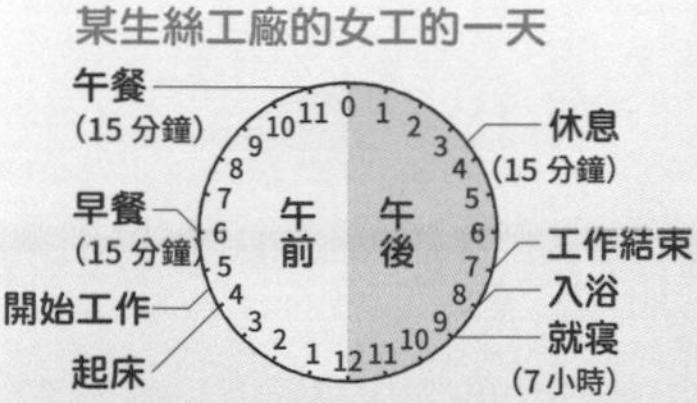
某生絲工廠的女工的一天
午餐（15 分鐘）
休息（15 分鐘）
早餐（15 分鐘）
工作結束
開始工作
入浴
就寢（7 小時）
起床
午前
午後
0 1 2 3 4 5 6 7 8 9 10 11 12

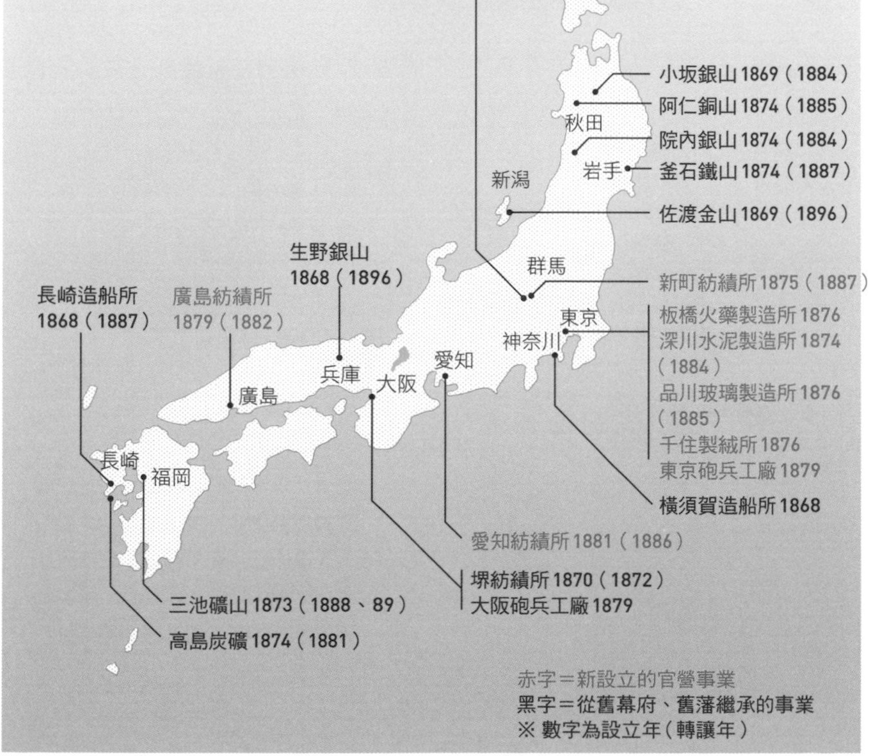
小坂銀山 1869（1884）
阿仁銅山 1874（1885）
秋田
院內銀山 1874（1884）
岩手
釜石鐵山 1874（1887）
新潟
佐渡金山 1869（1896）
群馬
新町紡績所 1875（1887）
東京
板橋火藥製造所 1876
深川水泥製造所 1874（1884）
品川玻璃製造所 1876（1885）
千住製絨所 1876
東京砲兵工廠 1879
神奈川
橫須賀造船所 1868
生野銀山 1868（1896）
長崎造船所 1868（1887）
廣島紡績所 1879（1882）
兵庫
大阪
愛知
廣島
長崎
福岡
愛知紡績所 1881（1886）
堺紡績所 1870（1872）
大阪砲兵工廠 1879
三池礦山 1873（1888、89）
高島炭礦 1874（1881）
赤字＝新設立的官營事業
黑字＝從舊幕府、舊藩繼承的事業
※ 數字為設立年（轉讓年）

豆知識 明治以後，隨著工業的發展，工廠勞動者也跟著增加。雖然工人以三班制決定輪班時間，但不久後還是因為工資與工時問題引發罷工。

明治時代

文明開化如何改變生活？

穿著西服，吃著牛肉鍋

達成倒幕的明治政府的目標，是將日本打造成一個能與歐美列強並肩的近代國家。為了這個目的，認為「學習歐美的精神與文化是不可或缺的」的政府高官們，積極地推行著近代化政策。

關於食衣住，高官們率先執行斷髮，穿起西服，並使用起桌子跟椅子來處理政務。都市的建築風格也採用洋式建築，在街道照明上也採用了瓦斯燈。

此外，也向國民推廣牛肉、牛奶等象徵文明開化的食物。就這樣，歐美的生活模式在都市的民眾間極速的傳播開來，在東京與橫濱，還吹起一股一邊吃牛肉鍋一邊喝著啤酒或白蘭地才是文明人的風潮。

在明治五年（1872），出現了連接新橋到橫濱的日本第一條鐵路。也採用了太陽曆、一日二十四小時制、一週七日等新制度，人們的生活模式也因此產生了巨大的變化。

衣服 的變化

1870年　開始穿西服

1871年　公布散髮令

「拍拍散切頭便會聽到文明開化的聲音」

1872年　帽子熱潮

愈來愈多人採用穿著和服帶著洋帽的和洋折衷風格。

當時流行的是高領的西服（ハイカラー）。將採用最新潮流的人稱作「ハイカラ」就是以此為由來。

明治天皇成為文明開化的廣告牌！

高官們透過已經可以被稱之為政府宣傳雜誌的「新聞雜誌」，報導明治天皇的私生活。報導了明治天皇實行斷髮、吃牛肉與麵包、喝牛奶等訊息之後，人們也開始接受歐美的生活方式。

豆知識　雖然官員的正裝也改為西服，但因為無法湊齊夏天與冬天用西服的人逐漸增加，所以導入了月付分期付款的制度。

食 的變化

1869年　開始製造、販賣冰淇淋
1871年　獎勵肉食
　　　　牛肉屋開始流行
　　　　長崎開了西餐廳
1872年　開始販賣啤酒

使用味噌與醬油等和風調味料的調味的牛肉鍋非常合日本人的胃口，馬上就流行了起來。

住 的變化

1868年　築地旅館開始營業
1871年　導入洋式的桌子與椅子
1872年　在橫濱的外國人居留地導入瓦斯燈
　　　　一般家庭開始會使用石油燈
1874年　銀座通開始點亮瓦斯燈
1877年　銀座磚瓦街竣工
1882年　銀座開始設置電路燈

瓦斯燈需要儲存瓦斯的設備與瓦斯管，所以一般家庭不太使用。

因為鐵路的開通，一直以來走路必須花上8小時的新橋到橫濱，變得只需花1小時就能到達。

交通 的變化

1869年　公共馬車開始運行
1870年　人力車開始營業
1872年　新橋到橫濱的鐵道開始運行

訊息傳遞 的變化

1869年　開始東京—橫濱間的電報服務
1871年　開始東京—大阪間的郵政服務
1877年　導入電話
1900年　在上野到新橋之間架設公共電話

其他 的變化

1872年　採用太陽曆
1876年　開始週日假日制

豆知識　文明開化的浪潮並沒有傳播到農村地區，這些地區還是持續著與相互時代相同的生活模式。因為太陽曆對於稻作的種植不方便，所以種植、收穫、活動等都是按照傳統的舊曆進行。

為什麼西鄉隆盛發起叛亂？

● 壓抑不住私學校學生的暴走……

對倒幕有著重大貢獻的人物中，有一位名叫西鄉隆盛的人。他在明治政府樹立之後，成為參議，擔任著政權的中樞。

但是在明治六年（1873），發生了「明治六年的政變」。政府領導人在朝鮮問題上發生了內部分裂。在政鬥中被擊敗的西鄉隆盛提出辭呈，並回到了故鄉鹿兒島。在那之後，崇拜西鄉隆盛的薩摩藩士族們也紛紛跟著辭職，跟隨西鄉出走。而辭職的人數高達七百多人。

西鄉為了統帥這些人，設立了私學校。然而，他們最終開始無視政府的命令，終於在一八七七年（明治十年）二月，擁起西鄉舉起了武器（西南戰爭）。持續了約半年的激戰，最終以西鄉的自殺告終。政府軍贏得了勝利。一直以來作為軍事力量象徵的士族，被徵兵制組成的民兵打敗之後，武士的時代才終於名存實亡。

【「明治6年的政變」是什麼？】

圍繞著侮辱日本為「無法之國」的朝鮮問題，遣（征）韓論派與內治優先論派在意見上產生分歧。西鄉主張將自己作為使節派遣至韓國。雖然在決議過程中，內閣會議的討論結果決定將西鄉派遣過去，但岩倉具視與大久保利通等內治優先派說服了天皇，從而阻止這一行動。西鄉因此放棄前往朝鮮，而在政鬥中落敗的遣（征）韓論派紛紛立即辭職。

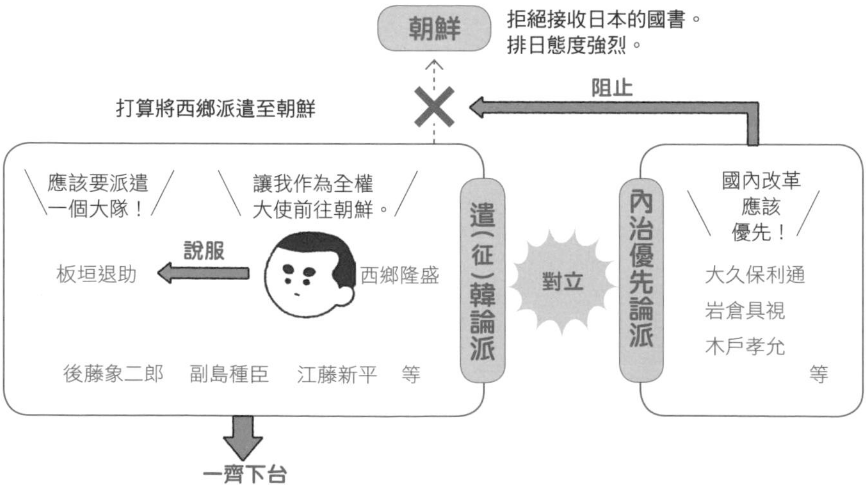
朝鮮
拒絕接收日本的國書。
排日態度強烈。
阻止
打算將西鄉派遣至朝鮮
應該要派遣一個大隊！
讓我作為全權大使前往朝鮮。
說服
板垣退助
西鄉隆盛
後藤象二郎　副島種臣　江藤新平　等
遣（征）韓論派
對立
內治優先論派
國內改革應該優先！
大久保利通
岩倉具視
木戶孝允
等
一齊下台

豆知識　西鄉設立的私學校是以槍隊學校與砲隊學校組成的。規模逐漸擴大，在舊鶴丸城下有12所分校，在各鄉里有136所分校。

【西南戰爭的流程】

①明治6年的政變後西鄉隆盛下台

西鄉隆盛辭職，並從東京回到鹿兒島。崇拜西鄉的薩摩藩士族約700人也跟著辭職回到鹿兒島。

②西鄉在鹿兒島設立私學校

西鄉隆盛為了不讓士族們的不滿爆發，藉由設立私學校統御著這些人。私學校大部分的幹部都是由鹿兒島縣的區長、副區長、警察幹部所擔任，擁有非常濃厚的政治結社性格。

保留至今的私學校的正門。

③爆發私學校學生襲擊火藥庫的事件

政府為了防範叛亂，回收儲備在鹿兒島縣的武器與彈藥。但是這個舉動引發了私學校學生的不滿，於是他們襲擊了火藥庫，並掠奪武器與彈藥。

照片為西鄉隆盛一行人用於藏身的那座城山。據說最後五天都是在這個洞窟中度過的。

④對西鄉隆盛的暗殺未遂事件曝光

私學校的學生抓到政府的密探，並找到寫著「ボウズヲシサツセヨ」訊息的電報。政府當初的目的是「視察」，但是私學校的學生卻解讀成「刺殺」。(日語視察與刺殺的發音皆為「シサツ」)學生們擁起西鄉，開始舉兵。

⑤西南戰爭爆發

政府軍的主力是被徵兵令徵招的平民，對此，薩摩軍認為「我們不可能輸給區區民兵」並低估他們。不過，政府軍憑藉豐富的槍枝與彈藥，還是將薩摩軍制服了。

薩摩軍　政府軍

豆知識　為了組織政府的直屬軍隊，明治6年(1873)發布了徵兵令。滿20歲以上的男性被課予兵役義務。

明治時代

日本最初的憲法是如何被制定出來的？

● 為了讓世界認同日本是文明的國家

明治六年的政變後，引發了以下台後的板垣退助為中心的自由民權運動。他們批判薩長閥的專制體制，主張開設民撰議院（國會）與國民的政治參與。隨著國會開設運動不斷發展，政府於明治十四年（1881）發布建立國會的詔書。並且答應會在明治二十三年（1890）前建立國會。其目的是為了修改在江戶末期所締結的不平等條約。為了在國際社會與歐美各國成為對等關係，被承認為「具備憲法的文明國家」是首當其衝的必要條件。

明治十五年（1882），伊藤博文為了建立國會，開始調查歐洲各國的憲法。為了確立以天皇為頂點的憲法，他判斷必須參考以皇帝為主權的帝國——德國的憲法。回國後，他為了構築一個強大的行政部門，建立了內閣制度。然後在明治二十二年（1899）發布以天皇為主權的大日本帝國憲法。就這樣，日本成為亞洲第一個立憲國家。

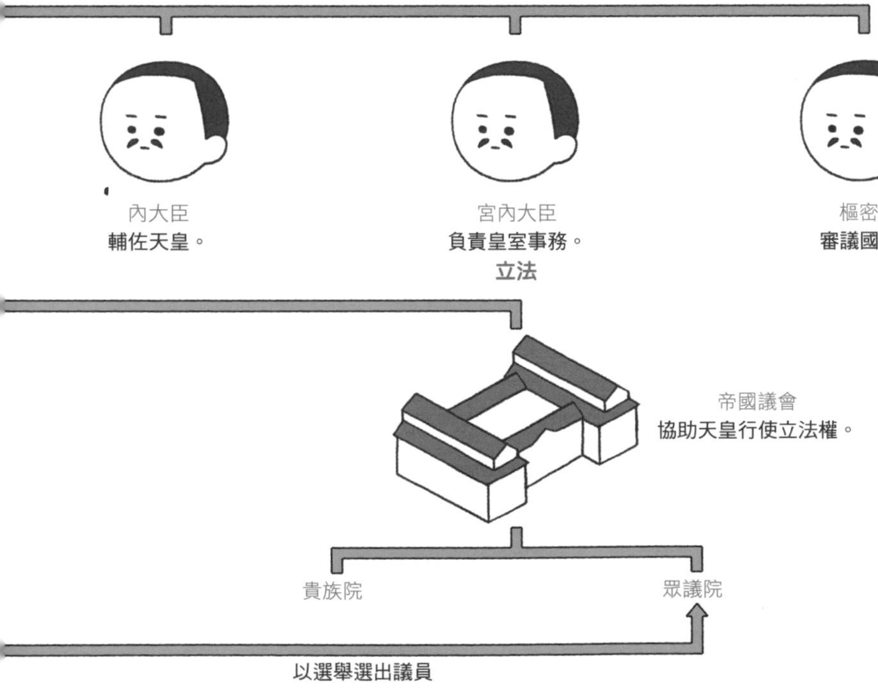
內大臣
輔佐天皇。
宮內大臣
負責皇室事務。
樞密院
審議國事。
立法
帝國議會
協助天皇行使立法權。
貴族院
眾議院
以選舉選出議員

豆知識 新創設的內閣，廢除了太政大臣與左、右大臣。並設置內閣總理大臣與身為各省長官的國務大臣，使其成為政治營運的中心組織。

【大日本帝國憲法下的統治體制】

隨著大日本帝國憲法的發布，建立了以天皇為首的國家機構。

憲法發布典禮之圖

大日本帝國憲法採取「天皇制定並賜予國家」的欽定憲法形式。

天皇

掌握所有的統治權。

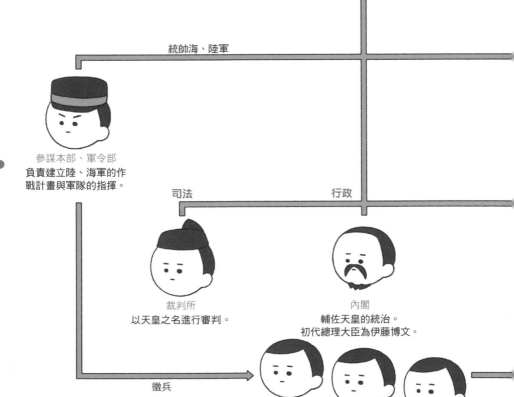

統帥海、陸軍

參謀本部、軍令部

負責建立陸、海軍的作戰計畫與軍隊的指揮。

司法

行政

裁判所

以天皇之名進行審判。

內閣

輔佐天皇的統治。初代總理大臣為伊藤博文。

徵兵

國民

豆知識　在憲法發布當天，東京舉行了慶祝典禮，但有些民眾以為「憲法的發布」是「絹布的法被」（日文「憲法的發布」與「絹布的法被」發音相似）的意思，誤認為是可以領到法被的日子。

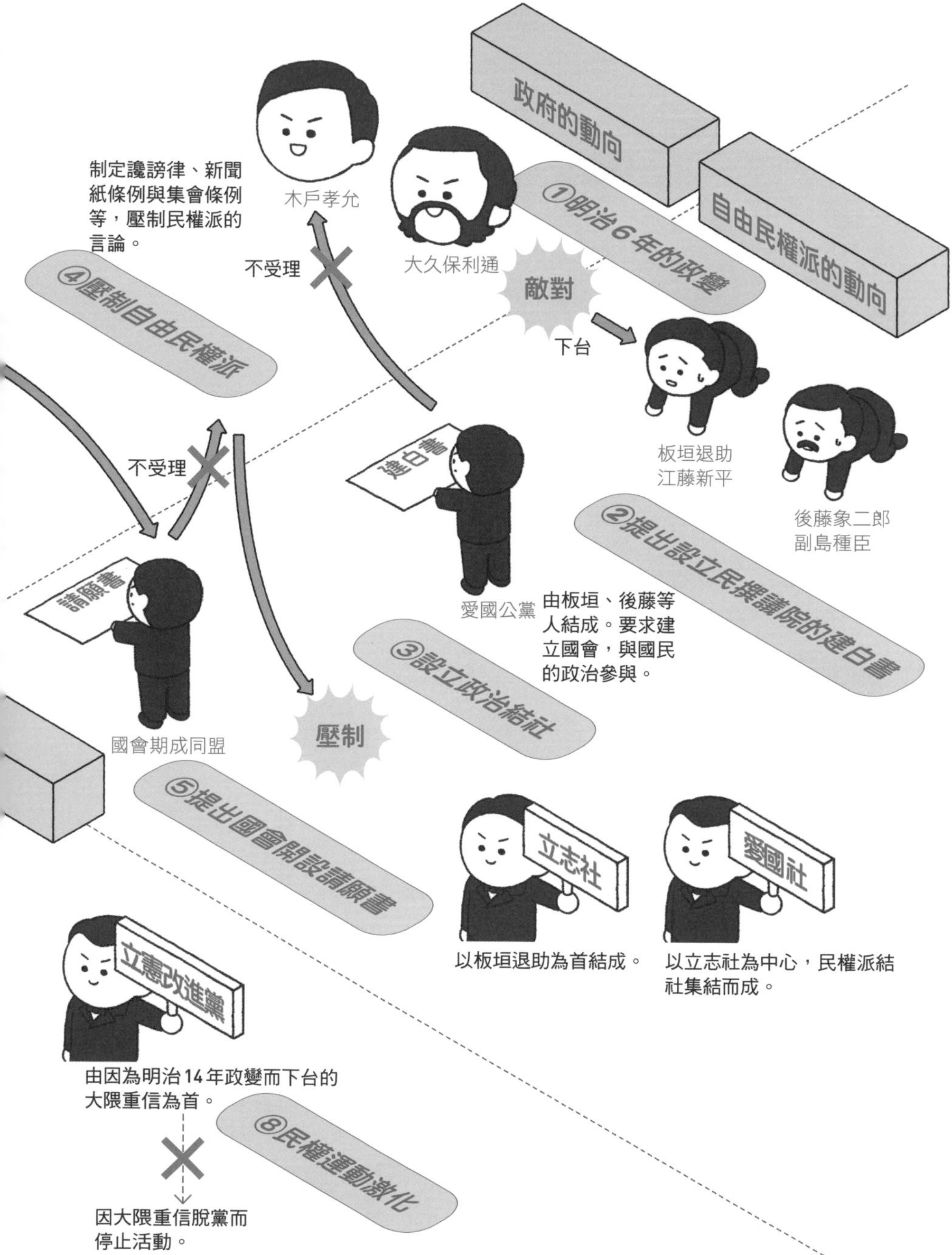
政府的動向
自由民權派的動向
木戶孝允
大久保利通
①明治6年的政變
敵對
下台
板垣退助
江藤新平
後藤象二郎
副島種臣
②提出設立民撰議院的建白書
建白書
愛國公黨
由板垣、後藤等人結成。要求建立國會，與國民的政治參與。
不受理
制定讒謗律、新聞紙條例與集會條例等，壓制民權派的言論。
④壓制自由民權派
③設立政治結社
壓制
立志社
以板垣退助為首結成。
愛國社
以立志社為中心，民權派結社集結而成。
不受理
請願書
國會期成同盟
⑤提出國會開設請願書
立憲改進黨
由因為明治14年政變而下台的大隈重信為首。
因大隈重信脫黨而停止活動。
⑧民權運動激化

【自由民權運動的發展】

在明治 6 年的政變中，與大久保利通和木戶孝允對立並下台的板垣退助等人，批判了薩長閥當時的專制政治體制。他們發起自由民權運動，要求建立國民也可以參與政治的民撰議院（國會）。並在明治23年（1890），實現了國會的建立。

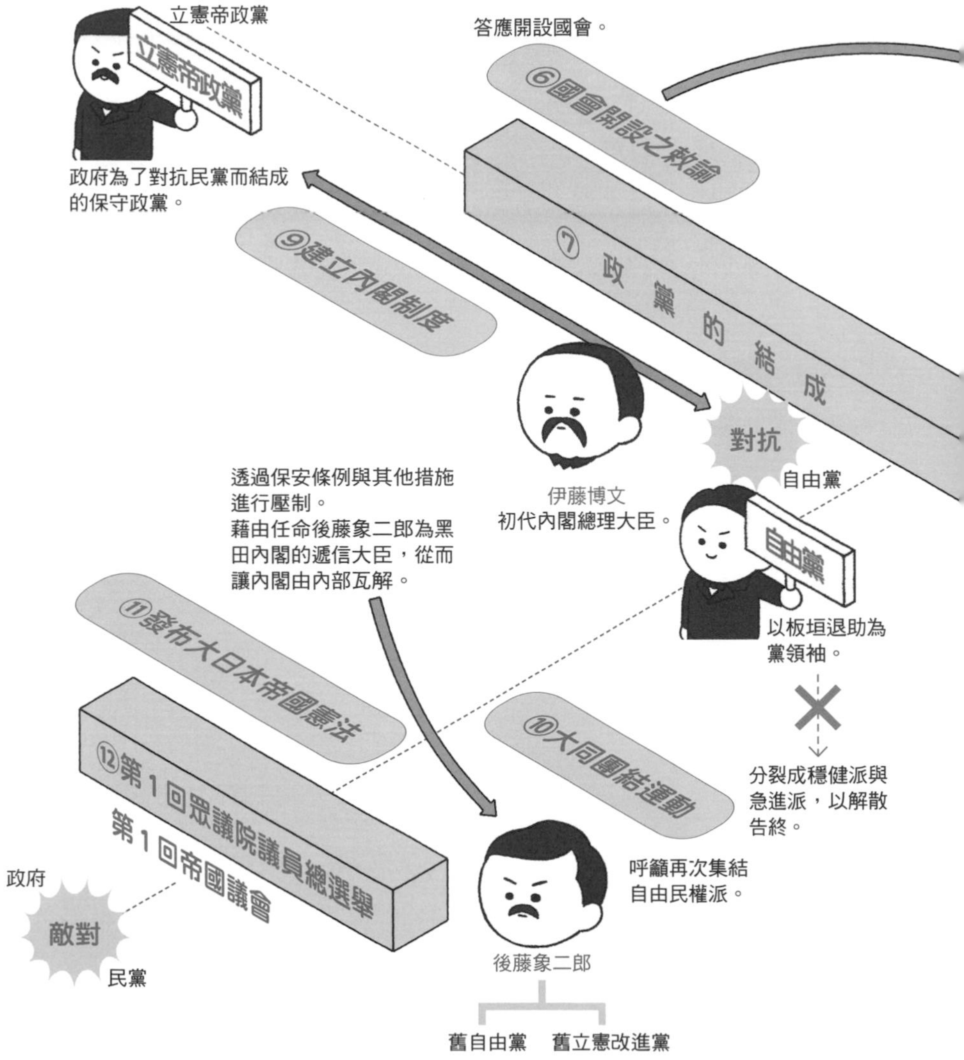

立憲帝政黨
立憲帝政黨
政府為了對抗民黨而結成的保守政黨。
答應開設國會。
⑥國會開設之敕諭
⑦政黨的結成
⑨建立內閣制度
伊藤博文
初代內閣總理大臣。
對抗
自由黨
自由黨
以板垣退助為黨領袖。
分裂成穩健派與急進派，以解散告終。
透過保安條例與其他措施進行壓制。
藉由任命後藤象二郎為黑田內閣的遞信大臣，從而讓內閣由內部瓦解。
⑪發布大日本帝國憲法
⑩大同團結運動
呼籲再次集結自由民權派。
後藤象二郎
舊自由黨
舊立憲改進黨
⑫第 1 回眾議院議員總選舉
第 1 回帝國議會
政府
敵對
民黨

明治時代

為什麼日本可以贏得日俄戰爭的勝利？

●清的弱化與支撐著對俄戰線的外債

穩健地建立起近代國家面貌的日本，在明治二十七年（1984）與明治三十七年（1904）分別參與了甲午戰爭和日俄戰爭，開始與外國打仗。日本在甲午戰爭中，以亞洲的一介小國打敗了大清。然而，當時的清朝在西方列強的入侵下，已經被削弱實力。還有，當時大清內部的慈禧太后派與光緒帝派之間的對立逐漸激化，使軍隊的團結力下降也是日本勝利的原因之一。

另一方面在日俄戰爭中，日本拿下了旅順會戰、奉天會戰與日本海海戰的勝利。這些勝利的背後，是因為有日本銀行的副總裁——高橋是清籌措的大量外債。當時的日本要參加戰爭，只有發行外債這條路可走。實際上，到最後爬升至十九億八千萬日圓的軍事經費，外債就占了接近五成。在這種狀況下，日本就算在戰爭中連戰連勝，也沒有餘力繼續進行戰事，最後只好簽署放棄賠償金的和平條約（樸茨茅斯條約）。

【日本在各地組織常備軍】

被徵兵制徵招的平民，成為日本對外戰爭的兵力。他們被分配到各自的軍事管轄區，組織成常備軍。

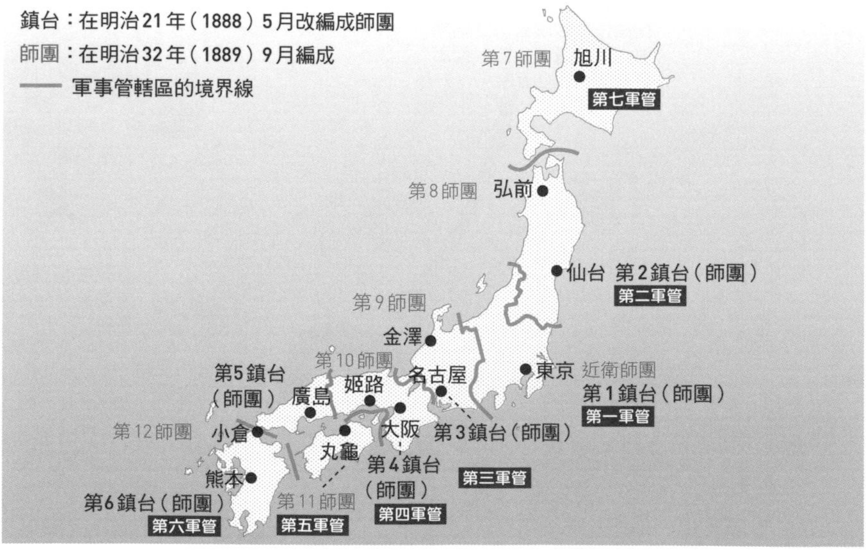

鎮台：在明治21年（1888）5月改編成師團
師團：在明治32年（1889）9月編成
軍事管轄區的境界線
第7師團
旭川
第七軍管
第8師團
弘前
仙台 第2鎮台（師團）
第二軍管
第9師團
金澤
第10師團
東京 近衛師團
第1鎮台（師團）
第一軍管
第5鎮台（師團）
廣島
姬路
名古屋
第12師團
小倉
大阪
第3鎮台（師團）
丸龜
第4鎮台（師團）
第三軍管
熊本
第6鎮台（師團）
第11師團
第六軍管
第五軍管
第四軍管

 高橋是清之所以能夠以外債籌措戰爭資金，有很大一部分是美國的猶太人銀行家雅各布 希夫的功勞。

【圍繞著甲午戰爭的世界局勢】

明治 27 年（1894）3 月，朝鮮爆發了大規模的農民起義——甲午農民戰爭（東學黨之亂）。清軍與日本軍在此事件發生後雙雙出兵至朝鮮。日清兩國在朝鮮的問題上互不相讓，導致了甲午戰爭。

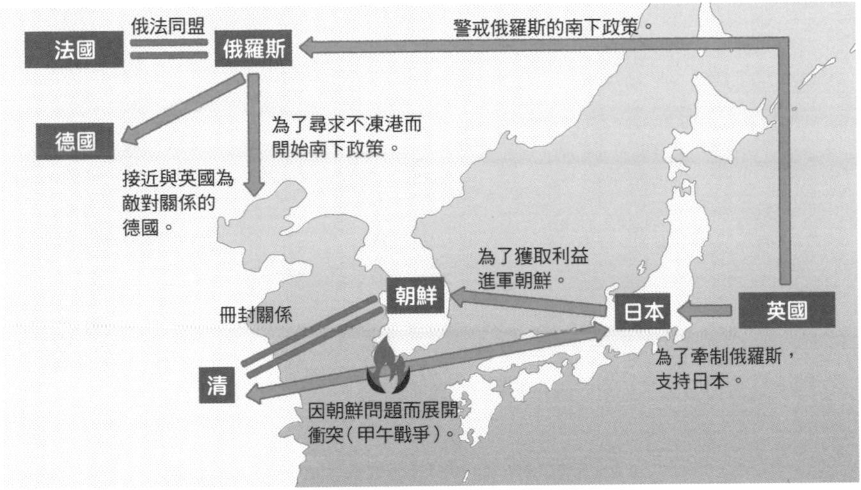

【圍繞著日俄戰爭的世界局勢】

俄國為了尋求不凍港，從滿洲到朝鮮，對遠東的侵略正如火如荼的進行著。而日本為了防止俄國進一步的南下，與英國締結了同盟（日英同盟）。並向俄羅斯宣戰。

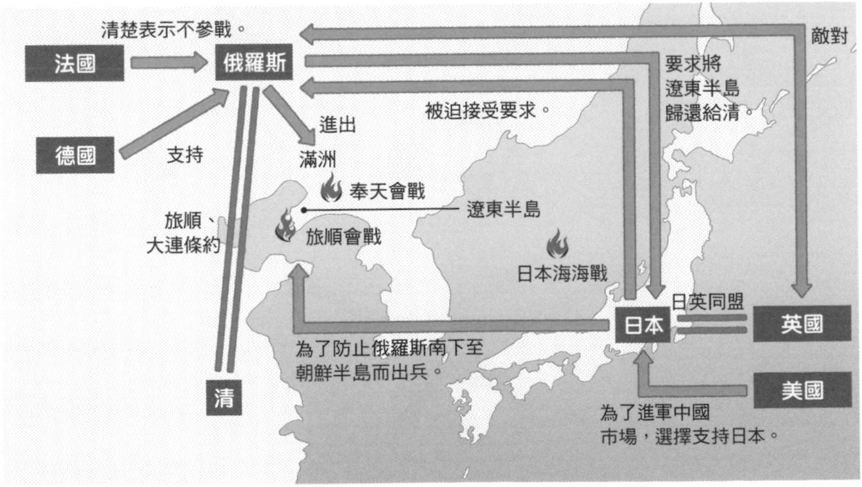

第4章 近代

《武士道》的出版

為什麼新渡戶稻造使用英文撰寫？

明治三十二年（1988），新渡戶稻造（當時三十八歲）在美國費城用英文撰寫了《武士道》，原文標題為《Bushido The Soul of Japan》。在明治三十三年（1900），這本書才在日本開始販賣。它被翻譯成俄語版、法文版等，在世界各國翻譯出版，成為暢銷書。

新渡戶當時會想用英文撰寫武士道，是因為想消除當時世界各國對日本的錯誤認識。在這之中最主要的，就是對於切腹的文化。自殺在基督教的世界中是一種禁忌，所以將切腹視為野蠻的行為。但是切腹這一行為，對於武士，並不只是一項自殺的手段，也是一種贖罪、道歉的禮法行為。新渡戶透過《武士道》，解說存在於日本人思想根底的封建制度，與日本人普遍的美德觀念，藉此對歐美人辯護日本人的行為。

被世界誤解的日本

新渡戶稻造在撰寫《武士道》時，剛好是日本贏得甲午戰爭，日本將被列入世界列強的時期。當各國開始關注這個在東方野蠻又未開化的國家是如何發展起來時，新渡戶為了讓歐美人認識日本人的本質，決定以英文撰寫《武士道》。

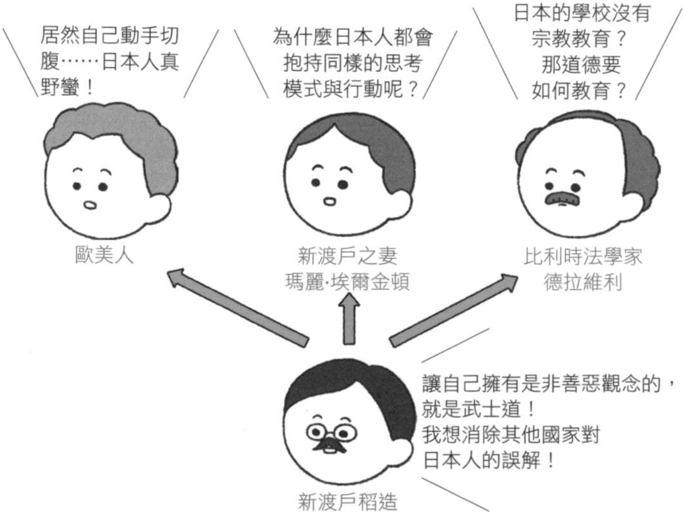
居然自己動手切腹……日本人真野蠻！
為什麼日本人都會抱持同樣的思考模式與行動呢？
日本的學校沒有宗教教育？那道德要如何教育？
歐美人
新渡戶之妻
瑪麗·埃爾金頓
比利時法學家
德拉維利
讓自己擁有是非善惡觀念的，就是武士道！我想消除其他國家對日本人的誤解！
新渡戶稻造

《武士道》的目錄

《武士道》以全17章構成。與其說這是一本解釋武士道的書，不如說這本書的獨特之處在於它是一本關於日本文化論的先驅之作。

Preface（序）

Chapter1（第1章）
Bushido as an Ethical System（作為道德體系的武士道）

Chapter2（第2章）
Sources of Bushido（武士道的源頭）

Chapter3（第3章）
Rectitude or Justice（義或正義）

Chapter4（第4章）
Courage, the Spirit of Daring and Bearing（勇——勇敢與忍耐的精神）

Chapter5（第5章）
Benevolence, the Feeling of Distress（仁——惻隱之心）

Chapter6（第6章）
Politeness（禮）

Chapter7（第7章）
Veracity or Truthfulness（信與誠）

Chapter8（第8章）
Honor（名譽）

Chapter9（第9章）
The Duty of Loyalty（忠義）

Chapter10（第10章）
Education and Training of a Samurai（武士的教育）

Chapter11（第11章）
Self-Control（克己）

Chapter12（第12章）
The Institutions of Suicide and Redress（切腹與討敵）

Chapter13（第13章）
The Sword, the Soul of the Samurai（刀——武士之魂）

Chapter14（第14章）
The Training and Position of Woman（女性的教育與地位）

Chapter15（第15章）
The Influence of Bushido（武士道的影響）

Chapter16（第16章）
Is Bushido Still Alive?（武士道還存在嗎？）

Chapter17（第17章）
The Future of Bushido（武士道的未來）

解說武士道的源頭在出自哪裡。

介紹武士應該習得的德目。

說明日本人的感情難以讀懂的原因在於日本人平時就會自我訓練控制自己的情緒。

解釋武士的切腹、討敵行為是出自於重視名譽的心與正義感的表現。藉此矯正外國人一直以來的日本人觀。

介紹武士道也以「大和魂」的形式在一般民眾間盛行。

日本為什麼合併韓國？

●想將朝鮮作為對俄羅斯的防波堤

甲午戰爭後，從大清獨立的朝鮮建立了親俄政權。並於明治三十年（1897），將國號改為「大韓帝國」。

對當時的日本來說，朝鮮半島正是對付俄羅斯侵略的國防生命線，一心想將俄國的影響力從韓國排除的日本，斷然執行軍事支配。日俄戰爭一開戰，馬上就簽署了日韓議定書，讓韓國承諾與日本合作。並且透過第一次、第二次、第三次日韓協約，將韓國的行政、司法、警察權全部納入手中。還設置了統監府將韓國作為保護國（初代統監為伊藤博文。）

面對日本蠻橫的行為，韓國境內頻頻爆發稱為義兵運動的反日武裝鬥爭。

在這種情況下，明治二十四年（1909），伊藤博文在哈爾濱火車站被民族主義者安重根暗殺。經過此次恐怖事件，日本決定合併韓國。並將名稱改為「朝鮮」，還在京城（現在的首爾）設置天皇直屬的總督府，將朝鮮完全地放在自己的勢力下。

【日本合併韓國的流程】

以日俄戰爭為契機，日本的進軍朝鮮半島行動如火如荼，逐漸地將實權納入手中。大韓帝國的皇帝高宗，將密使送往舉辦第二次海牙和平會議的所在地，控訴日本支配的不正當性（海牙密使事件）。但因日本早就讓美國、英國、俄羅斯承認日本對於韓國的權益，所以高宗的控訴並沒有被受理。在明治43年（1910），日本終於將韓國合併。

大韓帝國

高宗
（1897～1907年）

純宗
（1907～10年）

日本

第1次桂太郎內閣
（1910年6月～
1905年12月）

第1次西園寺公望內閣
（1906年1月～
1908年7月）

第2次桂太郎內閣
（1908年7月～
1911年8月）

日韓議定書（1904年2月）
確保韓國內的日本軍事行動自由。

第1次日韓協約（1904年8月）
設置日本推薦的財政顧問與外交顧問。

第2次日韓協約（1905年11月）
掌握外交權。將韓國作為保護國。

設置在漢城的統監府開始運作
（1906年2月）

第3次日韓協約（1907年7月）
統監府掌握韓國的政權。

伊藤博文遭暗殺（1909年10月）

日韓合併（1910年8月）

豆知識　明治28年（1895），朝鮮公使——三浦梧樓等人擁立大院君，殺害採取親俄反日政策的朝鮮王妃閔妃。並建立親日政權。

【日本的韓國統治】

日韓合併後，日本將之前已設置在那的統監府改設成朝鮮總督府。朝鮮種督府為天皇直屬的機構，並掌握著立法、司法、行政的絕大權力。以此推進韓國的殖民地化。

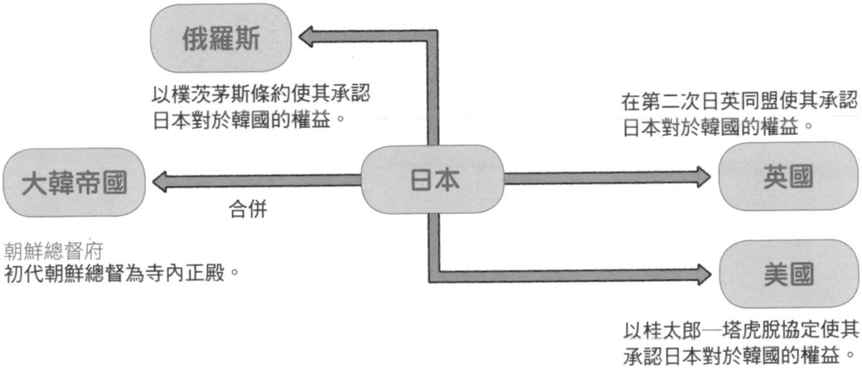

俄羅斯
以樸茨茅斯條約使其承認日本對於韓國的權益。
在第二次日英同盟使其承認日本對於韓國的權益。
大韓帝國
日本
英國
合併
朝鮮總督府
初代朝鮮總督為寺內正毅。
美國
以桂太郎—塔虎脫協定使其承認日本對於韓國的權益。

【日本人地主在韓國增加】

朝鮮總督府在支配韓國時，也實行了土地調查。並且將所有人不明確的土地與國有地全部轉售給日本人地主。

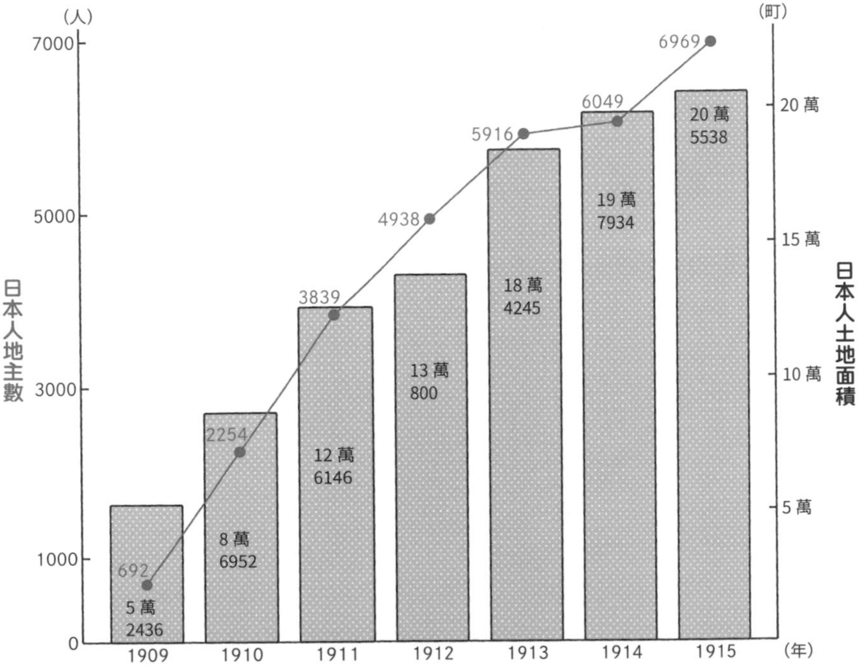

(人)
(町)
7000
5000
3000
1000
0
日本人地主數
日本人土地面積
20 萬
15 萬
10 萬
5 萬
692
2254
3839
4938
5916
6049
6969
5 萬 2436
8 萬 6952
12 萬 6146
13 萬 800
18 萬 4245
19 萬 7934
20 萬 5538
1909
1910
1911
1912
1913
1914
1915
(年)

豆知識 在明治 28 年(1895)閔妃暗殺事件之後，再次發起政變的大院君在政治中失足。掌握實權的國王高宗，以俄羅斯為後盾進行政務。

大正時代

為什麼日本參與了第一次世界大戰？

● 企圖擴大於東亞的權益

大正三年（1914），在波士尼亞的首都塞拉耶佛，發生了奧匈帝國的皇太子夫妻被塞爾維亞青年暗殺的事件。因為此事件，奧匈帝國向塞爾維亞開戰。對此，德國、鄂圖曼帝國支持奧匈帝國（同盟國），俄羅斯、法國、英國、日本等國家則支持塞爾維亞（協約國）。

就這樣，戰爭擴展成世界規模，「第一次世界大戰」爆發。

日本會參戰的其中一個理由，是因為當時的日本與英國為同盟關係。當時，德國將中國的青島與南洋群島殖民地化時，英國就曾要求日本擊墜位於東海的德國艦隊。

而日本將這件事視為擴大領土的好機會。就這樣向德國宣戰了。日本占領了青島與南洋群島，並向中華民國提出對華二十一條要求，使其承認日本對於德國利益的繼承。

【第一次世界大戰前的世界局勢】

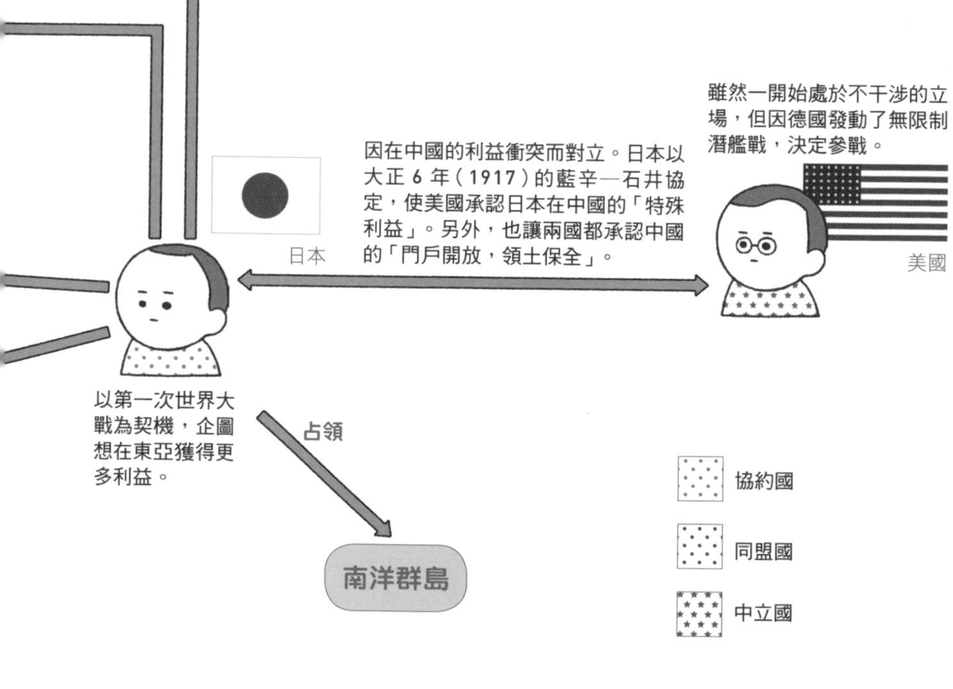
雖然一開始處於不干涉的立場，但因德國發動了無限制潛艦戰，決定參戰。
因在中國的利益衝突而對立。日本以大正 6 年（1917）的藍辛—石井協定，使美國承認日本在中國的「特殊利益」。另外，也讓兩國都承認中國的「門戶開放，領土保全」。
日本
美國
以第一次世界大戰為契機，企圖想在東亞獲得更多利益。
占領
南洋群島
協約國
同盟國
中立國

豆知識　當時，美國正販售武器給英國與法國等國家。而他們答應要將德國的賠償金做為支付武器的金錢，所以對美國來說，必須讓協約國贏得勝利。

【日本在第一次世界大戰中做了什麼事？】

以日英同盟為理由參戰的日本，不斷占領德國於東、東南亞的領地。並且企圖擴大在中國的利權。

年	1914					1915	1916		1917				1918	
月	6	7	8	10	11	1	7	10	2	3	4	11	3	11
世界的動向	塞拉耶佛事件	爆發第一次世界大戰							德國宣言執行無限制潛艦戰	俄羅斯二月革命	美國向德國宣戰	俄羅斯十月革命	蘇維埃政權與德國講和	德國十一月革命 德國簽署停戰協定 第一次世界大戰結束
日本的動向	第2次大隈重信內閣（1914年4月～16年10月）		向德國宣戰	占領德國於南洋群島的領土	占領德國於青島的領土	向中國提出二十一條要求	第4次日俄協約	寺內正殿內閣（1916年10月～18年9月）	海軍向地中海出動			與美國簽署藍辛─石井協定		原敬內閣（1918年9月～21年11月）

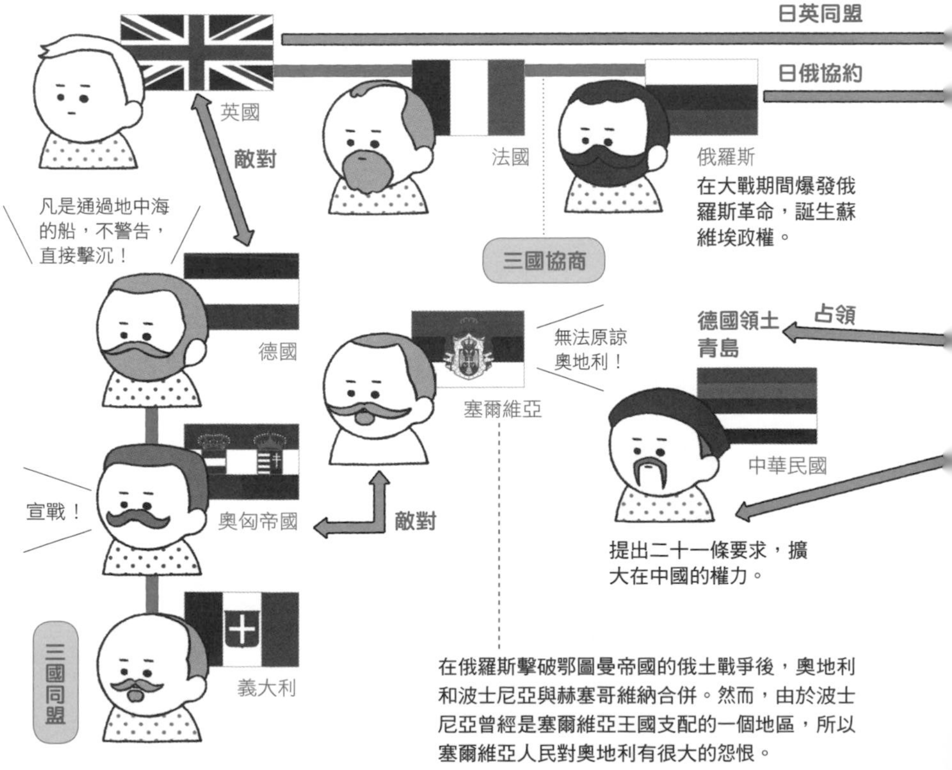

日英同盟
日俄協約
英國
敵對
法國
俄羅斯
在大戰期間爆發俄羅斯革命，誕生蘇維埃政權。
凡是通過地中海的船，不警告，直接擊沉！
三國協商
德國
無法原諒奧地利！
塞爾維亞
德國領土青島
占領
中華民國
宣戰！
奧匈帝國
敵對
提出二十一條要求，擴大在中國的權力。
三國同盟
義大利
在俄羅斯擊破鄂圖曼帝國的俄土戰爭後，奧地利和波士尼亞與赫塞哥維納合併。然而，由於波士尼亞曾經是塞爾維亞王國支配的一個地區，所以塞爾維亞人民對奧地利有很大的怨恨。

豆知識 第一次世界大戰中登場了飛機、戰車、毒氣等種種的新兵器，各國都出現許多傷亡。

大正民主是什麼？

● 邁向吧！普通選舉制

在第一次世界大戰中，日本發生了要求實現民主主義的民眾運動。這就是所謂的大正民主。這個社會運動的最大目的，就是在於普通選舉制度的實施。當時，只有繳納一定金額稅金的人，才被賦予參政權（制限選舉）。

大正十三年（1924），以貴族院勢力為中心的清浦奎吾內閣組閣之後，立憲政友會、憲政會與革新俱樂部都對此批判「根本是特權階級的超然內閣」。並結成護憲三派，展開要求普通選舉制的運動（第二次護憲運動）。在五月舉行的總選舉，得到輿論支持的護憲三派大勝，成為第一大黨的憲政會總裁加藤高明組織了內閣。隔年，普通選舉法的法案終於通過。因此，滿二十五歲以上的所有男性都被賦予了眾議院議員的選舉權。在日俄戰爭前，不足一百萬人的選民人數瞬間超過了一千兩百萬人。

【爆發大正政變】

在大正元年（1912）12 月進行第 3 次組閣的桂太郎，因第 1 次護憲運動的發起活化了民眾運動，讓他僅僅53天就被迫執行總辭職。

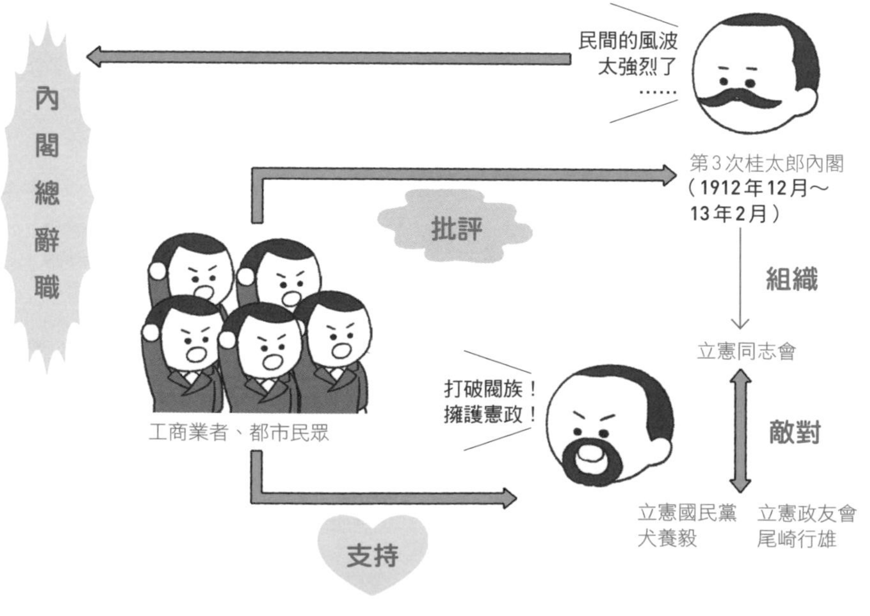
內閣總辭職
民間的風波
太強烈了
……
第 3 次桂太郎內閣
（1912年12月～
13年2月）
批評
組織
立憲同志會
打破閥族！
擁護憲政！
工商業者、都市民眾
敵對
支持
立憲國民黨
犬養毅
立憲政友會
尾崎行雄

豆知識 在大正 14 年（1925）通過的普通選舉法法案還沒有認可女性的參政權。女性獲得參政權，是戰後的昭和20年（1945年）12月的事。

【以「天皇機關說」與「民本主義」大正民主為基盤的】

第一次世界大戰時，發生了要求民主主義改革的民眾運動（大正民主）。而這個思想的基盤，正是美濃部達吉的「天皇機關說」與吉野作造的「民本主義」。主張以天皇為主權的大日本帝國憲法為本，透過議會制度讓國民參與政治是這個思想的特徵。

天皇機關說（美濃部達吉）

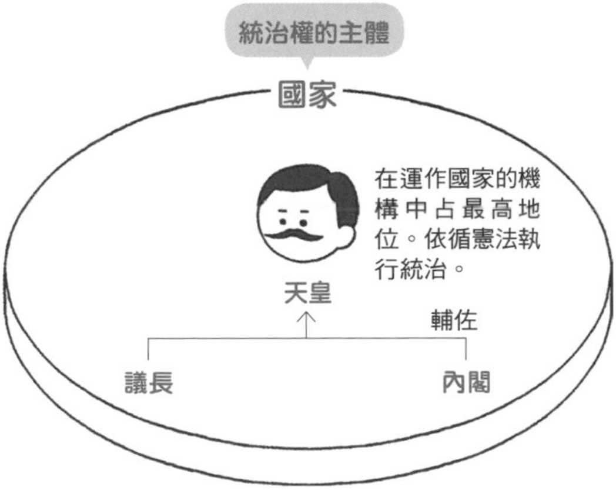

美濃部達吉主張，法人才是國家的主權者，天皇則是像內閣或議會等構成國家的機關之一，並且是立於機關最上位的天皇機關。雖然與提倡天皇主權說（天皇擁有國家的主權與統治權。超越國家的天皇命令是絕對的。）的上杉慎吉等人處對立關係，但政界支持的是美濃部的說法。

民本主義（吉野作造）

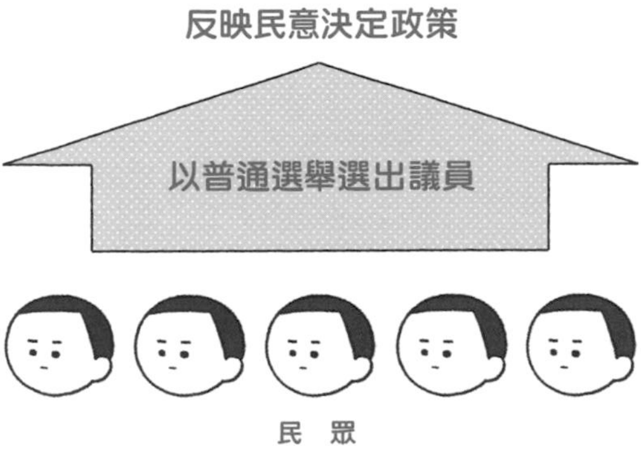

吉野作造主張，政治的目的應該在人民的福利上。他批判，以有權者的討論來決定政策的閥族政治，與沒辦法反映出民眾意見的議會政治，既不合理，也沒有立憲性。他提倡應該執行民眾本位的政治，並要求實現政黨內閣制與普通選舉制。

豆知識　大正時代，發生了平冢雷鳥等人展開的提高女性地位的運動，還有勞工所發起的以提高地位為目標的勞動糾紛等等運動。

為什麼日本承認了滿洲國？

● 為了確保輸出市場與資源供給地

一九二〇年代，中華民國發生了民族解放運動，蔣介石所率領的國民政府統一了中國全土。在這種局勢下的昭和六年（1931），關東軍那邊發生了柳條湖事件。而此事件的目的，是為了將整個滿洲納入日本的支配下，讓滿洲脫離中國的控制（九一八事變）。雖然當時的若槻禮次郎內閣發表了不擴大戰線的方針，但關東軍無視此方針，反而擴大戰線。昭和七年（1932），擁立清朝最後的皇帝溥儀擔任執政，並讓其宣言滿洲國的建國。

雖然剛開始政府對於此事持反對立場，但因大正末期到昭和初期日本陷入經濟蕭條，對國內市場狹小且國際競爭力薄弱的日本來說，滿洲國作為輸出市場與資源供給地占了非常重要的地位。為了構築對蘇戰略有利的態勢，滿洲國也是不可或缺的。由於種種上述理由，日本簽署了日滿議定書，並承認滿洲國的建立。

【 九一八事變時的東亞情勢 】

蔣介石的國民政府在進行中國統一時，駐紮在關東州的關東軍為了確保滿蒙的權益而開始失控。昭和6年（1931）9月，炸毀南滿洲鐵路（柳條湖事件），並將責任歸咎於中國，藉此擴大在滿洲的權益。

滿洲

張作霖死後，將滿洲置於統治下。

皇姑屯事件
昭和3年（1928）6月，關東軍將滿洲的軍閥張作霖炸死。地區的支配權轉由長子張學良繼承，還加入了蔣介石的國民政府。

柳條湖

旅順

關東州

大連

蔣介石
國民政府

關東軍

批判政府為軟弱外交

不要再讓事態擴大了！

第2次若槻禮次郎內閣

圍繞滿蒙問題進行外交交涉。

豆知識　當時，日本向滿洲投資了大約七成的對外預算，甚至聲稱「滿洲是日本的生命線」。

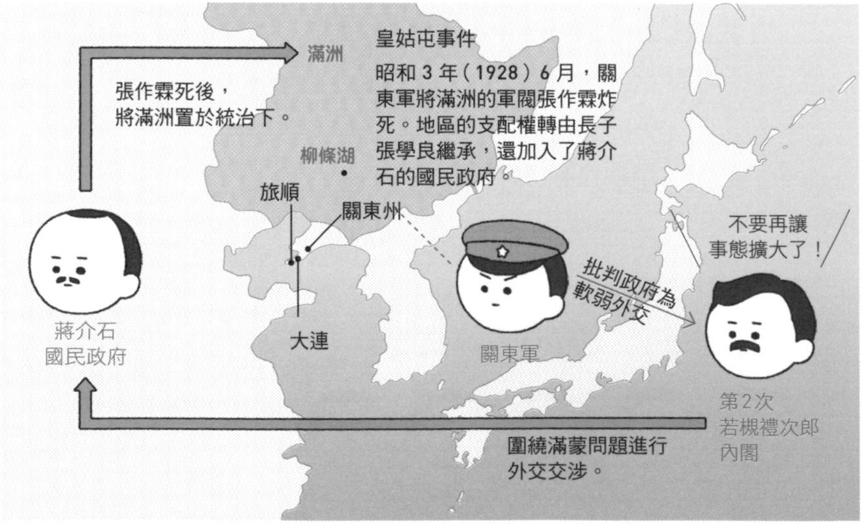

【滿洲國的建國】

東京股票市場大暴跌引發的戰後恐慌、關東大震災引發的震災恐慌、銀行擠兌導致的金融恐慌，再加上美國紐約引發的世界經濟危機波及到日本，使日本經濟受到嚴重打擊，國民生活陷入困境。在這種局勢下，關東軍獨斷的建立滿洲國，並讓日本人擔任重要的位置，將滿洲國作為日本的傀儡政權。此外，反對建立滿洲國的犬養毅首相，被海軍青年將校的軍人們射殺了（五一五事件）。

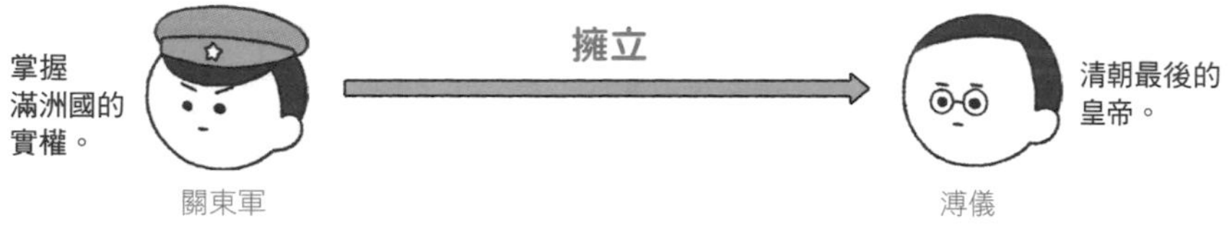
掌握
滿洲國的
實權。
擁立
清朝最後的
皇帝。
關東軍
溥儀

滿洲國組織圖

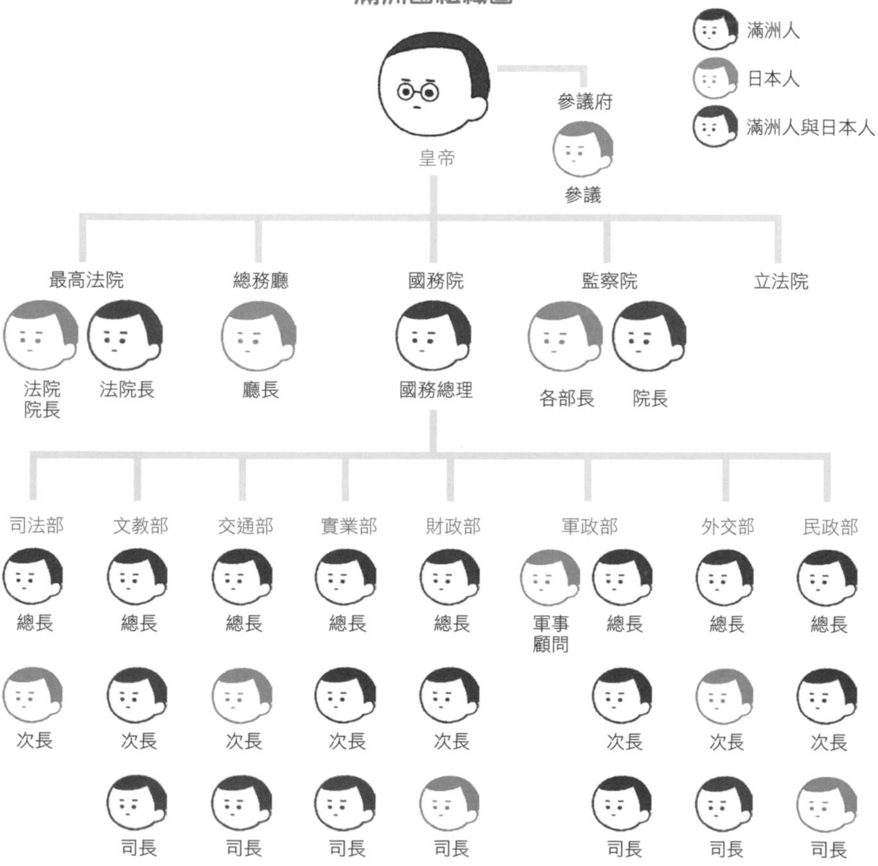
滿洲人
日本人
滿洲人與日本人
皇帝
參議府
參議
最高法院
法院
院長
法院長
總務廳
廳長
國務院
國務總理
監察院
各部長
院長
立法院
司法部
總長
次長
文教部
總長
次長
司長
交通部
總長
次長
司長
實業部
總長
次長
司長
財政部
總長
次長
司長
軍政部
軍事
顧問
總長
次長
司長
外交部
總長
次長
司長
民政部
總長
次長
司長

豆知識 國際聯盟雖然勸告日本撤離滿洲國，但遭到拒絕。一退出國際聯盟，日本就去接近了法西斯（極權主義）國家的德國與義大利。

昭和時代

為什麼第二次世界大戰日本會與美國開戰？

● 日本判斷如果拖延開戰時間會對我方不利

昭和十二年（1937），日本軍與中國軍在北京郊外的盧溝橋發生衝突（盧溝橋事件）。以此事件為契機，進入了第二次中日戰爭（日華事變）。同時在歐洲，因德國入侵波蘭，開啟了第二次世界大戰。日本在與中國的交戰期間，締結了德日義三國同盟，並且開始進攻東南亞，擴大己方戰線。

另一方面，日本的大部分軍用物資都依賴美國進口，為了避免美日開戰，日本持續進行協商，但美國堅決凍結日本在美資產，並全面禁止石油進口。對日本實施嚴格經濟制裁的同時，更勸告日本從中國與法屬印度支那完全撤出（赫爾備忘錄）。此時，日本決定對美開戰。他們認為如果遲早要打，那應該趁還有贏面的時候採取行動。昭和十六年（1941）十二月八日毅然對夏威夷珍珠港進行攻擊並宣戰，但在昭和二十年（1945）八月十四日，日本接受波茨坦宣言並且投降。

【第二次世界大戰時的世界局勢】

昭和12年（1937）發生盧溝橋事件之際，日本並沒有馬上向中國宣戰。那是因為宣戰會觸發美國的中立法，日本就無法進口石油等軍需物資。中國也因為同樣的理由而沒有對日本宣戰，所以這場事件也被稱為日華事變，而不是中日戰爭。

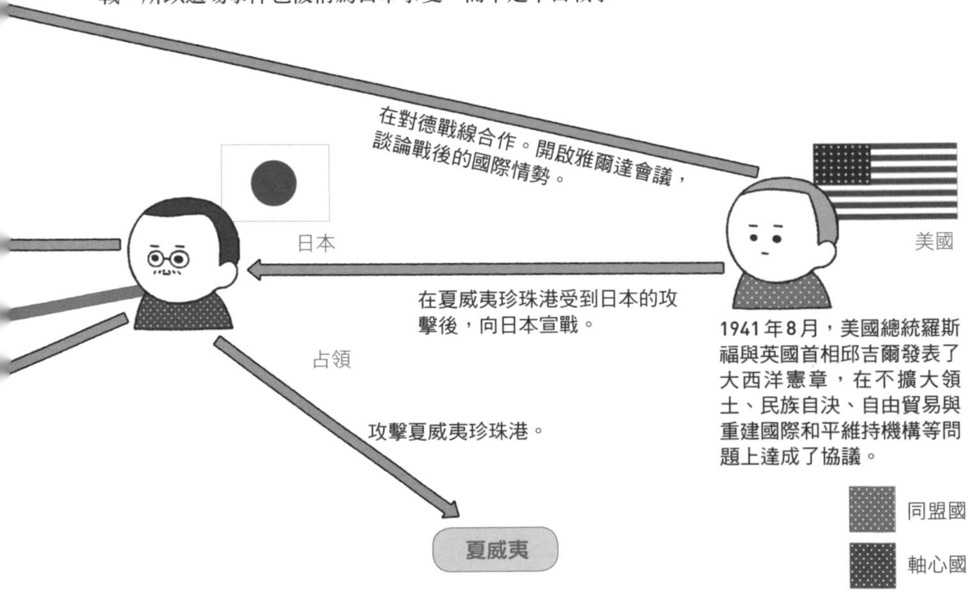
在對德戰線合作。開啟雅爾達會議，談論戰後的國際情勢。
日本
美國
在夏威夷珍珠港受到日本的攻擊後，向日本宣戰。
1941年8月，美國總統羅斯福與英國首相邱吉爾發表了大西洋憲章，在不擴大領土、民族自決、自由貿易與重建國際和平維持機構等問題上達成了協議。
占領
攻擊夏威夷珍珠港。
夏威夷
同盟國
軸心國

豆知識 昭和20年（1945）9月20日，日本在美國的密蘇里號戰艦簽署降伏文書。擔任日方代表的是外務大臣重光葵與參謀總長梅津美治郎。

【第二次世界大戰結束的過程】

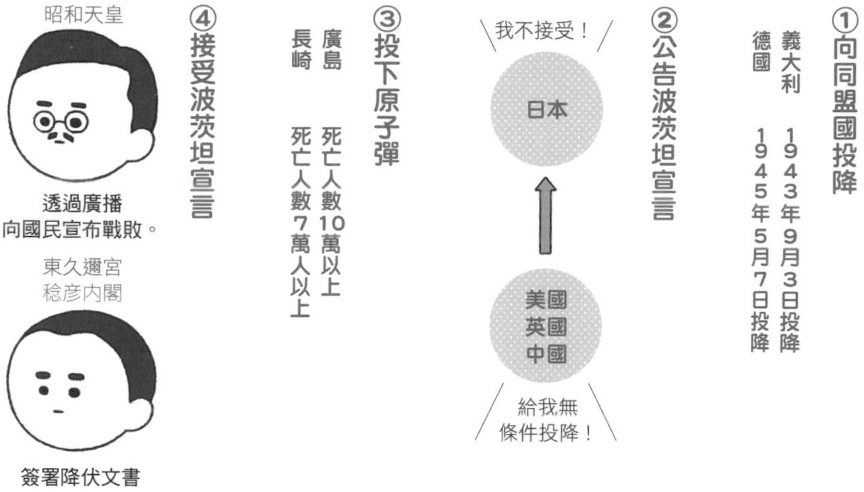
①向同盟國投降
義大利 1943年9月3日投降
德國 1945年5月7日投降
②公告波茨坦宣言
我不接受！
日本
美國
英國
中國
給我無
條件投降！
③投下原子彈
廣島 死亡人數10萬以上
長崎 死亡人數7萬人以上
④接受波茨坦宣言
昭和天皇
透過廣播
向國民宣布戰敗。
東久邇宮
稔彥內閣
簽署降伏文書

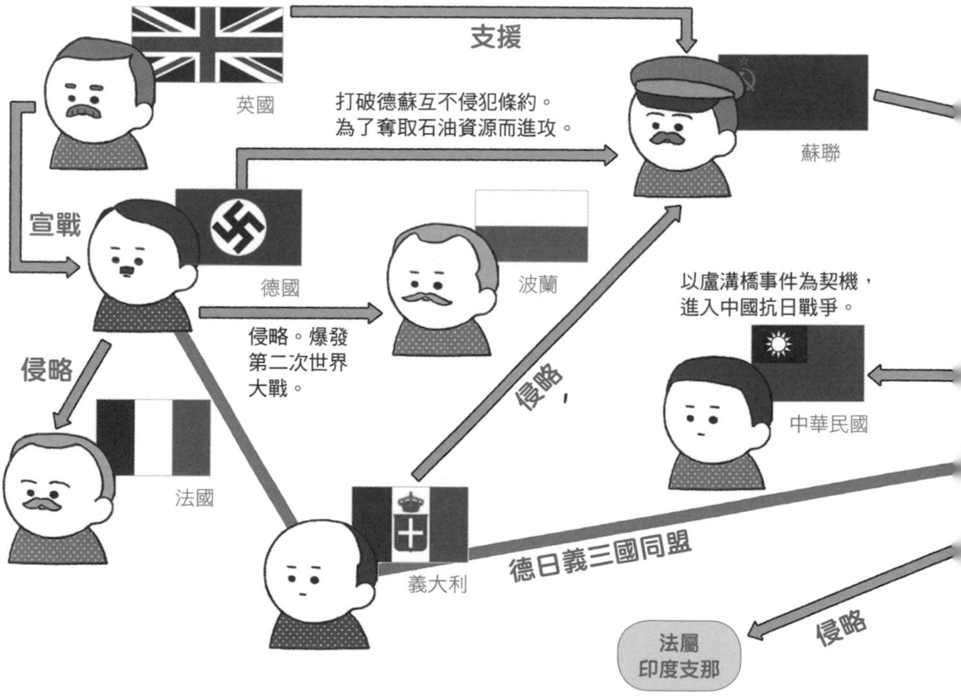
支援
英國
打破德蘇互不侵犯條約。
為了奪取石油資源而進攻。
蘇聯
宣戰
德國
波蘭
以盧溝橋事件為契機，
進入中國抗日戰爭。
侵略。爆發
第二次世界
大戰。
侵略
侵略，
中華民國
法國
義大利
德日義三國同盟
法屬
印度支那
侵略

豆知識 在1945年2月的雅爾達會議上，美、英、蘇三國決定了蘇聯的對日參戰，並且將庫頁島與千島群島列為蘇聯領土。而這也造成日後的北方領土問題。

第5章 現代

昭和 1926～89年

1947年
公布勞動基準法、獨占禁止法、地方自治法

1946年
公布日本國憲法（隔年施行）

1950年
爆發朝鮮戰爭（～53年）引發軍需景氣

1949年
設定單一匯率（1美元＝360日圓）

1964年
東京奧運開幕

首都高速公路的整備

因為首都高速公路的整備，江戶時期以來的水道被埋填起來。但是在船隻往來頻繁的日本橋川，是以高架形式建在河上。

東海道新幹線開業

於昭和39年（1964）10月1日開業。東京到新大阪變得只需4小時就能到達。

麥克阿瑟草案

此相片為外務省初步翻譯的GHQ的憲法草案。在這之後，包含修正案的日本憲法就此成立。

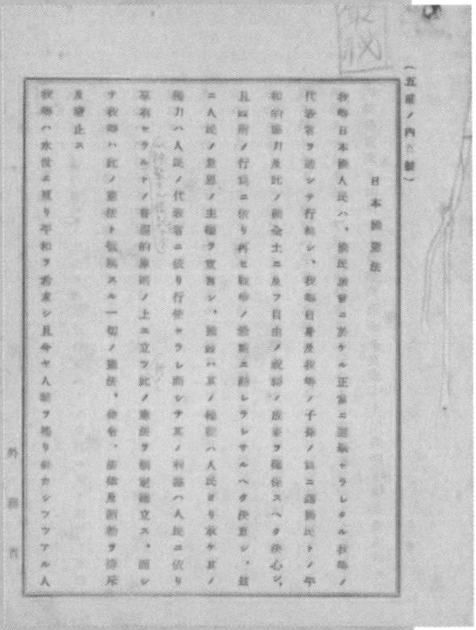

東京大學安田講堂

昭和 44 年（1969）1 月 19 日，機動隊將占領東京大學安田講堂的學生們帶走。照片為現在的安田講堂。

梵谷《向日葵》

昭和 62 年（1987），安田火災海上（現在的損害保險日本興亞）以 53 億日圓得標梵谷的《向日葵》。

洛克斐勒中心

平成元年（1989）10 月 31 日，三菱地所收購了位於紐約的洛克斐勒中心。但是因泡沫經濟崩壞，導致龐大的虧損，最終只好賣掉 14 棟中的 12 棟。

1968年
全國有 115 所大學爆發衝突（全共鬥運動）

1986年
泡沫經濟潮

1987年
國鐵分割民營化，JR 在此時成立

平成
1989～2019年

1991年
泡沫經濟崩壞

1993年
55 年體制崩壞

2009年
誕生民主黨政權

2012年
自民黨與公民黨奪回政權

2019年
上皇退位，新天皇即位

令和
2019年～

照片為國鐵時代的車票。

昭和時代

大日本帝國憲法和日本國憲法的差異是？

●從「天皇主權」到「國民主權」

終戰後，日本被盟軍占領。在東京設置了以美國陸軍元帥麥克阿瑟為最高司令官的盟軍最高司令官總司令部（ＧＨＱ），實施實質上由美國主導的占領政策。ＧＨＱ的目的在於「拔除日本的獠牙」。所以在解體日本軍的同時，也徹底實行了民主化政策。否定至今的大日本帝國憲法，要求日本政府改正憲法。

在這樣背景下於昭和二十一年（１９４６）十一月公布的就是日本國憲法。依據新憲法主權由「天皇」移轉到「國民」。日本重新走上作為民主主義國家的道路。

還有，當時麥克阿瑟對日本政府要求「放棄戰爭」及「不保持戰力」，但日本國內引起了「不保持戰力如何保衛國家」的議論，而進行了憲法改正審議。結果在第九條加上了「為了自衛而保留了維持戰力的可能性」條文。

【大日本帝國憲法和日本國憲法不同之處？】

日本國憲法和大日本帝國憲法的最大差異，在於主權的對象從天皇移轉到國民這點。

大日本帝國憲法		日本國憲法
神聖不可侵 統治一切  天皇	主權與天皇的任務	 國民＝主權　天皇＝象徵
・各國務大臣是天皇的輔佐者 ・對天皇負責	內閣	・議會內閣制 ・對國會負責
・天皇的協贊機關 ・貴族院與眾議院的兩院制	國會	・國權的最高機關 ・眾議院與參議院的兩院制
・有限選舉	選舉	・普通選舉
・天皇統領陸、海軍 ・國民服兵役	軍隊	・放棄戰爭 ・不保持戰力
・在法律範圍內給予保障	基本人權	・永久保障其權利
・以天皇之名實施	訴訟	・司法權屬於法院

豆知識　戰後對日本的占領採取日本政府接受 GHQ 指令進行統治的方式。

【日本國憲法制定的過程】

終戰後，日本政府在 GHQ 的要求下著手制定新憲法。以 GHQ 提出的草案為藍本加上修正，而制定了日本國憲法。當時的吉田茂首相雖然主張非武裝和平論，但最後依照憲法改正小委員會委員長蘆田均的提案，定為「不為前項目的（解決國際紛爭）而保持陸海空軍及其他戰力」。

① GHQ 要求改正大日本帝國憲法

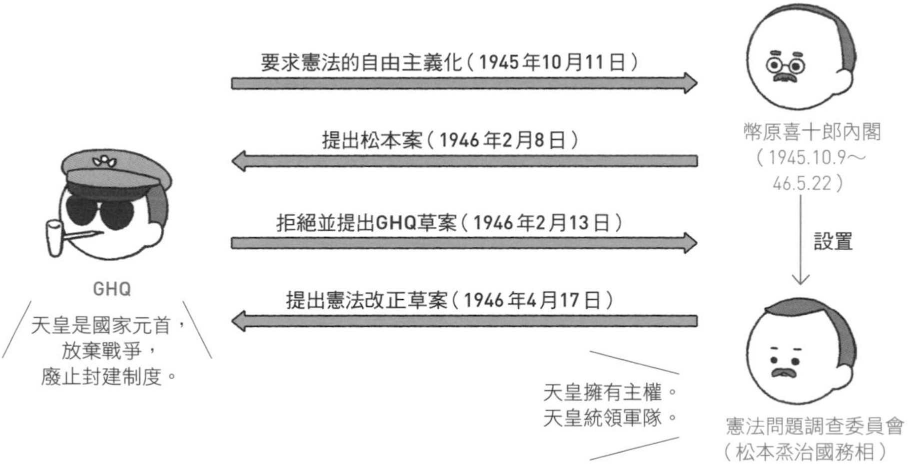

要求憲法的自由主義化（1945年10月11日）
提出松本案（1946年2月8日）
拒絕並提出GHQ草案（1946年2月13日）
提出憲法改正草案（1946年4月17日）
GHQ
天皇是國家元首，
放棄戰爭，
廢止封建制度。
幣原喜十郎內閣
（1945.10.9～
46.5.22）
設置
天皇擁有主權。
天皇統領軍隊。
憲法問題調查委員會
（松本烝治國務相）

②第22次眾議院選舉後吉田茂內閣誕生（1946年5月22日）

③審議憲法改正草案

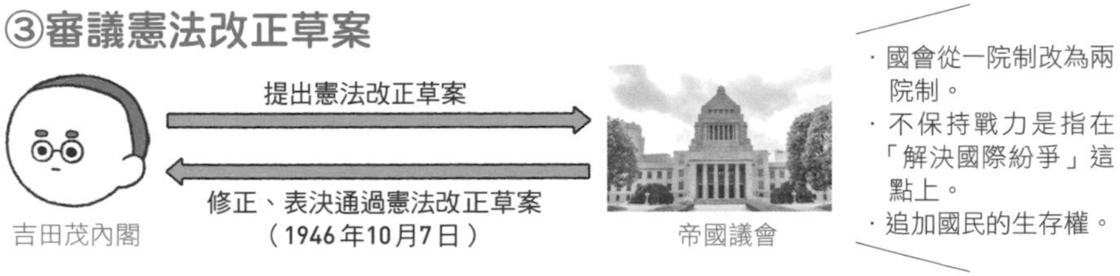

提出憲法改正草案
修正、表決通過憲法改正草案
（1946年10月7日）
吉田茂內閣
帝國議會
· 國會從一院制改為兩院制。
· 不保持戰力是指在「解決國際紛爭」這點上。
· 追加國民的生存權。

④日本國憲法公布（1946年11月3日）

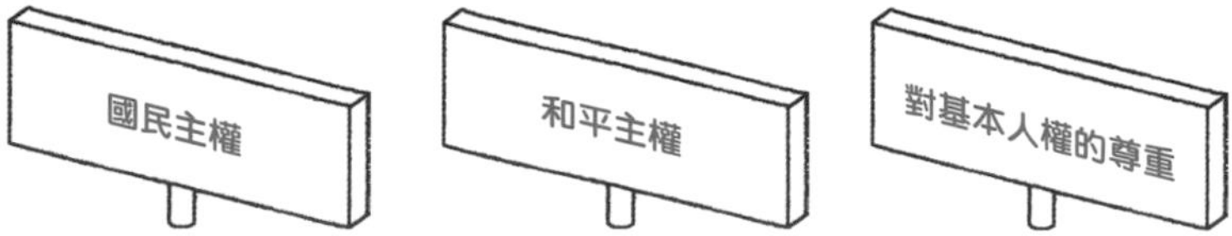

國民主權
和平主權
對基本人權的尊重

豆知識 日本國憲法的施行是在昭和22年（1947）5月3日。

昭和時代

為什麼GHQ果敢維持了天皇制？

●為了順利進行占領支配

占領日本時，一開始美國政府是主張廢除天皇制度的。因為他們認為天皇制正是把日本導向軍國主義的要因。

但是麥克阿瑟對此堅決反對。因為他判斷日本軍的武裝解除和初期的占領政策可以順利進行，正是因為天皇強大的影響力。

昭和二十年（1945）九月二十七日，和天皇會談的麥克阿瑟在日後就表明了天皇是統治日本的合作者這個立場。昭和二十一年（1946）元旦，天皇發表「人間宣言」否定自己的神格性時，麥克阿瑟也表示歡迎，向美國政府強烈主張不該追究天皇的戰爭責任。

頒布日本國憲法時，也因為要讓占領支配順利進行，而採取了是以天皇之名進行舊憲法改正的形式。就這樣天皇沒有被追訴為戰犯，而成為「象徵」繼續存在了。

【東京審判受審的A級戰犯】

第二次世界大戰後，同盟國把戰爭犯罪者以A級、B級、C級來分類。A級戰犯在東京審判（極東國際軍事審判）受到判決。

A級戰犯	B級戰犯	C級戰犯
除了通常的戰爭犯罪外，再加上策畫、開始、執行侵略戰爭者	違反戰時國際法者	對一般人進行殺戮及虐待者

絞刑（7人）

東條英機（陸軍大將。首相、陸軍參謀總長）、**廣田弘毅**（首相、外相）、**松井石根**（陸軍大將、中支派遣軍司令官）、**土肥原賢二**（陸軍大將。陸軍航空總監）、**板垣征四郎**（陸軍大將、陸相）、**木村兵太郎**（陸軍大將、陸軍次長）、**武藤章**（陸軍中將、陸軍省軍務局長）。

無期徒刑（16人）

木戶幸一（內大臣）、**平沼騏一郎**（首相）、**賀屋興宣**（財政大臣）、**嶋田繁太郎**（海軍大將、海相）、**白鳥敏夫**（駐義大利大使）、**大島浩**（陸軍中將、駐德大使）、**荒木貞夫**（陸軍大將、陸相）、**星野直樹**（滿洲國總務長官）、**小磯國昭**（陸軍大將、首相）、**畑俊六**（元帥）、**梅津美治郎**（陸軍參謀總長）、**南次郎**（陸軍大將。陸相）、**鈴木貞一**（企畫院總裁）、**佐藤賢了**（陸軍中將。陸軍軍務局長）、**橋本欣五郎**（陸軍大佐）、**岡敬純**（海軍中將）

20年徒刑

東鄉茂德（駐蘇、駐德大使、外相）

7年徒刑

重光葵（駐蘇、駐英大使、外相）

※（ ）內為主要的經歷

豆知識　麥克阿瑟對日本國民公開了與天皇會談時的照片。照片正裝的天皇與便裝的麥克阿瑟的樣子給了國民很大的衝擊。據說其目的在於讓國民們確實感受到敗戰的實感。

【昭和天皇與麥克阿瑟的會面】

昭和 20 年（1945）9 月 27 日，昭和天皇訪問麥克阿瑟。對於要負起所有責任的昭和天皇，麥克阿瑟決定不追究天皇的戰爭責任，為了順利進行占領統治而讓天皇制度繼續。

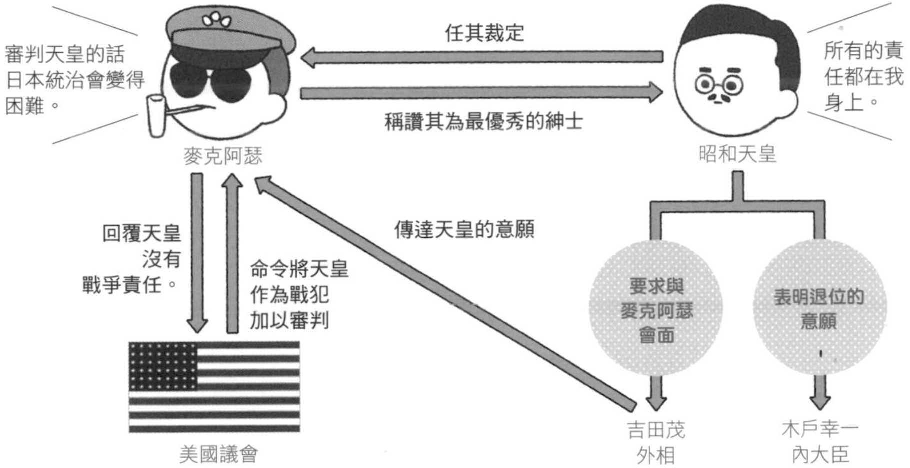

審判天皇的話日本統治會變得困難。
任其裁定
稱讚其為最優秀的紳士
所有的責任都在我身上。
麥克阿瑟
昭和天皇
回覆天皇沒有戰爭責任。
命令將天皇作為戰犯加以審判
傳達天皇的意願
要求與麥克阿瑟會面
表明退位的意願
美國議會
吉田茂
外相
木戶幸一
內大臣

【同盟國如何支配日本？】

同盟國為了支配日本而在華盛頓設置了極東委員會。當時決定政策、採取由 GHQ 向日本政府發出指令的間接統治策略，不過實質上是由美國單獨在實行占領政策。

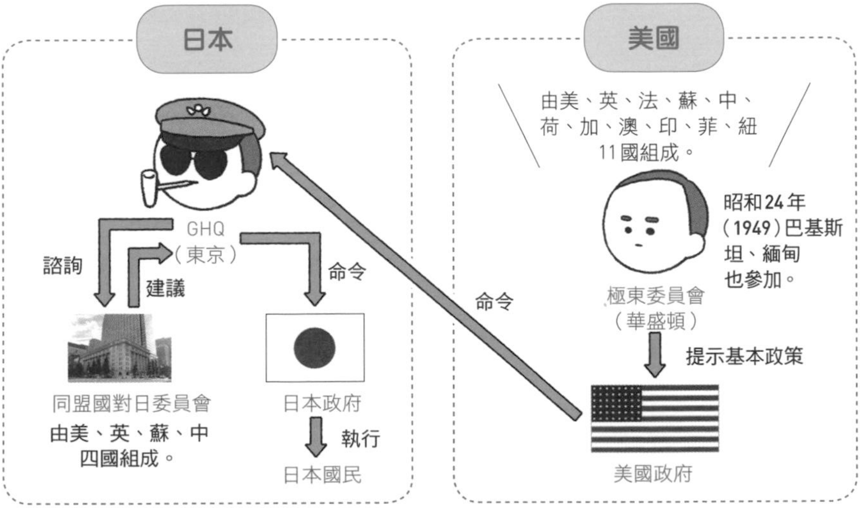

日本
美國
GHQ
（東京）
諮詢
建議
命令
同盟國對日委員會
由美、英、蘇、中四國組成。
日本政府
執行
日本國民
由美、英、法、蘇、中、荷、加、澳、印、菲、紐11國組成。
昭和24年（1949）巴基斯坦、緬甸也參加。
極東委員會
（華盛頓）
命令
提示基本政策
美國政府

豆知識 昭和天皇從昭和 21 年（1946）2 月開始巡幸。到昭和 29 年（1954）8 月為止，遊視了除了沖繩以外的全國各地。

昭和時代

戰前的上流階級為什麼戰後消失了？

●GHQ徹底排除軍國主義！

GHQ的占領政策目的，就在於除去從日本誕生軍國主義的土壤。因此而實施的政策就是「農地改革」和「財閥解體」。因為他們認為軍國主義誕生就是財閥和大地主、軍部勾結的結果。

針對農地，GHQ命令不在現地的地主用便宜價格把土地賣給佃農。戰前日本盛行寄生地主制（大地主把農地租給佃農徵收高額地租），但因農地改革而誕生了許多自耕農。

昭和二十年（1945）十一月，發布了三井及住友等十五個財閥的資產凍結和令其解體的控股公司解體命令。因此各財閥的總公司失去了功能。此外，還制定了獨占禁止法和過度經濟力集中排除法，進行巨大獨占企業的分割。還有，對個人財產進行最高90%的財產稅課徵。就這樣戰前的資本家其財產（包括土地及房屋）大部分都被納入國庫。

【「財閥」是怎麼誕生的？】

明治時代，受到政府保護的政商接受公營事業的釋出等而展開多角經營。從明治時代後期到大正年間發展成為了「財閥」。

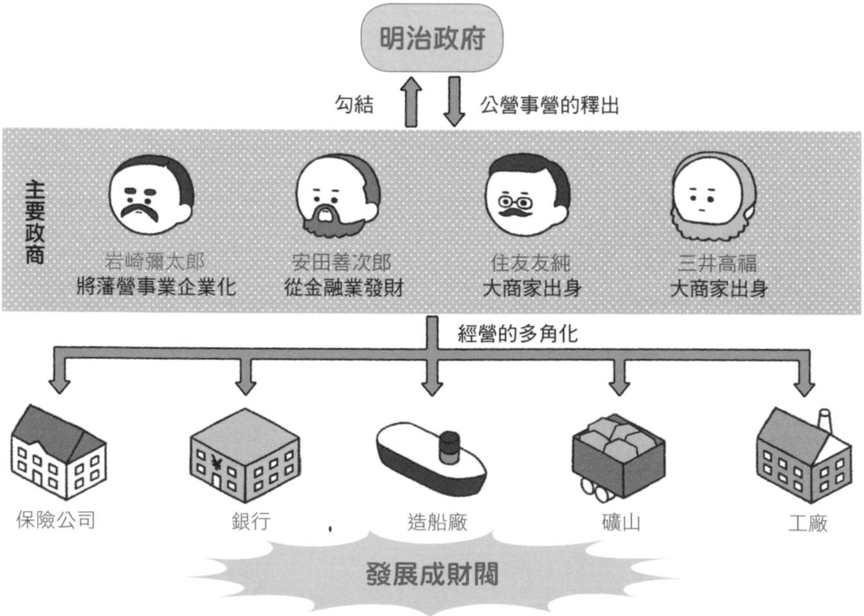
明治政府
勾結
公營事營的釋出
主要政商
岩崎彌太郎
將藩營事業企業化
安田善次郎
從金融業發財
住友友純
大商家出身
三井高福
大商家出身
經營的多角化
保險公司
銀行
造船廠
礦山
工廠
發展成財閥

豆知識 在財閥中最有名的就是三井、三菱、住友、安田四大財閥。以持有股份將複數企業置於其傘下的企業連合形式為其特徵。

【財閥解體的過程】

戰後，GHQ 認為財閥的產業支配是軍國主義的基礎之一，而推進了財閥解體。不過銀行不被當成分割對象，所以日後舊財閥就以銀行為中心形成了新的企業集團。

①1945年11月 控股公司解體命令的發布

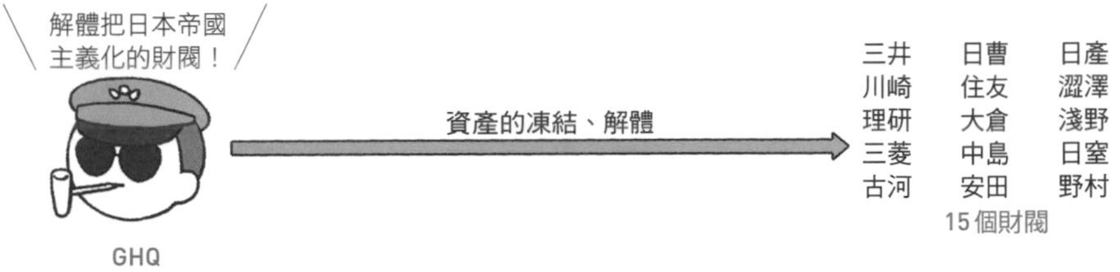

解體把日本帝國主義化的財閥！
GHQ
資產的凍結、解體
三井 日曹 日產
川崎 住友 澀澤
理研 大倉 淺野
三菱 中島 日窒
古河 安田 野村
15個財閥

②1946年8月 控股公司整理委員會起動

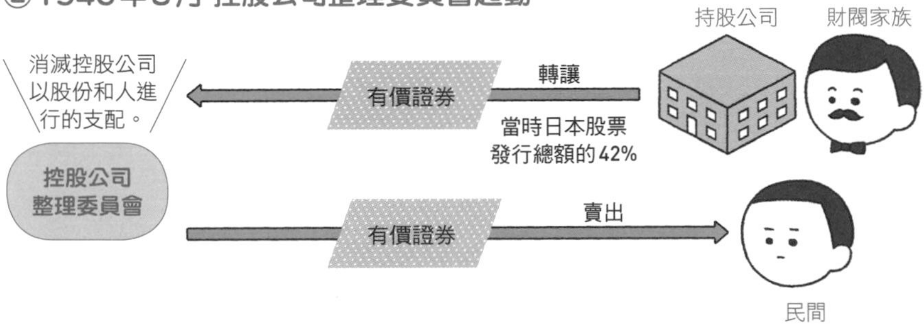

持股公司
財閥家族
消滅控股公司以股份和人進行的支配。
控股公司整理委員會
有價證券
轉讓
當時日本股票發行總額的42%
有價證券
賣出
民間

③獨占體制的排除

獨占禁止法
1947年4月
禁止控股公司的私有獨占和壟斷企業等

過度經濟力集中排除法
1947年12月
分割現有的巨大獨占企業

財閥同族支配力排除法
1948年1月
禁止財閥家族就任財閥系公司的要職

④以銀行為中心的新企業集團的形成

第一勸銀集團	芙蓉集團	三菱集團	三和集團	三井集團	住友集團
第一勸業銀行	富士銀行	三菱銀行	三和銀行	三井銀行	住友銀行
|	|	|	|	|	|
富士通	日產	三菱重工業	日商岩井	三井不動產	住友商事
川崎重工業	日立製作所	三菱商事	大林組	三井物產	住友金屬
伊藤忠商事等	東武鐵道等	日本郵船等	高島屋等	三越等	ASAHI 啤酒等

豆知識 因為過度經濟力集中排除法而讓大日本麥酒被分割的結果，誕生了日本麥酒（現在的 SAPPORO 啤酒）和朝日麥酒（現在的 ASAHI 啤酒）。

昭和時代

高度經濟成長帶給日本的危害是？

● 菁英的大眾化誘發了學生運動！

日本在GHQ占領下的時期，世界上由美國主導的資本主義陣營和蘇聯主導的社會主義陣營間的對立激化（冷戰）。昭和二十五年（1950）韓戰爆發，擔任同盟國軍基地任務的日本因為軍需景氣而復興。在隔年簽訂舊金山和平條約而回到了國際社會的日本，更在一九五〇年代後半起達成了約二十年前所未有的經濟發展（高度經濟成長）。

另一方面，高度經濟成長也誘發了學生運動。戰前大學是菁英才能進入的限定場所，戰後卻因大學入學率的上升而大眾化。畢業之後大多數人也是進入一般企業就職。至今理所當然存在的「秩序」被高度經濟成長破壞而讓許多學生無法接受，為了奪回「該有的秩序」而投身進入學生運動。

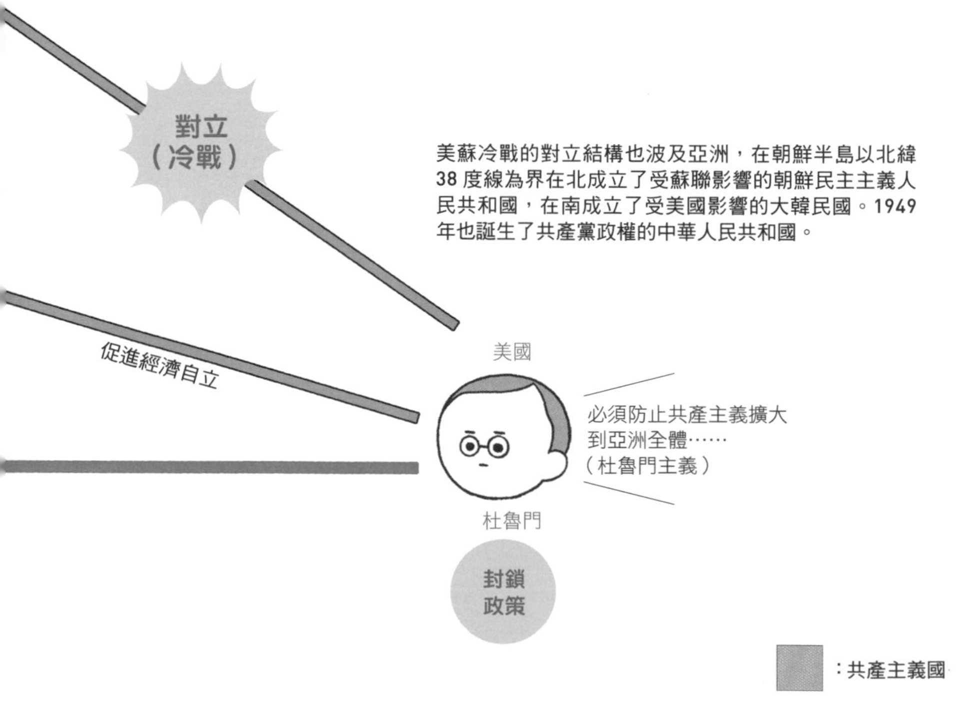
對立（冷戰）
促進經濟自立
美國
必須防止共產主義擴大到亞洲全體……（杜魯門主義）
杜魯門
封鎖政策
：共產主義國

美蘇冷戰的對立結構也波及亞洲，在朝鮮半島以北緯38度線為界在北成立了受蘇聯影響的朝鮮民主主義人民共和國，在南成立了受美國影響的大韓民國。1949年也誕生了共產黨政權的中華人民共和國。

豆知識　第二次世界大戰之後，朝鮮半島會以北緯38度線為界是因為美國控制了首爾。

【從「占領支配」到「經濟復興」】

在蘇聯的影響下，於亞洲各國共產主義的擴大期間，美國為了與其對抗而轉換了對日本的占領政策。讓日本在經濟上自立以成為東亞的友好國，意圖讓日本成為對共產主義的防波堤。

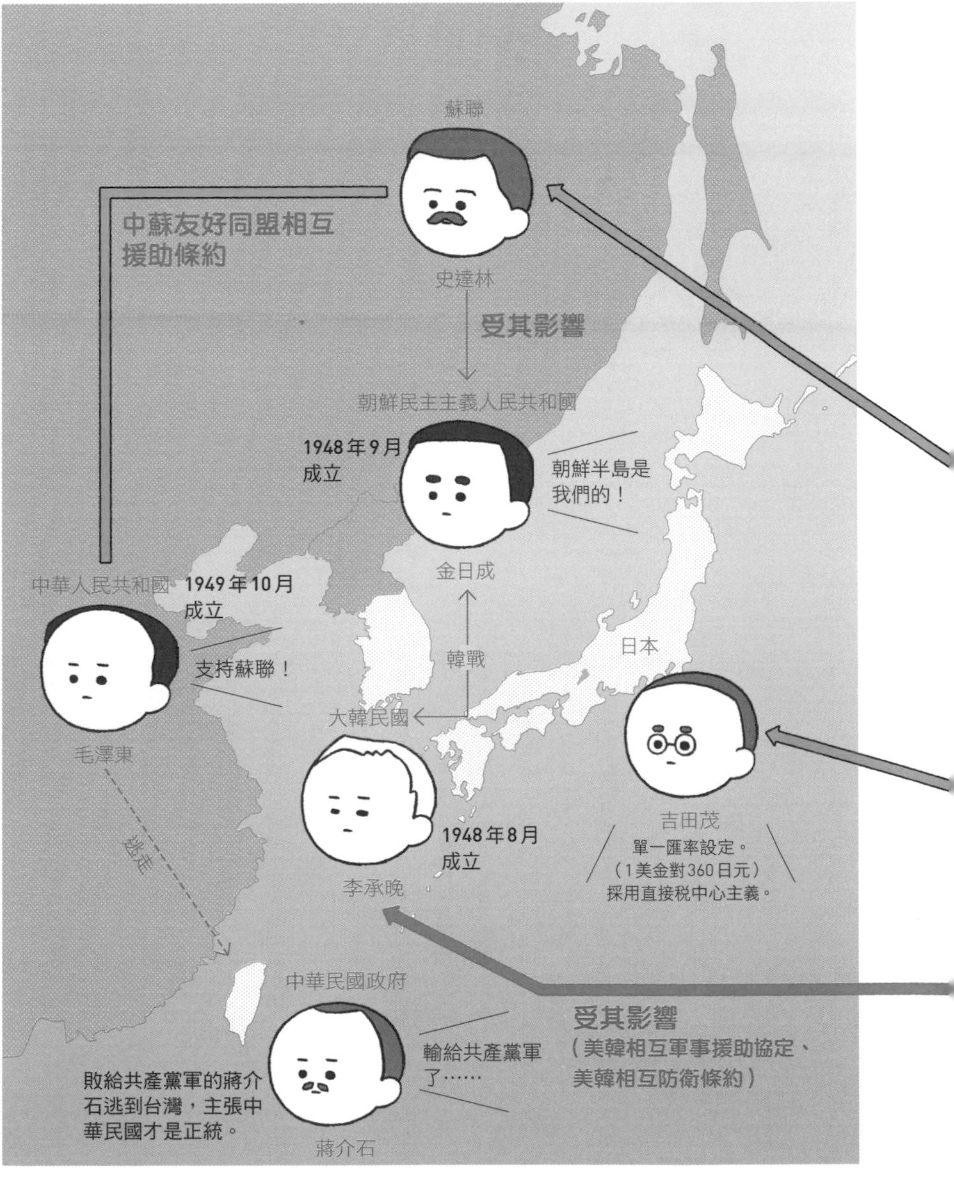

蘇聯
中蘇友好同盟相互援助條約
史達林
受其影響
朝鮮民主主義人民共和國
1948年9月成立
朝鮮半島是我們的！
金日成
中華人民共和國
1949年10月成立
支持蘇聯！
毛澤東
韓戰
大韓民國
日本
1948年8月成立
李承晚
吉田茂
單一匯率設定。（1美金對360日元）採用直接稅中心主義。
逃走
中華民國政府
受其影響（美韓相互軍事援助協定、美韓相互防衛條約）
輸給共產黨軍了……
敗給共產黨軍的蔣介石逃到台灣，主張中華民國才是正統。
蔣介石

第5章 現代

豆知識 越南也因為美蘇兩陣營，而被迫以北緯 17 度線為界分裂。日後共產主義者與自由主義者激烈衝突而引發越戰。

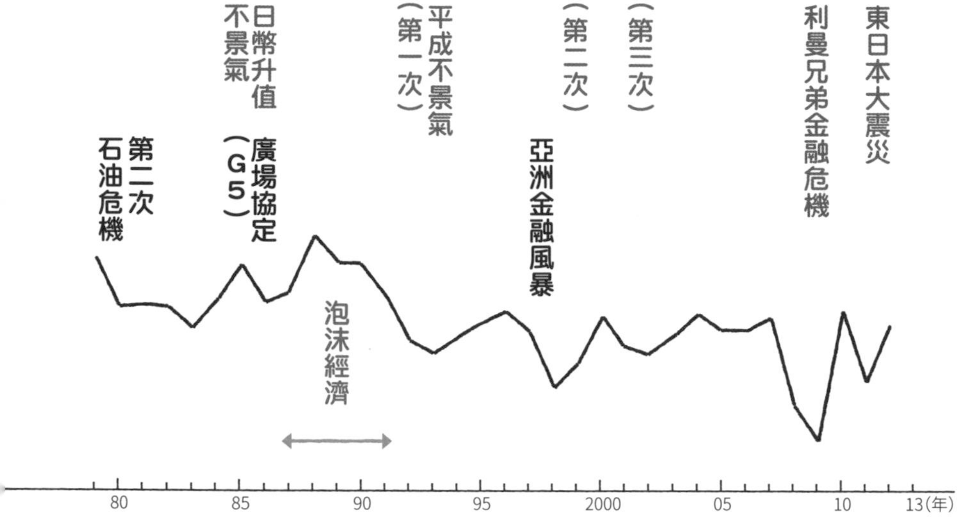
東日本大震災
利曼兄弟金融危機
（第三次）
（第二次）
亞洲金融風暴
平成不景氣（第一次）
泡沫經濟
日幣升值不景氣
廣場協定（G5）
第二次石油危機
80
85
90
95
2000
05
10
13（年）

日本經濟的路程

年	事項
1945	接受波茨坦宣言
1946	實施金融緊急措施令
	採用傾斜生產方式
1949	單一匯率設定
1950	因為韓戰爆發的金屬、纖維業界盛況
1951	締結舊金山和平條約
	鐵工業生產回復到戰前水準
1952	加盟國際通貨基金（IMF）、世界銀行
1955	加盟GATT（關稅貿易總協）
1960	池田勇人內閣發表國民所得倍增計畫
1961	農業基本法成立
1963	成為GATT第十一條國家
	簽訂日蘇貿易協定
1964	**成為IMF第八條國家**
	加盟經濟協力開發機構（OECD）
	舉辦東京奧運
1968	GNP（國內總生產）躍進為資本主義國家中次於美國的第二名
1970	舉辦大阪世界博覽會

豆知識　昭和39年（1964），伴隨東京奧運的開幕，政府整備了首都高速公路（利用江戶城的外護城河）、東京單軌電車與東海道新幹線等交通網路。

【實質經濟成長利率與景氣動向】

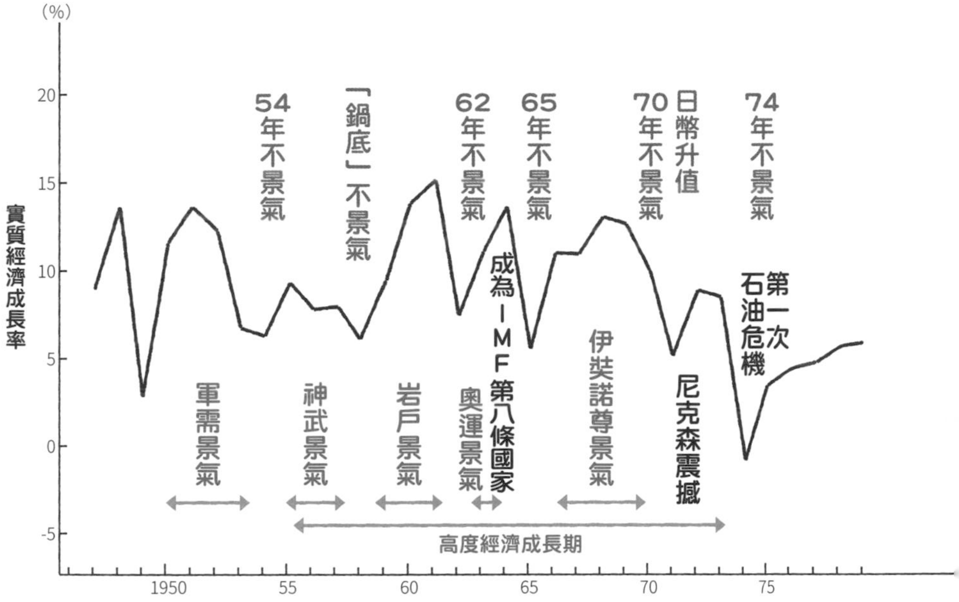

1971	**尼克森震撼（美元危機）股價暴跌**
	日元升值成為1美元對308日元
1972	日中角榮通產大臣發表「日本列島改造論」
1973	日元改為匯率市場變動制
	第一次石油危機
1974	經濟成長率在戰後初次出現負數
1979	第二次石油危機
1982	日美貿易摩擦加深
1985	**G5廣場協定（日元升值美元貶值導向）**
1987	國鐵分割民營化。七間JR公司誕生
1988	**確定牛肉柳橙的輸入自由化（1991年實施）**
1989	**消費稅導入（3%）地價暴跌，泡沫經濟崩潰**
1991	地價暴跌，泡沫經濟崩潰
1995	阪神淡路大震災
1997	消費稅升至5%
2004	確定道路公團民營化
2007	郵政民營化開始
2008	**利曼兄弟金融危機，全世界同步股市下跌**
2011	**東日本大震災**
2014	消費稅升至8%

泡沫經濟如何興起，又怎麼結束的？

● 起因為廣場協定

昭和六〇年（1985），為了解救因兩次石油危機而苦於巨額財政、貿易赤字的美國經濟，G5締結了導向日元升值、美元貶值的廣場協定。

政府與日本銀行擔心日元升值的不景氣，把政策利率從至今的5％階段性調低到2.5％。因為這個超低利率而讓金融機關向日本銀行借了大量資金，企圖用來向企業融資。不過日元升值不景氣沒有發生，還因為輸入物價下滑而讓景氣恢復了。

在這個狀況下，金融機關的多餘資金通過投資者流入了不動產、股票市場，讓地價和股價上升。看到這點的新加入投資者也向金融機關融資投資。地價和股價持續上漲，日本進入了泡沫經濟時期。但是在平成元年（1989）政府進行金融緊縮政策後，地價和股價下滑，虧錢的企業、手上有不良債權的金融機關陸續破產，進入了被稱為「失去的二十年」的平成不景氣時代。

【泡沫經濟發生為止的過程】

①廣場協定的締結

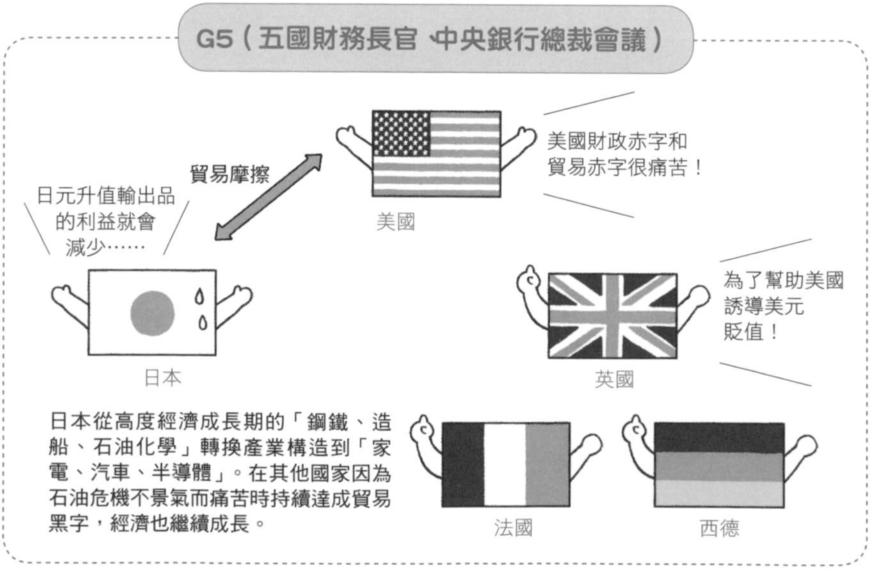
G5（五國財務長官・中央銀行總裁會議）
美國財政赤字和貿易赤字很痛苦！
美國
貿易摩擦
日元升值輸出品的利益就會減少……
日本
為了幫助美國誘導美元貶值！
英國
日本從高度經濟成長期的「鋼鐵、造船、石油化學」轉換產業構造到「家電、汽車、半導體」。在其他國家因為石油危機不景氣而痛苦時持續達成貿易黑字，經濟也繼續成長。
法國
西德

為了恢復美國經濟而導向日元升值、美元貶值。在廣場協定前，1美金對240日元左右的匯率，在昭和62年（1987）高漲到1美金對120日元左右。

豆知識　持續對日貿易赤字的美國發生了被解雇、被降薪勞工發起的日本製品拒買運動。

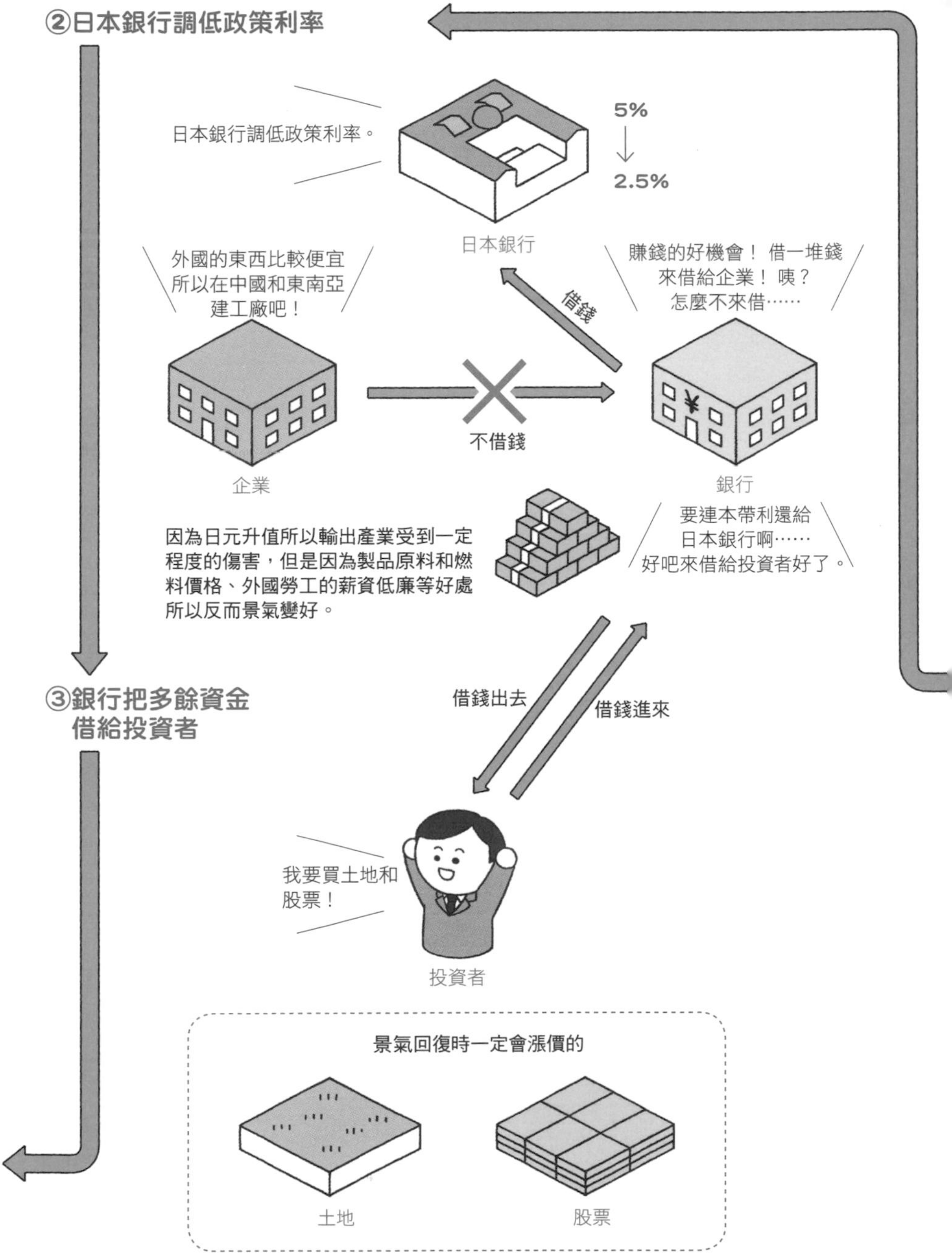
②日本銀行調低政策利率
日本銀行調低政策利率。
5%
2.5%
日本銀行
外國的東西比較便宜所以在中國和東南亞建工廠吧！
賺錢的好機會！ 借一堆錢來借給企業！ 咦？怎麼不來借……
借錢
不借錢
企業
銀行
要連本帶利還給日本銀行啊……好吧來借給投資者好了。
因為日元升值所以輸出產業受到一定程度的傷害，但是因為製品原料和燃料價格、外國勞工的薪資低廉等好處所以反而景氣變好。
③銀行把多餘資金借給投資者
借錢出去
借錢進來
我要買土地和股票！
投資者
景氣回復時一定會漲價的
土地
股票

大量資金投入不動產市場和股市就會引起地價和股價高漲，但銀行為了處理過剩資金而積極地借錢給投資者。

豆知識 1980年代，世界的GNP（國民總生產）總計裏，日本的比例到達10%。昭和62年（1987）時個人國民所得超越了美國。

④地價和股價高漲

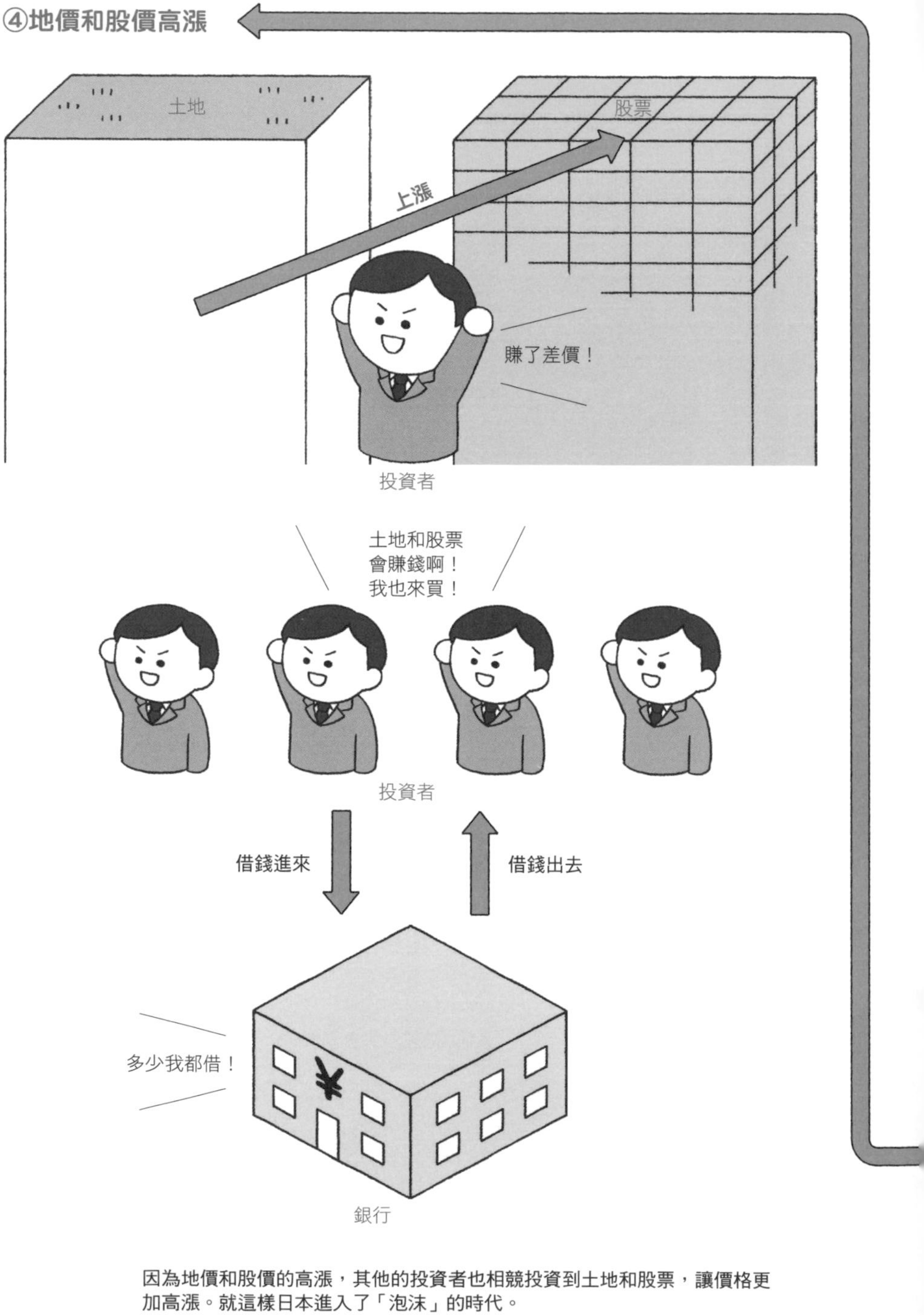

因為地價和股價的高漲，其他的投資者也相競投資到土地和股票，讓價格更加高漲。就這樣日本進入了「泡沫」的時代。

豆知識　元成元年（1989）9 月 27 日，SONY 以 48 億日元買下了哥倫比亞電影公司。另外日本企業也陸續買下國外的不動產。

【泡沫經濟如何崩潰的】

地價和股價持續高漲，政府實施了金融緊縮政策。然後地價和股票就突然暴跌，泡沫經濟就此崩潰。企業和金融機關陸續破產，日本進入了不景氣時代。

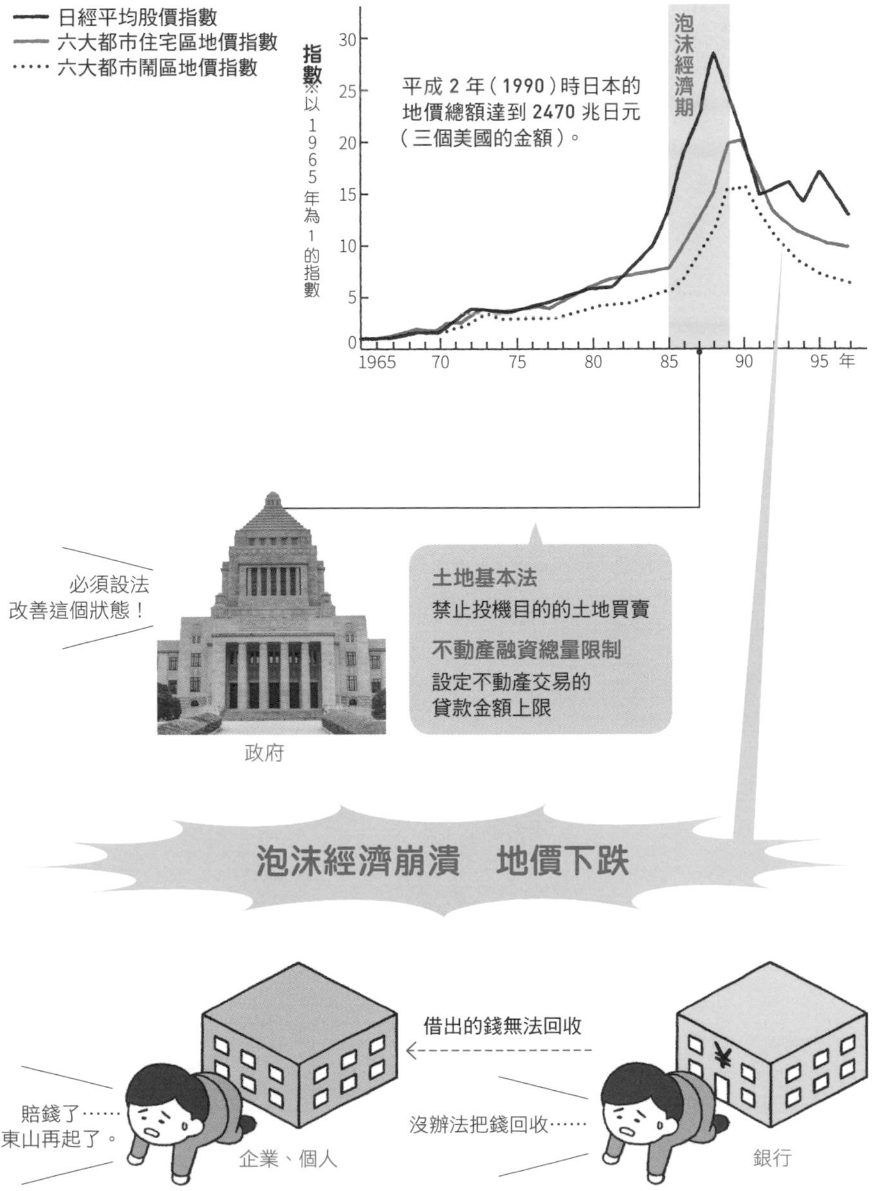

日經平均股價指數
六大都市住宅區地價指數
六大都市鬧區地價指數
指數※以1965年為1的指數
泡沫經濟期
平成2年（1990）時日本的地價總額達到2470兆日元（三個美國的金額）。
30
25
20
15
10
5
0
1965
70
75
80
85
90
95 年
必須設法改善這個狀態！
政府
土地基本法
禁止投機目的的土地買賣
不動產融資總量限制
設定不動產交易的貸款金額上限
泡沫經濟崩潰　地價下跌
借出的錢無法回收
賠錢了……沒辦法東山再起了。
企業、個人
沒辦法把錢回收……
銀行

豆知識　平成元年（1989）末，日經平均股價達到史上最高數字的3萬8915元87錢日幣，但僅不到一年半就降到了一半。

平成時代

55年體制為什麼會崩潰？

自民黨發生醜聞自滅……

戰後，在GHQ實行民主化政策時「政黨」得以復活。之後保守政黨的日本自由黨和日本進步黨經過曲折的過程，於昭和三十年（1955）成立了自由民主黨。保守政黨分配到議席約三分之二，革新政黨約三分之一的政治體制就此誕生（55年體制）。但是一九九〇年代，自民黨陸續發生醜聞，還發生了小澤一郎等離黨的內部分裂（小澤一郎成立新生黨、武村正義成立先驅新黨）。結果平成五年（1993）七月的總選舉自民黨淪落為在野黨。以非自民八黨組成的連立政權起動，55年體制就此崩壞。

之後，自民黨在平成八年（1996）奪回政權。為了政權安定而和他黨結盟，但在平成二十一年（2009）的眾議院選舉敗北。民主黨實現了政權轉移。平成二十四年（2012）自民黨再次拿回政權，但社會貧富落差的擴大和窮忙族問題、高齡少子化的進展等問題堆積如山，今日的自民黨手腕受到層層考驗。

【什麼是「55年體制」】

昭和30年（1955），保守勢力自由民主黨拿下眾議院議席三分之二，革新勢力日本社會黨拿下三分之一的體制就此誕生（55年體制）。55年體制一直維持到1990年代，因接受佐川急便的巨額獻金問題（佐川急便事件），在投標公共事業時大型建商送賄賂給政界的大型建商貪汙事件等爆發，自民黨淪落為在野黨為止。

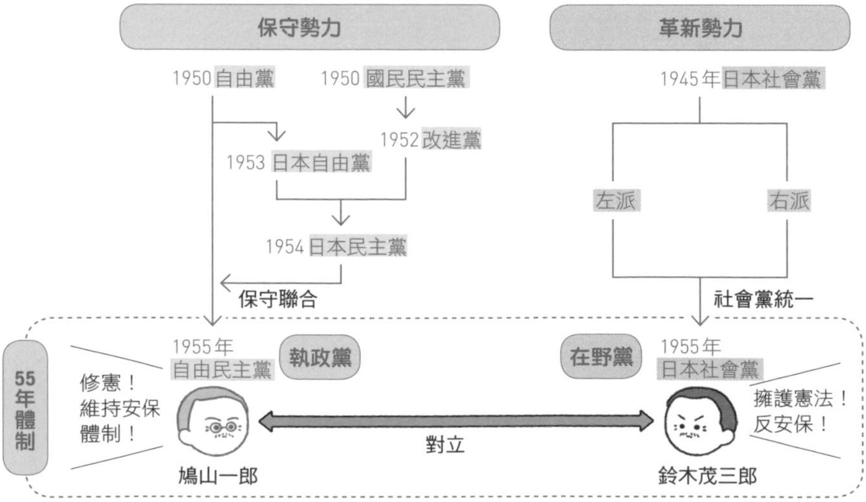

保守勢力
革新勢力
1950 自由黨
1950 國民民主黨
1952 改進黨
1953 日本自由黨
1954 日本民主黨
保守聯合
1945年 日本社會黨
左派
右派
社會黨統一
55年體制
1955年 自由民主黨
執政黨
在野黨
1955年 日本社會黨
修憲！
維持安保體制！
擁護憲法！
反安保！
對立
鳩山一郎
鈴木茂三郎

※ 西元年為政黨成立年

豆知識 在戰後日本復活的政黨有保守政黨的日本自由黨、日本進步黨，革新政黨的日本社會黨、日本共產黨，中間路線的日本協同黨。

【平成的歷代內閣】

※有色字表示為執政黨

政權	執政黨	首相	任期	主要事件
55年體制	自由民主黨	竹下登	(1987.11～1989.6)	瑞可利事件 消費稅3%
55年體制	自由民主黨	宇野宗佑	(1986.6～8)	因為女性醜聞而讓 參議院選舉大敗
55年體制	自由民主黨	海部俊樹	(1989.8～1991.11)	波灣戰爭爆發 泡沫經濟崩潰
55年體制	自由民主黨	宮澤喜一	(1991.11～1993.8)	PKO 協力法 佐川急便事件 眾議院選舉落敗
非自民聯合政權	非自民8黨	細川護熙	(1993.8～1994.4)	終結55年體制 稻米市場部分開放 佐川急便獻金嫌疑
非自民聯合政權	非自民8黨	羽田孜	(1994.4～6)	社會黨、 先驅新黨脫離政權
自社先政權	日本社會黨 自由民主黨 先驅新黨	村山富市	(1994.6～1996.1)	阪神・淡路大震災 政權交給自民黨
自社先政權	日本社會黨 自由民主黨 先驅新黨	橋本龍太郎	(1996.1～1998.7)	日美安保共同宣言 消費稅5% 參議院選舉落敗
自公聯合政權	自由民主黨 自由黨 公明黨	小淵惠三	(1998.7～2000.4)	從泡沫不景氣脫出 新日美防衛協力 指針關連法
自公聯合政權	自由民主黨 公明黨 保守黨	森喜朗	(2000.4～2001.4)	中央省廳的再編 因為失言而讓 支持率低迷
自公聯合政權	自由民主黨 公明黨 保守黨	小泉純一郎	(2001.4～2006.9)	沒有聖域的構造改革 郵政民營化
自公聯合政權	自由民主黨 公明黨	安倍晉三	(2006.9～2007.9)	繼承小泉改革路線 參議院選舉大敗
自公聯合政權	自由民主黨 公明黨	福田康夫	(2007.9～2008.9)	洞爺湖高峰會 廢止道路特定財源
自公聯合政權	自由民主黨 公明黨	麻生太郎	(2008.9～2009.9)	發給定額給付金 眾議院選舉落敗
民主黨政權	民主黨 社會民主黨 國民新黨	鳩山由紀夫	(2009.9～2010.6)	政權輪替 普天間基地遷移問題
民主黨政權	民主黨 國民新黨	菅直人	(2010.6～2011.8)	東日本大震災 福島第一核電事故
民主黨政權	民主黨 國民新黨	野田佳彥	(2011.9～2012.12)	消費稅關連法案 眾議院選舉落敗
自公聯合政權	自由民主黨 公明黨	安倍晉三	(2012.12～)	政權輪替 「安倍經濟學」 消費稅8%、10%

豆知識 平成5年(1993)誕生的非自民政權，是以日本新黨的細川護熙首相為中心，由社會黨、公明黨、民社會、社會民主連合、日本新黨、新生黨及先驅新黨聯合而成的。

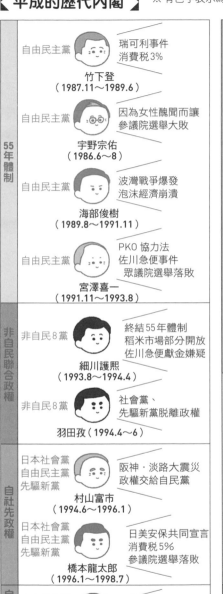

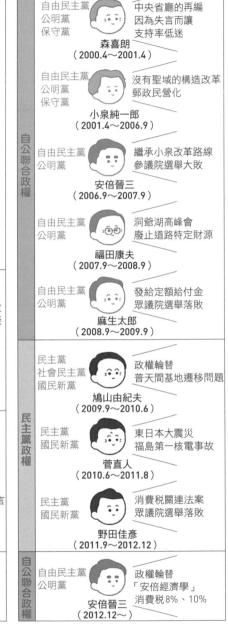

平成時代

天皇的讓位有什麼問題點？

● 恐怕會產生象徵和權威的二重性

平成三十一年（2019）四月三十日，現在的平成上皇退位而由皇太子德仁親王即位。讓位是從江戶時代的光格天皇以來睽違202年之久的事件，退位後的天皇成為「上皇」，皇后則成為「上皇后」。

平成天皇表明讓位的意願是在平成二十八年（2016）七月十三日。但是因為現行的皇室典範規定「皇位的繼承僅限於天皇崩御」，所以政府制定了「關於天皇退位等的皇室典範特例法」，採取將本次列為特定事件的形式。

那麼，讓位到底有什麼問題？

這是因為上皇和天皇間恐怕會產生「象徵和權威的二重性」。所以這次特例法規定讓作為象徵的天皇公務和權威全部由現任天皇繼承，而上皇沒有皇位繼承資格。

【讓位的歷史】

645年皇極天皇讓位給孝德天皇為始，至今有58位天皇因為讓位而繼承皇位。現在的上皇是第59位。

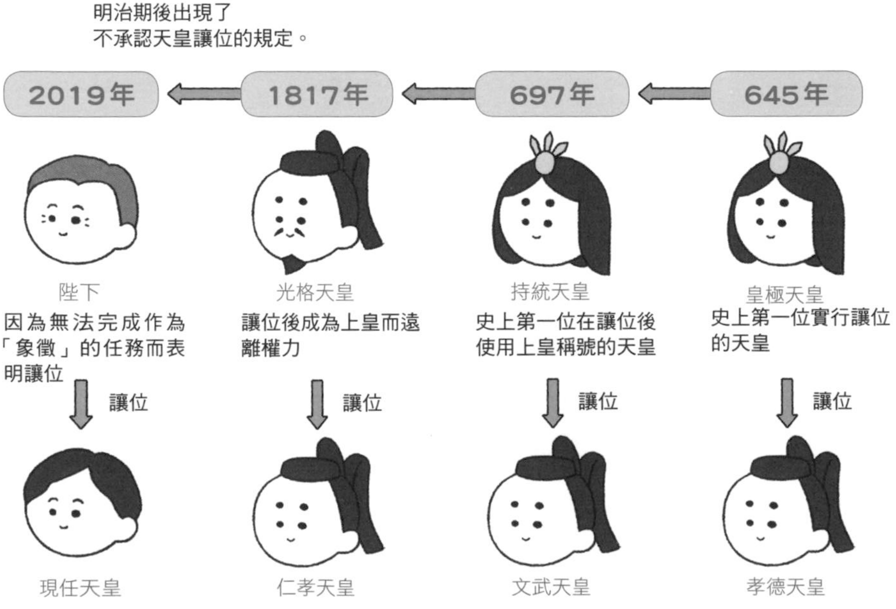
明治期後出現了
不承認天皇讓位的規定。
2019年
1817年
697年
645年
陛下
因為無法完成作為「象徵」的任務而表明讓位
光格天皇
讓位後成為上皇而遠離權力
持統天皇
史上第一位在讓位後使用上皇稱號的天皇
皇極天皇
史上第一位實行讓位的天皇
讓位
讓位
讓位
讓位
現任天皇
仁孝天皇
文武天皇
孝德天皇

豆知識　根據有關天皇退位等問題的《皇室典範特例法》規定，上皇的敬稱為「陛下」。

【現在的皇室系譜】

平成31年（令和元年，2019）5月1日，現任天皇即位。但因沒有皇太子，皇太子之位出現了空缺。取而代之，弟弟秋篠宮成為了皇嗣。

※ 數字為皇位繼承順序

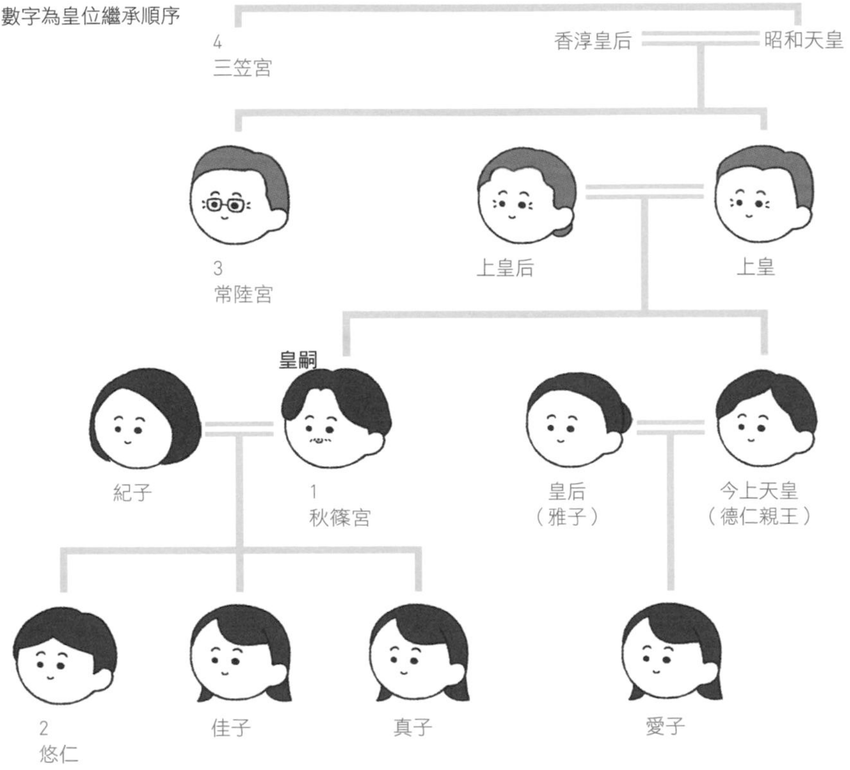

今上天皇即位的流程

年	月日	主要儀式
2019	4月3日	退位禮正殿之儀
	5月1日	劍璽等繼承之儀
		即位後朝見之儀
		改元
	10月22日	即位禮正殿之儀
		祝賀御列之儀
		饗宴之儀
	10月23日	首相夫妻主催晚餐會
	11月14日～15日	大嘗祭
2020		立皇嗣之禮

日本史索引筆畫

【監修簡介】

山本博文

生於一九五七年，岡山縣。東京大學文學部國史學科畢業。同大學人文科學研究科研究所畢業。文學博士。東京大學史料編纂所教授。於一九九二年，以《江戸お留守居役の日記》（讀賣新聞社，之後也於講談社文庫出版）獲得第40回日本隨筆作家俱樂部年度大獎。主要著作為《「忠臣蔵」の決算書》《歴史をつかむ技法》（新潮社）、《これが本当の「忠臣蔵」》（小學館）、《東大教授の「忠臣蔵」講義》《流れをつかむ日本史》（KADOKAWA）、《東大流教養としての戦国・江戸講義》（PHP研究所）、《東大流「元号」でつかむ日本史》（河出書房新社）等等。也曾參與NHK教育頻道《知恵泉》《ラジオ深夜便》等多數節目。並擔任NHKBS時代劇《雲霧仁左衛門》等時代考證人員。

編輯協力　オフィス・エス（笹島浩）
插畫　みの理
設計　平塚兼右／平塚恵美（PiDEZA Inc.）

東大教授的日本史圖鑑

出　　版／楓樹林出版事業有限公司
地　　址／新北市板橋區信義路163巷3號10樓
郵政劃撥／19907596　楓書坊文化出版社
網　　址／www.maplebook.com.tw
電　　話／02-2957-6096
傳　　真／02-2957-6435
監　　修／山本博文
翻　　譯／陳薪智
企劃編輯／陳依萱
校　　對／周季瀅
港澳經銷／泛華發行代理有限公司
定　　價／380元
初版日期／2021年３月

國家圖書館出版品預行編目資料

東大教授的日本史圖鑑 / 山本博文監修；陳薪智翻譯. -- 初版. -- 新北市：楓樹林出版事業有限公司, 2021.03　面；　公分

ISBN 978-986-5572-10-5（平裝）

1. 日本史

731.1　　109021885